本书为西华大学社会科学领域研究课题《全面依法治国视野下的宪法宣誓制度研究》成果

宪法宣誓
制度研究

陈小鲁 著

法律出版社
LAW PRESS · CHINA
北京

图书在版编目(CIP)数据

宪法宣誓制度研究 / 陈小鲁著. -- 北京 : 法律出版社, 2022

ISBN 978-7-5197-7250-5

Ⅰ. ①宪… Ⅱ. ①陈… Ⅲ. ①宪法－司法制度－研究－中国 Ⅳ. ①D921.04

中国版本图书馆 CIP 数据核字(2022)第 200155 号

宪法宣誓制度研究
XIANFA XUANSHI ZHIDU YANJIU

陈小鲁 著

责任编辑 许 睿 朱颖超
装帧设计 李 瞻

出版发行 法律出版社
编辑统筹 司法实务出版分社
责任校对 朱铁佳
责任印制 胡晓雅
经　　销 新华书店

开本 710 毫米×1000 毫米 1/16
印张 15 **字数** 260 千
版本 2022 年 11 月第 1 版
印次 2022 年 11 月第 1 次印刷
印刷 唐山玺诚印务有限公司

地址:北京市丰台区莲花池西里 7 号(100073)
网址:www.lawpress.com.cn
投稿邮箱:info@lawpress.com.cn
举报盗版邮箱:jbwq@lawpress.com.cn

销售电话:010-83938349
客服电话:010-83938350
咨询电话:010-63939796

书号:ISBN 978-7-5197-7250-5
定价:68.00 元

凡购买本社图书,如有印装错误,我社负责退换。电话:010-83938349

目　　录

引　言 …………………………………………………………… 1

第一节　宪法宣誓研究的旨趣与界定 ……………………………… 1

一、论题的旨趣 …………………………………………………… 1

二、“宪法宣誓”概念的界定 ……………………………………… 2

第二节　宪法宣誓的相关研究评述 ………………………………… 4

一、我国宪法宣誓制度确立之前的相关研究 …………………… 4

二、我国宪法宣誓制度确立之后的研究 ………………………… 6

三、我国宪法宣誓研究现有成果中的未竟问题 ………………… 12

四、国外宪法宣誓的相关研究 …………………………………… 13

五、本研究的创新 ………………………………………………… 14

第三节　问题与方法 ……………………………………………… 14

一、探讨的相关问题 ……………………………………………… 14

二、研究的具体方法 ……………………………………………… 16

第一章　宪法宣誓的源起与英国《大宪章》 ………………………… 18

第一节　前宪法时代的宣誓 ……………………………………… 21

一、古埃及王国时期的宣誓 ……………………………………… 21

二、古希腊城邦生活对宣誓的改造 ……………………………… 25

第二节　宪法宣誓的滥觞:宪法宣誓在《大宪章》中的确立 ……… 42

第三节　英国宪法宣誓制度的变迁 ………………………………… 45

一、至尊宣誓中的宣誓要素 ……………………………………… 46

二、《权利法案》后的宣誓要素 …………………………………… 48

三、对英国宪法宣誓的评论 ……………………………………… 49

第二章　美国和法国对当代宪法宣誓制度的形塑 …… 51
第一节　英国宪法宣誓的遗迹 …… 52
一、"五月花"号上的宣誓 …… 52
二、"君主"符号在北美殖民地的剔除 …… 56
第二节　美国联邦宪法创立的宪法宣誓模式 …… 58
一、联邦宪法宣誓的创制 …… 59
二、宪法宣誓的制度构成 …… 60
三、宪法宣誓内宗教因素的清洗 …… 62
第三节　法国宪法创立的宪法宣誓模式 …… 65
一、法国宪法的创制 …… 66
二、法国宪法中的宣誓模式 …… 68
三、法国宪法宣誓模式变迁 …… 70

第三章　当代各国宪法宣誓制度对英、美、法模式的继受 …… 75
第一节　英国宪法宣誓的"王国模式"的传播 …… 75
一、18～19 世纪"王国模式"的宪法宣誓 …… 76
二、20 世纪"王国模式"的宪法宣誓 …… 80
第二节　法国宪法宣誓的"双重模式"的发展 …… 82
一、18～19 世纪"双重模式"的宪法宣誓 …… 82
二、20 世纪"双重模式"的宪法宣誓 …… 84
第三节　美国宪法宣誓的"控权模式"的继受 …… 86
一、18～19 世纪"控权模式"的宪法宣誓 …… 86
二、20 世纪"控权模式"的宪法宣誓 …… 89

第四章　宪法宣誓制度中的主体与对象 …… 97
第一节　宪法宣誓主体的变迁 …… 97
一、以封建效忠关系为核心的宪法宣誓主体 …… 98
二、三种宣誓模式内的宪法宣誓主体 …… 103
三、强调控权与权利的宪法宣誓主体 …… 105
第二节　宪法宣誓对象的变迁 …… 113

一、巩固教权与威权的宪法宣誓对象 …… 114
二、寻求控权与民主的宪法宣誓对象 …… 116
三、20世纪后的宣誓对象 …… 118

第五章　宪法宣誓的誓言内容分析 …… 128
第一节　早期宪法性文件中的誓言内容 …… 128
一、英国《大宪章》中的誓言 …… 129
二、北美殖民地法律文件中的誓言 …… 138
第二节　19世纪宪法宣誓的誓词内容 …… 151
一、欧洲大陆国家宪法中的誓词内容 …… 151
二、拉丁美洲国家宪法中的誓词内容 …… 155
第三节　20世纪各国宪法宣誓中誓言的构成 …… 160
一、誓言中的职责性言辞 …… 160
二、誓言中的道德性言辞 …… 165
三、誓言中的宗教性言辞 …… 167
四、中国式的宪法宣誓誓言 …… 170

第六章　宪法宣誓的效用与监督 …… 176
第一节　宪法宣誓仪式的效用 …… 176
一、宪法宣誓仪式对分散个体的聚合效力 …… 178
二、宪法宣誓仪式对群体内部张力的弥合效力 …… 180
三、宪法宣誓仪式中仪式的效力 …… 182
第二节　宪法宣誓的约束效用 …… 187
一、宪法宣誓的程序性约束 …… 188
二、宪法宣誓对职责的强化 …… 189
三、宪法宣誓制度的“追责”及限度 …… 191
第三节　宪法宣誓与监督 …… 200
一、宣誓者的自我督促 …… 200
二、宣誓之后的人民监督 …… 201
三、宣誓与监督机制的勾连 …… 203

第七章　宪法宣誓制度在当代中国的实践与完善 …………………………… 205
第一节　宪法宣誓制度在当代中国的构建和实践 ………………………… 205
一、《中共中央关于全面推进依法治国若干重大问题的决定》出台前我国对宣誓制度构建的探索 ………………………… 206
二、《关于实行宪法宣誓制度的决定》出台后我国的宪法宣誓实施…… 211
三、2018 年《宪法修正案》通过前后宪法宣誓制度的实践 …………… 214
第二节　宪法宣誓制度在当代中国实践的困境与对策 ………………… 216
一、宪法宣誓制度在当代中国的实践困境 ……………………………… 216
二、完善当代中国宪法宣誓制度实践的探讨 …………………………… 220

参考文献 ……………………………………………………………………… 224

引　言

第一节　宪法宣誓研究的旨趣与界定

一、论题的旨趣

在我国现行的宪法制度中，宪法宣誓可谓新生的宪法制度之一。当学界对我国这一新生宪法制度进行研讨时，除了注重制度要素或实施问题外，往往很重视共时性维度，例如，对不同国家的宪法宣誓制度进行分析，而时常忽略历时性维度。这样导致的后果是，对宪法宣誓制度的整体性认知存在局限，难以厘定我们制度创建中继承和更新的成分。因为宪法宣誓制度的存在方式既是共时性的，也是历时性的，这两种存在方式往往构成对我国宪法宣誓制度的认知基础。因此，本书对其进行历时性的探索，期望拓展对我国宪法宣誓制度的研究视野，增加知识的积累。按照英国历史学家斯坦福的论断："任一过去的事物，我们均不能指称其对现在毫无贡献；我对它所具有的知识就是它的一种贡献。"①正是基于前述判断，本书拟将宪法宣誓制度置于历史维度进行考察。

宪法宣誓制度由英美国家率先创立，后来世界各国立宪纷纷继受或效仿。我国在民国初期引入这一制度，并在民国各个时期的宪制中几乎照搬该制。在中华人民共和国成立之后，该制并未被纳入社会主义的宪法之中。2014 年起，在切实贯彻依法治国的方略中，为提升宪法权威，该制被提议并确立。具体而言，在全面推进依法治国的顶层设计中，2014 年公布的《中共中央关于全面推进依法治国若干重大问题的决定》（以下简称《决定》），突出强调了宪法

---

① ［英］迈克尔·斯坦福：《历史研究导论》，刘世安译，世界图书出版公司北京公司 2012 年版，第 10 页。

的地位和权威,明确提出坚持依法治国首先要坚持依宪治国,坚持依法执政首先要坚持依宪执政。要确保宪法的权威,加强宪法的实施,真正实现依法治国、依宪执政,就必须找到宪法实施的具体办法,在全社会培育尊重和信仰宪法的心理。为此,《决定》将每年 12 月 4 日定为国家宪法日,并建立宪法宣誓制度,要求凡经人大及其常委会选举或者决定任命的国家工作人员,正式就职时公开向宪法宣誓。2015 年 7 月 1 日,第十二届全国人民代表大会常务委员会第十五次会议通过了《关于实行宪法宣誓制度的决定》,使宣誓制度化。2018 年 3 月 11 日,第十三届全国人民代表大会第一次会议通过《宪法修正案》,宪法宣誓制度正式被写入宪法,标志着该制度在我国正式确立。

宪法宣誓制度是国家元首以及国家机关工作人员在就职前依据宪法规定实施宣誓行为的制度,是政治生活中一项重要的仪式。但一如宪法被引介进入国内的过程,宪法宣誓亦非原生在我国的法律土壤之中,依然属于对域外制度的借鉴,虽然在本国法律中引介域外法律制度属于各国立法的通用做法,然而过往制度借鉴的经验足以证明:即使在一个国家运行良好的法律制度,仅将某些具体规定以复制粘贴的方式挪移至本国法律之中,也很难保证这项法律制度能够适应本国的法制生态并充分发挥其应有的功效。因此,对于宪法宣誓制度的引介不应局限于将某个法条植入宪法,还需要对该制度理论进行系统性研究。

笔者选择研究这个题目的缘由还在于,我国正处在宪法宣誓制度被正式纳入宪法制度系统的初期,虽然在宪法宣誓从预备立法到正式入宪的期间有学者对该制度的理论体系进行了一定的研究,但他们基于不同的学科背景对宪法宣誓关注的重点较为分散,因此学界对宪法宣誓的探讨也相对缺乏体系。并且,2018 年被正式纳入宪法规范后,宪法宣誓制度也在中央和地方进行了成功实践。首先是宪法宣誓制度在中央层面的实践,2018 年 3 月 17 日,国家主席、中央军委主席习近平在人民大会堂进行宪法宣誓。尽管宪法宣誓法律规范的实践数量不断增长,但总体而言我国对该制度的具体实践也仍然处在融入法律制度体系、获得社会接受等实践经验的积累阶段。基于此,专注理论本身的研究不仅不过时,还能够为该制度的后续研究以及实践提供一定的积累。

二、"宪法宣誓"概念的界定

目前学界对宪法宣誓的理解并未完全统一,理论层面上的界定大致可以分为“广义的宪法宣誓”和“狭义的宪法宣誓”。由于“广义的宪法宣誓”内容远超宪法制度能够概括的程度，并且其在现实的实践中也往往存在随机性、不确定性，如果选择从“广义的宪法宣誓”角度对本制度进行研究，则极可能偏离宪法制度研究的主题，因此本书对于宪法宣誓的研究将沿用“狭义的宪法宣誓”这一界定标准。

（一）广义的宪法宣誓

广义的宪法宣誓对宪法宣誓的划定基本以某种特定行为的实施为标准。无论宪法、宪法性文件中是否明文对宣誓进行规定，只要掌权者作出了效忠于国家、宪法或者法律的宣誓行为，就可被纳入宪法宣誓的领域，这也意味着一些未被法律规定，但依据文化风俗、凭借宣誓行为人的个人意志而主动自发作出的宣誓行为也被认为是宪法宣誓。按照广义的宪法宣誓识别方式，宪法宣誓的范畴较大，可以认为所有的政治性宣誓都属于宪法宣誓。

（二）狭义的宪法宣誓

狭义的宪法宣誓范围较广义的宪法宣誓小得多，一个国家的掌权者对宣誓行为的实施并不是认定宪法宣誓的绝对标准，必须是宪法对宣誓制度的明文规定才符合宪法宣誓标准。狭义的宪法宣誓主要是在宪法中规定了宣誓制度，依据不同国家的宪法规范，法定的宣誓实施者或者向国家，或者向宪法及法律，或者向国民宣誓效忠，表达并承诺将要积极履行自身职务的意愿。按照狭义的宪法宣誓判断倾向，宪法宣誓实施的动因是源于一项确定的法定义务，具有法律的强制性和稳定性。

依据前述宪法宣誓的界定标准，中国的宪法宣誓明显应当归属于狭义的宪法宣誓。2014 年 10 月 23 日通过的《决定》提出：“建立宪法宣誓制度，凡经人大及其常委会选举或者决定任命的国家工作人员正式就职时公开向宪法宣誓。”2015 年 7 月 1 日全国人民代表大会常务委员会通过了《关于实行宪法宣誓制度的决定》，使我国宪法宣誓制度化。2018 年 3 月 11 日《宪法修正案》通过，现行《宪法》第 27 条第 3 款规定：“国家工作人员就职时应当依照法律规定公开进行宪法宣誓。”值得注意的是，随着香港、澳门特别行政区先后回归，《香港特别行政区基本法》与《澳门特别行政区基本法》作为《宪法》框架下的特别行政区宪制规范，其中有关宣誓实施的内容也应被看作我国宣誓制度的特殊构成部分。在多种要素的共同作用下，我国宪法宣誓制度的构建总体上呈现出宣誓行为的实施与宪法法律制度规范相呼应的狭义宪法宣誓的特征。

第二节　宪法宣誓的相关研究评述

将“宪法宣誓”列为关键词，在中国知网（CNKI 中国学术期刊网络版）上进行检索后得到1063 项反馈结果（截止日期为 2020 年 7 月 28 日 11:56）。以中国知网检索出的“宪法宣誓”相关研究成果发布的时间为线索，对相关研究的整体进程进行分析可以看到，21 世纪初已有学者提议在我国宪法制度体系中植入“宪法宣誓”这一制度，之后 20 年学界对于本制度的讨论、研究一直延续。时至今日，国内学界对宪法宣誓的研究已经历了三轮高峰：第一轮宪法宣誓研究热潮以 2014 年《决定》提出建立宪法宣誓制度为起点，第二轮研究热潮出现在 2015 年 7 月 1 日全国人民代表大会常务委员会通过《关于实行宪法宣誓制度的决定》后，第三轮宪法宣誓研究的热潮则肇始于 2018 年 3 月 11 日《宪法修正案》通过。

一、我国宪法宣誓制度确立之前的相关研究

2014 年以前国内关于宪法宣誓的学术研究成果较少，社会对于宪法宣誓的关注也多由发生在各地的具体政治性宣誓实践触发。这一时期社会对于宣誓的态度呈两极分化。一种是对宣誓制度整体持抵触、负面的态度。例如，邓海建在《当宣誓沦为一场“集体精神作秀”》中认为，宣誓是法律等社会刚性制度缺位时对个体道德的一种形式性的奢望，他断言当今社会不存在誓言促进社会秩序维护的现实基础。[①] 与之类似的观点也在《中国式宣誓调查：多流于形式　大部分有作秀嫌疑》中有所体现，作者认为在现代社会人们很难预期宣誓的真实作用，因而宣誓无法再起效。[②] 这类观点散见于报纸网络等媒体端，

---

① 邓海建：《当宣誓沦为一场“集体精神作秀”》，载新浪网，http://news. sina. com. cn/o/2006－06－21/00139253970s. shtml，2020 年 11 月 21 日访问。

② 张有义：《中国式宣誓调查：多流于形式　大部分有作秀嫌疑》，载华夏经纬网，http://www. huaxia. com/xw/dlxw/2007/09/259710. html，2020 年 11 月 21 日访问。

更多表现为对当时社会中的宣誓行为及一些具体实践乱象的观察，进而引发的对未来宣誓制度构建的忧虑，较为真实地反映了社会部分群体对于宣誓及政治性宣誓的感受。

相较于媒体对宣誓的批判性态度，学术界对宣誓制度显然持支持的态度，并对在我国建立宪法宣誓制度寄予厚望。21 世纪初，一批关注宪法宣誓的学者，就是否应当在我国法律制度框架内植入宪法宣誓这一问题已基本达成了肯定性共识。例如，蒋伟在《论建立忠于宪法的宣誓制度》中认为："应在中国尽早建立这一制度。"①韩永周、朱战芳在《浅析宪法宣誓制度》中认为，在符合国情的前提下可对宪法宣誓制度实现移植。② 陶波在《论中国宪法宣誓制度的建立》中提到，建立宪法宣誓制度对于提高公民宪法意识、培育社会整体宪法信仰有重要的推动作用。③ 虽然《决定》通过之前，宪法宣誓不属于学科研究的热点问题，但在 2000 年至 2014 年宪法宣誓相关研究已经在引介宪法宣誓制度、挖掘宪法宣誓理论基础、梳理宪法宣誓的制度构成、剖析宪法宣誓制度功能，以及探寻中国本土文化中的宣誓传统与宪法宣誓制度的联结点等多个方面开辟了领域。

在前述研究领域中，关于宣誓、宪法宣誓制度的起源显然属于各学者关注的重点，几乎每篇论文都留有一定篇幅对此进行阐述。陶波在《论中国宪法宣誓制度的建立》中认为宗教是整个宣誓制度的起源，这一观点明显受到《浅析宪法宣誓制度》"浓厚的宗教色彩应该说是西方各国宪法宣誓制度的一个普遍的原始特征"这一判断的影响。支撑国内学者对宪法宣誓制度的起源作出这一判断的依据，在结合我国传统文化中宣誓经验的联想之外，还带有西方相关研究的深刻烙印。例如，被国内研究者多次引用的以伯尔曼为代表的西方学者关于宗教以及宗教产生的心理对于形成法律的社会认知的理论。④ 将宗教

---

① 蒋伟：《论建立忠于宪法的宣誓制度》，载《法商研究（中南政法学院学报）》2000 年第 5 期。

② 韩永周、朱战芳：《浅析宪法宣誓制度》，载《培训与研究（湖北教育学院学报）》2004 年第 6 期。

③ 陶波：《论中国宪法宣誓制度的建立》，载《南方论刊》2008 年第 2 期。

④ 真正能阻止犯罪的乃是守法的传统，这种传统又根植于一种深切而热烈的信念中，那就是法律不仅是世俗政策的工具，而且还是生活终极目的和意义的一部分；如果我们希望法律继续有效，我们就不能不重视人们对法律的献身精神（这种情感本质上是宗教的），正是此类情感使法律具有了仪式、传统、权威和普遍性。[美]伯尔曼：《法律与宗教》，梁治平译，商务印书馆 2017 年版，第 20 页。

作为宣誓制度的起源是这一时期相关研究中的普遍观念。

除此之外,更多与宪法宣誓相关的问题也被广泛讨论,其中一些观点也深刻影响了后续的宪法宣誓研究。例如,《浅析宪法宣誓制度》提到宪法宣誓的理论渊源为契约论思想、三权分立思想与宗教因素的结合,①这一观点现已基本为学界所接受。蒋伟在《论建立忠于宪法的宣誓制度》一文中重点关注了该制度的功能,讨论了将宪法宣誓制度移植至国内的法制土壤中应当产生什么样的功能这一问题。文章作者认为包括于宪法宣誓内的仪式行为与宪法权威之间存在投射、串联的关系,我国树立宪法权威、促进法治建设的目标能够通过接纳并实施宪法宣誓制度实现。② 作为当时在国内引起热议又被学者给予厚望的一项域外制度,宪法宣誓与中国的法制传统如何兼容自然也属于研究的关注重点。《孙中山与民国宣誓制度之建立》从该制度在中国历史中的具体实践角度,对民国时期宣誓从个人协约到被法律规定的全过程进行梳理、分析,较为清晰地还原了宪法宣誓制度与民国法制体系的"第一次亲密接触"。③

二、我国宪法宣誓制度确立之后的研究

(一)宪法宣誓制度的早期引介及第一轮研究概貌

2014 年 10 月 23 日《决定》通过后,人们对宪法宣誓的关注迎来了爆发式的增长。除报纸杂志、电视网络等大众媒体端对宪法宣誓相关信息的密集报道,宪法宣誓学术研究也从 2014 年之前的年均 1 ~ 2 篇的文章产出,迅速增长到月均有 5 篇左右的相关研究成果被推出。相较于《决定》通过之前,国内的研究重心主要在对宪法宣誓的引介方面;2014 年《决定》通过后,国内相关研究在继承先前研究积累的同时,对于相关问题的研究更加展现出务实的气质,宪法宣誓的功能、制度的具体构造都成为研究讨论的重要领域。对这一时期相关研究成果进行比较分析后,可以看出 2014 年 10 月到 2015 年 7 月第一轮宪法宣誓研究热潮期间,研究者的注意力更多聚焦在以下几个方面:(1)构建宪法宣誓制度与我国建设法治国家这一目的的融合;(2)剖析宪法宣誓中由程序

---

① 韩永周、朱战芳:《浅析宪法宣誓制度》,载《培训与研究(湖北教育学院学报)》2004 年第 6 期。

② 蒋伟:《论建立忠于宪法的宣誓制度》,载《法商研究(中南政法学院学报)》2005 年第 5 期。

③ 闻小波、许敏:《孙中山与民国宣誓制度之建立》,载《江苏社会科学》2003 年第 3 期。

提供的独特价值;(3)比较各国具体的宪法宣誓制度并对我国宪法宣誓制度构建提出建议。

首先是构建宪法宣誓制度与我国建设法治国家目的性的融合。绝大多数研究者赞同宪法宣誓制度构建与我国促进宪法实施、推动法治国家建设呈正相关的观点,这一时期的研究成果也基本反映了这一点。例如,姜明安教授认为,宪法宣誓的实施“虽然是一种形式,但是它是追求依宪治国内容和实质、建设法治国家的一种必要形式”。[①] 类似的观点在《论宪法宣誓制度的中国构建》一文中也有阐述,该文章作者杨学科认为我国宪法宣誓制度应当构建于尊重宪法的需要和坚持依宪治国基础之上。[②]

其次是宪法宣誓中仪式的程序性价值,2014 年《决定》中提出的“国家工作人员正式就职时公开向宪法宣誓”蕴含的宪法宣誓制度中的仪式对于宣誓者身份的转换、国家权力转移的标志性意义开始获得研究者关注。王月明在《就职宣誓制度的程序性价值》中提到就职宣誓仪式的效力并不局限于对宣誓者和广大人民群众心理、情绪的影响,其本质属于一种法定的权力转移程序,因而具有明确的法定程序效力。[③] 这一观点的出现拓宽了相关问题研究的视域,将研究者对宪法宣誓的外在价值和功能的注意力,引流到对该制度规范国家权力运行的内在价值和功能方向上。刘连泰、周雨在《宪法宣誓制度的“实”与“名”》中就对前述观点持肯定态度,文章认为宣誓仪式对宣誓主体存在道德和法律的双重影响,其中法律影响即表现在宣誓主体通过宣誓的过程完成了从普通公民向负担特定权力的公职人员的转变。[④]

最后是通过分析比较域外的宪法宣誓制度要素对我国相关制度构建提出建议。大多数研究者认同在建立具体的宪法宣誓制度时,借鉴国外相关制度规范的成熟经验,从宣誓主体、宣誓对象、监誓者和誓言等方面构造我国本土的制度。例如,王亚平、谢天在《实施宪法宣誓制度的几个问题》中提到设计中国的宪法宣誓制度的关键在宣誓主体、宣誓的内容和宣誓的程序及方式三个

---

① 姜明安:《完善法治体系,建设法治国家》,载姜明安主编:《行政法论丛》第 16 卷,法律出版社 2014 年版,第 11 页。

② 杨学科:《论宪法宣誓制度的中国构建》,载《胜利油田党校学报》2014 年第 6 期。

③ 王月明:《就职宣誓制度的程序性价值》,载《法学》2014 年第 12 期。

④ 刘连泰、周雨:《宪法宣誓制度的“实”与“名”》,载《浙江社会科学》2015 年第 2 期。

方面,参考外国制度经验的同时应注重符合中国的现实和特色。① 同类的观点也在《关于建立和完善我国宪法宣誓制度的探讨》一文中有所体现,文章作者认为设计宪法宣誓制度时应当将宣誓主体和包括宣誓组织者、宣誓仪式和宣誓对象等其他制度相关要素,看作密切关联缺一不可的整体。②

另外,比较2014年10月至2015年7月推出的宪法宣誓研究成果,关于宪法宣誓效力的法律制度保障是关注度较高但分歧也较大的一个问题。相当一部分研究者赞同应当在宪法或者与宪法宣誓相关的特别法中加入一定程度的违反宪法宣誓后的惩罚性规定,也有研究者认为应当为宪法宣誓制度设置专门的监督委员会,以各种强制性手段充实宪法宣誓制度的法律约束力。③ 例如,晋帅在《论我国宪法宣誓制度的构建》一文中提出,为了避免宪法宣誓制度的实施流于形式,我国在建立统一宣誓制度的同时要注重健全违誓行为的追责制度,直接在宪法中写明责任条款,即属于一种较好的制度规范方式。④ 相似的观点也在《宪法宣誓制度之分析》中有所反映,该文章作者杨树认为:“仅有宪法宣誓制度,而没有任何追责措施,则往往会流于形式……对于不履行宣誓承诺的国家机关工作人员,依法予以免职,将宣誓作为履职的必要条件,是保障宪法宣誓实施的重要环节。”⑤当然,也有部分学者对在宪法或者宣誓特别法中加入惩戒性规范持反对意见,认为宪法宣誓的程序性价值足以统摄该制度的现实效力,强行在宪法的法律规定中加入惩罚性规范不仅有悖于宪法实施的谦抑原则,还有制度性的画蛇添足之嫌。⑥ 对前述两种针锋相对的观点进行大致统计,持前一种观点的研究者数量较后者的数量优势更为明显。

(二)第二轮宪法宣誓研究概貌

2015年全国人民代表大会常务委员会《关于实行宪法宣誓制度的决定》的通过开启了国内宪法宣誓研究的第二轮热潮,这一轮热潮持续的时间大致为

---

① 王亚平、谢天:《实施宪法宣誓制度的几个问题》,载《人大研究》2015年第2期。

② 杨妍玮、陈文权:《关于建立和完善我国宪法宣誓制度的探讨》,载《重庆社会主义学院学报》2015年第3期。

③ 周温涛、陈思如:《我国公职人员宪法宣誓制度构建初探》,载《法制与经济》2015年第8期。

④ 晋帅:《论我国宪法宣誓制度的构建》,山东大学2015年硕士学位论文。

⑤ 杨树:《宪法宣誓制度之分析》,载《法制博览》2015年第12期。

⑥ 王月明:《就职宣誓制度的程序性价值》,载《法学》2014年第12期。

2015年至2018年3月。由于2015年7月上述决定标志着宪法宣誓在我国正式制度化，研究者对该制度的研究方向也较前一次发生了一定调整。这一时期研究如何搭建我国宪法宣誓制度等构建制度的外部框架性问题的热度稍退，探讨宪法宣誓与宪法实施，以及该制度对社会整体的宪法信仰塑造等宪法宣誓内在动力相关的问题成为宪法宣誓研究领域的重点，并且在这一时期宣誓制度中的誓言的内容规范也越来越受到关注。

首先是关于宪法宣誓对宪法实施及法治社会的内部推动力的研究。丁爱萍认为，宪法宣誓制度的实行标志着宪法的仪式性制度健全，将促进宪法理念的广泛传播，树立社会的宪法法治信仰，是以法制推动法治。① 宪法宣誓制度的"内部动力"深入本制度的具体组织结构之中，宣誓仪式的作用被研究者不断挖掘和阐释，通过宪法宣誓的仪式能够巩固宪法地位、塑造宪法信仰的观点在多篇论文中被提及。② 又如，在《论法律仪式对宪法信仰的作用》中，作者认为，宪法宣誓的仪式能够拉近宪法与社会公众的距离，能够通过不断的仪式行为加深宪法的感知和认同，进而巩固和维护整个社会对宪法的信仰。③ 也有部分宪法宣誓制度相关问题的研究者认为，经过宪法宣誓的仪式后权力获得了合法性，由仪式所表达的不仅是一种文化的外在表现，也是一种政治性展示。④

其次是关于宪法宣誓制度中誓言内容的法律规范问题。尽管学界都认同应当由法律对宣誓主体的誓言进行规定，但具体誓言的内容应当如何规范，不同研究者的观点存在一定分歧。一部分研究者认为宣誓主体的誓言内容应当实现统一，因为宪法宣誓的本质和绝对重心在于向宪法宣誓，而非单纯表达自身将履行职务的意愿。⑤ 另一部分研究者则坚持认为应当依据宣誓者负担职务的差异对誓言的内容作出针对性、差异化规定。例如，《我国宪法宣誓制度的效用基础及实现路径》中即有对誓言内容差异化理由的阐述，差异化的誓言

---

① 丁爱萍：《宪法宣誓的法治力量》，载《人大研究》2015年第9期。

② "借由宪法宣誓仪式，宪法的根本法地位及其基本价值也得到了充分的宣扬。"田东江：《以宪法宣誓制度凸显宪法权威》，载《人民之声》2015年第10期。"建立和实行宪法宣誓制度，就是通过一种庄严的仪式化表达，彰显人们对宪法的信仰、敬畏和尊崇，以此来激励和教育国家工作人员时刻把宪法放在心上。"汪铁民：《宪法和我们如此亲近》，载《中国人大》2015年第24期。

③ 骆孟炎、陈晨：《论法律仪式对宪法信仰的作用》，载《长白学刊》2016年第5期。

④ 马华、王晓宾：《就职宣誓：国家治理现代化的构建》，载《政治学研究》2016年第6期。

⑤ 冯焕铃：《各国宪法宣誓制度比较研究——以〈世界各国宪法〉为素材》，载韩大元执行主编：《中国宪法年刊》2014第10卷，法律出版社2015年版。

内容有助于宣誓主体明确职务责任。①

作为上一轮宪法宣誓研究热潮中热点问题的延续，虽然这一时期宪法宣誓效力应当源自法律的强制这一观点仍然占据主流，但将制度发挥效力的期望回归到宣誓制度本身的声音也在不断发出，并且反对将宪法宣誓制度“工具化”为向宣誓者施加责任的法律机制的理论思路也更加清晰。例如，清华大学冯象教授在分析宪法宣誓的誓言时提出：“誓言的功效，只在确认《宪法》承诺的‘正确的道路’，并不指向具体的各项公民权利。”由此延伸出宪法中的宣誓制度实施与普通法实践过程中所指向的强制后果之间存在一定张力，因为仅凭借誓言是否被完全遵守而去判断宣誓者违反宪法并追究其责任，不仅现实的法律追责会面临困难，甚至作出判断这一行为究竟侵犯了何种权利，又是如何侵害到宪法制度也会遭遇困惑，因而在宪法中纳入惩罚性规范是值得商榷的。② 与前述观点类似，有研究者从宪法实施的角度解释了否定在宪法宣誓制度中植入惩罚机制的缘由，并认为“宪法实施不是某个个人或机构的特定任务，而是所有国民及其组织、团体的分内之事。在这个意义上，宪法宣誓的内在指向并不是就职者个人的职责”，并且因为宪法宣誓“是社会示范性与政治宣称性的承诺，所以就不可能在未实现承诺时导致严格的法律责任”。③

（三）第三轮宪法宣誓研究概貌

第三轮宪法宣誓研究发轫于2018年3月第十三届全国人民代表大会第一次会议通过《宪法修正案》。2018年《宪法》第27条将宪法宣誓正式纳入我国宪法制度中。这一阶段研究者开始考察、分析宪法宣誓制度在现实环境中的具体实施情况，尝试将宪法宣誓制度与社会中其他维系人类社会协同发展的社科系统，譬如社会学、语言学、心理学等学科成果实现学科理论交叉、结合，并最终实现我国宪法宣誓制度的完善。

首先是宪法宣誓研究与社会学理论的结合。有研究者从社会学的角度针对古代赌咒发誓活动背后的文化背景进行了剖析，分析以“誓咒信仰”为核心的系列仪式性活动在古代社会中的类法律意义。通过观察现代宪法宣誓中仪

① 顾瞳瞳：《我国宪法宣誓制度的效用基础及实现路径》，载《行政与法》2016年第2期。

② 冯象：《宪法宣誓，人民监督》，载《文化纵横》2016年第1期。

③ 张国旺：《宪法宣誓、人民主权与执政党的政治伦理》，载《环球法律评论》2016年第6期。

式的实践并将之与人类社会中"誓咒信仰"等传统文化要素进行比较后认为，由于人类群体在漫长的社会生活和政治交往中对赌咒、宣誓的反复使用，使宣誓制度本身凝聚了一种极强的来自内在精神和外部政治双重领域的权威。以至于在某些具体的宣誓情境中，宣誓的实施甚至不用借助来自国家或者政权的外部强制力，亦可被绝大部分社会成员认同与执行。如果将广义的宣誓制度看作一个完整体系，其在人类社会中显然具有极高的认同感和执行力，属于宣誓的"双重权威"的效力与宪法宣誓制度效力的延续，在很大程度上即可以归因于一种大制度体系内部的效力自动"附着"的特性。①

其次是宪法宣誓研究与语言学理论的结合。在 2018 年 3 月《宪法修正案》通过之前，2018 年 2 月《全国人民代表大会常务委员会关于实行宪法宣誓制度的决定》进行了修订，有研究者开始将目光投向宪法宣誓制度组织内的誓言部分在整个制度中存在的效能问题。尽管先前国内的众多研究者吸收西方理论，围绕宣誓制度与原始迷信、宗教信仰的作用关系已有较多剖析和讨论，然而，在我国正式实行宪法宣誓制度的过程中，始终面临一个不可回避之现实，即对世俗化的，特别是无神论的国家的宪法宣誓，宗教的传统方法不能提供充分有效的解释。② 相较于将宪法宣誓的效力全然归属于来自宗教的"馈赠"的解释方式，有学者认为从语言哲学的角度关注语言结构内"誓言的力量和效能"，如阿甘本提出的"语言圣礼"③理论更加贴合阐释我国宪法宣誓制度的实际。④

最后是宪法宣誓研究与心理学理论的结合。随着宪法宣誓实践的不断积累，宪法宣誓的仪式、行为和社会影响对提升公民群体的宪法心理效力及提升的限度引起了一些研究者的兴趣。有学者引入斯堪的纳维亚现实主义法学⑤的一些社会与法心理学理论对人类服从法律的心理进行分析，并将这类理论

① 吴欢：《宪法宣誓的机制原理及其完善——法人类学与宪法史学的视角》，载《东南大学学报（哲学社会科学版）》2018 年第 2 期。

② 陈端洪：《权力的圣礼：宪法宣誓的意义》，载《中外法学》2018 年第 6 期。

③ ［意］吉奥乔·阿甘本：《语言的圣礼：誓言考古学》，蓝江译，重庆大学出版社 2016 年版，第 8 页。

④ 陈端洪：《权力的圣礼：宪法宣誓的意义》，载《中外法学》2018 年第 6 期。

⑤ 斯堪的纳维亚的现实主义法学认为法律效力来源于人类的心理观念，法律效力取决于法律对人们施加的心理影响以及人们接受和认同其约束力的心理态度。

延展至宪法宣誓与宪法信仰的关系之中。在阐释宪法的心理效力的产生可归因于外部强制、内心认同和信念内化三个要素的共同作用的过程中，认为宪法宣誓能够发挥贯穿三要素的优势并最终促进宪法权威重塑的重要作用。①

三、我国宪法宣誓研究现有成果中的未竟问题

国内对宪法宣誓的研究尽管已持续20余年，绝大多数研究也形成了在正式进入文章主题之前插入一定篇幅的介绍宪法宣誓历史源流的写作范式，但仔细比较众多研究成果中与宪法宣誓制度史的相关说明，会发现诸多研究者自身对宪法宣誓发展历程的认知本身存在一些欠缺，对一些基本的法制史料漏查、误用的问题较为突出。譬如，早在2002年就已出现关于“最早规定国家公职人员宪法宣誓的宪法”的判断失误，不仅在后续10多年的宪法宣誓相关研究中反复出现，甚至在后续一些论文针对前列问题的表述中还能看到在同一篇文章中出现了两项史料被冲突性引用的尴尬情况。② 这一研究的缺憾反映出宪法宣誓的部分研究者尽管针对宪法宣誓制度的一些具体问题进行了一定分析，但本质上并没有对自身研究的事物形成一个连续而确定的印象。

国内研究者在比较、分析域外宪法宣誓的制度及其效力时，往往因存在东西方文化背景的隔阂而作出一些失真的判断，尤其是一些论文在描述西方社会中的宣誓与宗教的关联，并以此解释西方人的信仰对于在西方社会形成的宪法宣誓制度的实质效力问题时，往往会陷入某种想当然的“悬浮”式推理。例如，一部分研究为了最终凸显宪法宣誓制度的效用，而过分夸大古代西方社会中宗教信仰对宣誓仪式和实施宣誓行为的人的真实约束力。虽然在关于宪法宣誓的研究中会强调现代宪法宣誓运行中的“宗教祛魅”现象，但一旦试图厘清当下社会的宪法宣誓仪式要件对宣誓主体以及社会民众群体产生的影

---

① 郭忠：《宪法宣誓提升宪法心理效力的作用及限度》，载《辽宁师范大学学报（社会科学版）》2019年第6期。

② 有研究者认定：德国1919年《魏玛宪法》为史上首部确定国家公职人员宪法宣誓的成文宪法，但1787年《美利坚合众国宪法》第6条已经制定了公职人员宪法宣誓的明文规范。通过对相关资料梳理，笔者发现前述的有误观点源自2002年一篇名为《西方国家的宪法宣誓制度》的报道，该文对宪法宣誓制度起源的表述为：“自1919年德国《魏玛宪法》首次确认国家公职人员就职时必须宣誓效忠宪法的制度以后，这一制度被现代许多国家的宪法规定下来，成为各国宪政制度的重要内容之一。”此后多篇宪法宣誓相关论文在阐述宪法宣誓历史渊源时受到《西方国家的宪法宣誓制度》中史料处理失误的影响。

响，部分研究者又不可避免地陷入了对宪法宣誓制度进行宗教性“造魅”的陷阱。譬如，有研究者认为：域外（西方基督教世界或伊斯兰教世界）宣誓制度实施的社会反馈效果较好，是由于域外宗教信仰具有连续性，而国内对文化传统中的“天”的信仰已然断裂；要在中国的宣誓实施进程中获得类似的成果，就应当先恢复中国社会中关于“天”的神圣性信仰。①

与前述过度关注宣誓制度内的宗教影响因子的态度相反，另一部分宪法宣誓研究则明显否认现代宪法宣誓制度的构建与人类社会的宗教、道德文化产生联系，将古代社会中宣誓仪式对社会群体的心理及行为的调整效果描述为古人“蒙昧迷信”的表现。如德国哲学家康德所言：“人们发誓并不是出于道德的原因，而仅仅出于盲目的迷信。”②这作为理论支撑被研究者多次引用。这种带有否定性的态度，又直接导致部分研究者放弃从宏观、整体的角度去观察宪法宣誓，而是选择以一种将宪法宣誓制度工具化的方法，纯技术性地讨论宪法宣誓及相关制度。这种研究理念不仅影响了较大一部分研究对宪法宣誓制度的界定，在将宪法宣誓与就职宣誓或者政治宣誓直接画等号的同时，也不可避免地将宪法宣誓在现代社会中良好运行的期望完全寄托在在宪法宣誓制度中植入违背誓言的惩罚性规定上，将对违背宣誓者进行“追责”力推为现代宪法宣誓的效力保证。

四、国外宪法宣誓的相关研究

对照宪法宣誓制度在世界范围内的宪法制度中建立及实施的数量，世界范围内宪法宣誓制度的相关研究数量明显偏少，并且国外的法学研究中针对宪法宣誓制度进行专门性的研究较少，大部分提及宪法宣誓制度的文献更多是在介绍、分析或评价某一部或者某一时期的宪法法律、宪法性文件时，将宪法宣誓相关内容作为宪法整体内的一个构成部分而稍有提及。在法学研究之外，历史学、社会学研究中则存在大量有关宣誓的内容，然而，这些学科研究对于宣誓制度与行为的关注更多集中在政治场合的政治宣誓、历史事件内的效

---

① 潘祥辉：《华夏传播新探：一种跨文化比较视角》，复旦大学出版社有限公司 2018 年版，第 138 ~ 139 页。

② ［德］康德：《法的形而上学原理——权利的科学》，沈叔平译，商务印书馆 1991 年版，第 135 页。

忠宣誓以及宗教环境下的宗教宣誓。观察国外人文社科领域将宣誓作为研究对象的特征可发现,纯粹的宪法宣誓制度或实践内容亦有出现,但基本混合在宣誓制度的整体框架内并未获得特别关注。因此,国外有关宣誓制度的研究成果总体上偏向于宣誓制度的整体性研究,观察角度为多元和多层次,较为注重宣誓制度在不同时代背景、社会环境及使用场合中的变化,对于国内研究宪法宣誓制度的发端、构建、演化,并对我国宪法宣誓制度实施后的实践和完善具有较高的借鉴价值。然而,宪法宣誓制度作为一项独立的宪法制度,其现实的实践具有独特的制度价值,仅将其作为宣誓制度内组成部分而不单独进行研究的研究方式显然存在一定的局限性。

五、本研究的创新

本书的创新点分别存在于历史和现实两个维度。首先是从历时性维度对宪法宣誓制度进行探索,拓展我国宪法宣誓制度研究的视野,增加知识的积累,弥补对宪法宣誓制度研究过分关注共时性维度而出现的遗憾。其次是在探寻宪法宣誓制度过往来路的同时,对宪法宣誓制度在我国当前时代背景下的现实实践保持高度关注。通过对我国内地和香港、澳门特别行政区宪法宣誓现象的梳理、分析,把握宪法宣誓制度在新时期的实践过程中面临的新挑战,并以此为依据,对我国宪法宣誓制度的现实实践和未来完善提出建议。

第三节　问题与方法

一、探讨的相关问题

国内学者通过对宪法宣誓制度三个阶段的研究,已经拓展出一片较为广阔的研究领域,但它是现实性的,也是片段式的,极少有研究者从制度整体的角度去审视宪法宣誓究竟是怎样一种事物或者制度,这也是前文中提及的目前宪法宣誓研究存在未竟问题的主要原因。本书以宪法宣誓为研究对象,但并非局限在讨论某一国的宪法和宪法宣誓制度,而是以历史维度的宪法宣誓的发展过程为线索,讨论该制度如何产生、如何在过去的社会中发生作用,并试图通过比较分析为现代社会中实施的宪法宣誓提供理论支撑。因此,本书着力研究的问题如下。

（一）宪法宣誓制度如何发生

宪法宣誓制度属于人类社会中宣誓文化的制度性衍生，广义的宣誓习惯中仪式部分虽与宗教仪式存在要素交叉，但依据现有证据（包括考古实证、文献记录）无法断言宣誓诞生自宗教，因此本书难以确证宪法宣誓起源于早期人类的迷信、宗教这一观点的正确性。若就本制度在法律中的构造作为制度观察切入点，宪法宣誓制度的构成要素最初来源于英国1215年《大宪章》（《自由大宪章》），而美国1787年《美利坚合众国宪法》诞生了现代意义上的宪法宣誓制度。

（二）宪法宣誓制度如何向现代演变

由于英国在北美洲殖民活动的开展，宪法宣誓制度的原始模型在英国诞生后，被英国先辈移民移植于北美英属殖民地内。其后伴随北美殖民地的立宪、独立过程，宪法宣誓制度实现了组织要素的成文化和现代化。整个18世纪至20世纪世界范围内掀起立宪潮，宪法宣誓制度在越来越多的国家宪法中出现，原本较为单一和基础的宪法宣誓制度形态也在不同国家的本地化过程中发生了分化。

（三）宪法宣誓制度为何和如何被世界共享

宪法宣誓制度不仅在其发源地得到了延续和发展，该制度也实现了跨文化区域的传递，例如，原本诞生于英美法系中的宪法宣誓制度，在20世纪初也在欧洲大陆法系国家的宪法中迅速扩张，作为一项法律制度，20世纪中后期其在其他地区的宪法中也被广泛接纳。除了各国立宪过程中普遍采取的法律制度的移植方法，还受到世界范围内政治制度变革以及宪法法律发展的规律影响。

（四）各种宪法宣誓制度如何形成差异

宪法宣誓制度在形成与构建过程中逐渐分化为三种主要的表现类型，分别为以英国为代表的既部分保留效忠宣誓传统又兼容君主立宪制度的宪法宣誓类型，以法国为代表的掌权者与公民都成为法定宣誓主体的“双重模式”宪法宣誓类型，以及在美国宪法中出现的围绕“控制权力”这一目的而构建的宪法宣誓类型。不同宪法宣誓制度类型的形成无法脱离其诞生的时代与社会、政治的独特环境，研究英国、法国和美国宪法宣誓制度如何形成并分化，就需要对历史维度的相关材料进行更细致地回溯。

二、研究的具体方法

宪法宣誓制度研究将主要从历史的视角对宪法宣誓制度的发生、成长和演变的历程进行考察，将借助历史研究法、制度分析法与比较分析法三种方法对本论题进行研究。

（一）历史研究法

历史研究的方法包括历史梳理、文献梳理和文献分析三个部分。首先，历史梳理是本书对宪法宣誓制度相关问题进行研究的基础，透过梳理宪法宣誓制度在历史维度中的发展脉络，更为清晰地还原该制度的诞生、发展和变迁，强化对宪法宣誓制度本貌的准确认识，尽可能消弭一些基于史实掌握缺陷而出现的对制度整体的误解。其次，本书将主要通过与宪法宣誓制度密切关联的文献梳理历史的、当代的宪法宣誓制度，为本制度的研究积累素材。最后，文献分析法是本书对宪法宣誓从一项社会、文化领域的传统到一项宪法制度的发展历程进行研究的主要方式，资料搜集以史实的时间为线索按制度发生顺序进行，通过提炼文献，对历史素材中的宪法宣誓的相关证据采取拼图式还原处理。最终，将通过历史研究的方法对国内宪法宣誓相关研究中存在的一些刻板印象或失真理解进行“祛魅”。

（二）制度分析法

宪法宣誓制度确立并成为一项世界通行的宪法制度后，支撑起本制度的框架与充实其内核的宪法文本成为该制度最为核心的研究素材。可以认为，运用历史研究法能够回顾宪法宣誓制度的“来路”，而借助制度分析法则能够透析本制度的“去向”，两者相结合有助于对宪法宣誓制度构建起一个较为连贯的认识。制度分析法是以法律文本为中心，透过各国现行宪法中的宪法宣誓制度相关的具体规定，有针对性地对存在于本制度内部的宣誓主体、宣誓对象、监誓者和誓言内容等具体构成要素进行分析，从宪法宣誓制度内部对该制度的组织、结构进行更加精细化的观察。

（三）比较分析法

在特定的历史环境中，宪法宣誓制度主要发展出以英国、美国和法国为代表的三种模式，其中英国模式可以对标当下世界中君主立宪国的宪法对宪法宣誓制度的规范，而美国宪法中强制掌权者进行宣誓的模式在当前世界的宪法中较为常见，法国模式则开辟了国家公民与掌权者都需实施宪法宣誓的模式。通过对前述三个模型的比较分析，可对世界各国宪法中纷繁复杂的宣誓制度的规范形态形成一个更为清晰和范式的认识。

第一章 宪法宣誓的源起与英国《大宪章》

研究一项制度总是希望从制度诞生的源头进行，所谓追本溯源才能名正言顺，这也是诸多宪法宣誓相关研究在开篇总会针对宣誓起源进行探讨的缘由。就宪法宣誓制度研究本身而言，将宣誓作为宪法宣誓制度生长的土壤进行关联本质上不会遇到什么阻碍，大量的历史文献记录能够轻易证明二者具有的深厚血缘关系，但问题在于我们能否沿着宣誓制度这一线索再往前捋，去讨论关于人类文化中宣誓习惯的来源，并将此作为不容置疑的根据去解释宪法宣誓制度的终极源头。尽管缺乏关键性证据，但囿于开头所提及的研究需要追索“源头”的研究范式惯性，许多宪法宣誓的研究者在对宪法宣誓制度考察的过程中，选择将宣誓的发端与人类社会的宗教信仰、原始人类的迷信心理进行逻辑性绑定，并将此作为线索通过对历史文献中一系列特定要素进行组合并推理，最终得出了迷信或者宗教属于宣誓当仁不让源头的结论。但我们在接受这个颇具吸引力的观点之前，仍然需要考虑一个问题，直接将宣誓的产生归因于宗教或者迷信究竟是出于研究宪法宣誓制度及相关问题的必要，还是只因为这个推论恰好适应了某种研究模式的偏好而已？

首先要承认的是人类社会的宣誓与宗教在仪式要素上长期处在相互影响的状态，被记载于历史文献中的宣誓行为与宗教的紧密关系最直观的证据，就是那些遍及全人类的宗教信仰体系，以及几乎适用于各个宗教信仰相关场景的宣誓行为。以早期成书时间约在公元前 15 世纪的基督教经典《旧约》系列为例，《创世纪》《出埃及记》《申命记》《诗篇》等典籍中就描述了大量誓约的内容和场景。[①] 宗教通过典籍对宣誓这一行为的强调,使世俗社会中的宣誓行为从外观至内里都分享了宗教的超现实特征。同时,在早期人类生活中宗教信仰与世俗生活混沌交织的状态也无时无刻不在向人强化宣誓具有宗教神圣属性的印象,甚至被沿用至今的类似于"以上帝的名义起誓"这般的誓言内容都可以被看作前述逻辑性绑定合理的佐证。如果继续追随这一视角进行观察也不难注意到,宣誓行为在早期人类社会中的流行与原始宗教的诞生的确受到一些高度重合因素的影响:二者都是由于早期人类在科学技术匮乏的状态下,对未知的超自然力量产生了依附心理。因此,将宣誓的源头与宗教混同似乎不存在过多推理逻辑上的障碍。于是,这种通过颇为精妙的演绎手段在理论上开辟出一种解释宣誓起源的方式也得到了相当一部分学者的响应,康德那段对誓言出自"人们的盲目迷信"[②]的判断就很好地印证了这一理论所带来的影响。

尽管上述逻辑推理的完美在某种程度上可以让人暂时忘却现实证据方面的瑕疵,但因为宗教在人类文明发展的前期占据显要的位置,同时宣誓行为中恰好带有的宗教特征,就认定宣誓起源自宗教或者原始迷信这样的一般性理论推演始终存在缺乏可靠证据的缺陷。由于宣誓横跨不同的领域、学科,所以在一锤定音式的文献或考古实证出现之前,依据现有的相关素材的研究最大限度能被确信的是宣誓的确受到了宗教的影响。但这样的结论离能够宣告宣誓的本源实在是差距甚远,甚至对于继续回溯宣誓也并未有实质性推进,因为类似的宗教性影响在人类文明范畴内是广泛而普遍存在的,建筑、文学乃至音乐都可以找到被宗教辐射的证据,宣誓所具备的宗教特点及其折射出的神圣性外观与其他受宗教影响的文化形式相比并不具有特殊性,在同等条件下如果我们仅能谨慎地将这些散布于建筑、文学、音乐等方面的宗教特征归纳为受到宗教影响而产生的特定形式,那么特别将宣誓的起源指向宗教的推理手段的正当性又在何处?

基于上述缘由,将宣誓以及宪法宣誓起源归因于早期人类的迷信的说法

---

① 《创世纪》第 12 章第 2 节,第 13 章第 15 节,第 17 章第 7 节,第 18 章第 18 节,第 22 章第 17 节,第 26 章第 3 节,第 28 章第 14 节;《出埃及记》第 20 章第 24 节,第 23 章第 25～27 节;《申命记》第 15 章第 4 节,第 17 章第 14 节;《诗篇》第 110 篇第 3 节。

② ［德］康德:《法的形而上学原理——权利的科学》,沈叔平译,商务印书馆 1991 年版,第 129 页。

是值得商榷的，而任何试图一次性对宣誓起源作出的宣告似乎都只能止步于间接和转折性的推断。意大利学者阿甘本对于宣誓起源的判断就没有落入"神学陷阱"，在对宣誓回溯至考古学范畴内的极限边界后，阿甘本认为，宣誓的起源"无论如何都不能被理解为一个既定之物——要么可以被定义为一份年表（甚至更广泛意义上的类似'史前'的范畴），要么超越于此，被定位在一个非时间的元历史框架中"。宣誓应当被看作一种在人类历史中实际起作用的力量，阿甘本将这种力量比作"大爆炸"：

正如"大爆炸"，它被认为导致了宇宙的诞生，它就是某种不停地向我们传送自己的背景辐射的东西。不过，和天文、物理学家们声称可以去溯及的"大爆炸"不同的是，即便以百万年为单位，源质也不是一个既定之物、一个实体或一个事件，而是在人类起源和当下之间，在超历史和历史之间伸展开的历史潮流的一个领域。①

综合上述实证及推理各个方面的缘由，考虑现有与宣誓相关素材的储备情况，我们可以捕捉到的是，宣誓是以一种相对动态存在的形式在人类历史中不断留下轨迹的事物，它本非神圣或蒙昧的造物，只是恰好被赋予过神圣的意涵。

尽管持有这个观点对于追溯宣誓起源这一目标似乎会造成某种不可逾越的障碍，但回到宪法宣誓研究本身，围绕宣誓起源的历史性困惑并不至于阻碍我们对宪法宣誓制度的认识。事实上立足于研究宪法宣誓的出发点，针对宣誓所进行的回顾从一开始就不必要从文化或者历史的大范畴内去搜寻甚至强行界定某种制式化的起源，追究宣誓起源对于剖析宪法宣誓制度并无太大裨益甚至有偏离主题的风险，至于冒险对宣誓的起源下判断则更有在后续将宪法宣誓研究带入偏见的危害。因此，本章将搁置宣誓起源这一问题的推理性阐释，将重点关注出现在人类文明早期的政治、司法以及部分私领域内的宣誓要素，捕捉那些要素自身演变以及对于政治和法律制度的关键性影响。

---

① [意]吉奥乔·阿甘本：《语言的圣礼：誓言考古学》，蓝江译，重庆大学出版社2016年版，第24页。

第一节　前宪法时代的宣誓

宣誓行为在人类文明的早期大多以较为实用的形式存在，并没有太多在制度方面被赋予特别意义的记录。尽管在前宪法时代①的宣誓制度大多被作为现实生活中约定、协议的附属而被使用，但正因为宣誓的使用领域与人的生活极为贴近，较之于人类历史早期不断出现和消失的制度，宣誓反而因其在社会多领域的普遍适用性和在人群中较高的认可度，逐渐具备了稳定、可接受性等作为法律制度较为优秀的特质。

一、古埃及王国时期的宣誓

古埃及社会还没有出现专门针对宣誓制定的法律制度规范，宣誓在古埃及世俗生活中的出场大多为相关主体主动选择的结果，通常在国家间条约签署、司法审判过程、民事协议签订等场景中都能看到宣誓参与的痕迹。

（一）宣誓对国际条约的保障

在古埃及时期埃及社会对于宣誓的接受和运用就已经展现出全面且深入的特征，誓言不只在私人生活领域中发挥作用，同样被广泛适用于政治和司法这样的社会公共领域。现存最早的书面国际条约于公元前 13 世纪埃及新王朝时期，在埃及和赫梯之间签订，这一和约的主要内容为结束两国的交战状态并维持两国的永久和平。和约被埃及法老拉美西斯二世与赫梯国王哈杜西勒三世共同宣誓遵守，为了保证该和约的效力，和约第 8 项还特别引入了一段神明对违反誓约者将降下惩罚以及对于遵守誓约者将给予嘉奖的文字内容。作为交战方的埃及与赫梯两国通过订约、宣誓的方式达成了结束战争的目的，对于这一时期的政治性的宣誓至少有三个方面值得注意：首先，埃及与赫梯的订约宣誓是被两国都接受的结束战争的方式，宣誓的行为以及文本内容虽具有一定程度的宗教特征，但真正促使誓约达成的是明确且现实的政治目的；其

---

① 当前学术界对于“宪法”有广义和狭义的界定，古希腊、古罗马时代的政治性规范、传统都被视为具备宪法要素，“宪制”“宪政”被用以描述古代的诸多法律制度。为避免歧义，本书所指的宪法为 1215 年英国《大宪章》之后出现的宪法，“前宪法时代”即指 1215 年之前的时代。

次，这次誓约由停战双方的国王代表各自国家缔结，突出了最高层级的政治外交场合宣誓所具有的强烈象征意味；最后，宣誓后撕毁协议的情况在誓约内以神降惩罚的形式提前禁止，说明对于宣誓双方而言背弃誓言都属于不被认同的行为。

（二）宣誓在司法审判中的运用

类似于“银版协议”这样适用于公共领域的宣誓并非孤立现象，古埃及维持社会秩序的司法实践中也存在较为明显的宣誓现象。对于案件证据的甄别和采集，古埃及司法官员同等重视当事人陈述和证人证言。但为我们所熟知的古代司法案件中审判官对嫌疑人施以惩戒获取口供的情况有些微差异，古埃及审判官会对证人也施加同等于嫌疑人的惩戒行为，而实施这样带有惩罚性的行为的根本原因是依据古埃及司法审理的习惯，一段言词证据被古埃及法庭接纳的关键在于是否经过宣誓，因此无论证据出自证人还是嫌疑人，对于证言须以宣誓的方式作出这一要求，一视同仁。这也是古埃及法庭在审理案件的过程中，如果证人的证言没有满足宣誓的条件，为了获得适格的证据，法庭的审判官员甚至不惜采取强制手段也要达成目的的原因。以记录于古埃及莎草文书中，发生于拉美西斯九世时期的盗墓案件为例，从文献的详细描述中可以了解到当时负责审理该案的官员对证人实施了捆绑、鞭打、拘禁等强制措施，最终的结果是这位审判官成功令证人进行了宣誓作证。①

显然这种刑讯的方式大大提高了证人作伪证的风险，事实上也确有证据显示这一问题在当时已被注意。然而，即便存在如此瑕疵，总体上古埃及人在实践中对于宣誓行为的怀疑仍明显被对誓言的信赖态度所压制。宣誓行为在古埃及法庭上被大举提倡，其影响力不仅作用在审判过程中的证据采信方面，还能延续至整个审理流程结束后。据记载，一个案件的判决下达之后，古埃及法庭要求被告再进行一次宣誓，宣誓的内容则主要为被告以誓言承诺将无条件接受法庭审判结果，在此之后法庭才正式进入执行判决结果的环节。大量的莎草文献记录显示古埃及司法审判过程中强制证人、原告、被告等主体进行宣誓的行为，在古埃及法老王时代到公元前 4 世纪马其顿征服埃及后的托勒

① Alan Gardiner, *Egypt of the Pharaohs*, Clarendon Press, 1961, p. 300 - 301.

密王朝之间始终不曾断绝，尽管历史上古埃及实际统治者曾多次经历更替，但宣誓作证的传统几乎是以一种惯性化的方式在古埃及时期的法庭审判中延续了下去。

毫无疑问，司法审判中的宣誓行为与国家间的协议宣誓行为同属社会公共领域范畴，但这样的宣誓与前文所提及的由国王完成的具有政治交往属性的宣誓不同，前者所蕴含的平等、象征甚至礼仪方面的意味在这里已难觅踪迹。与莎草文书中古埃及证人时常被强迫宣誓的记录相呼应的，正是当时的审判官员在司法审判过程中将宣誓纳入司法程序的强烈倾向。从古埃及众多司法审判案例中可以看到，尽管在古埃及时期司法领域内并未细致对宣誓行为进行区分，但在具体案件中法庭针对证据采取的宣誓和接受判决的宣誓二者的侧重显然有所不同，审判官员在重视宣誓对证据可信度的加强之外，也展示出对宣誓的明确的程序性追求。虽然并没有明确证实古埃及有将宣誓程序明文纳入的法律证据，但事实是宣誓与审判程序的结合已经在古埃及时期的司法实践中得到了长足发展，宣誓本身内涵的强调之外也实现了程序性意涵的拓展。

（三）宣誓在世俗契约中的运用

与古埃及在政治、司法领域对宣誓堪称依赖的情形相呼应，古埃及社会的私人生活领域也几乎时刻处于被宣誓所覆盖的状态。一份出土于今天埃及阿斯旺地区的莎草纸文献记载了一则宣誓，为了明确一头驴的所有权，原告与被告都在法庭上进行了宣誓，古埃及法庭记录了誓言的内容并附以签名。[①] 尽管足够丰富的史料证明宣誓对古埃及个人生活的深刻影响，古埃及社会对于宣誓的使用究竟到何种程度还需要进一步考察。在古埃及王国的法律中有这样一项强制性要求：任何义务只要是留待未来完成的，想要这项义务成立都必须要义务相关方在国王面前宣誓以确认。尽管从现有文献记录中不能确定古埃及对未经宣誓的情形有无后续规范，也不能肯定在古埃及象形文字中“国王”一词的语意内涵是否包括国王的代理人，但仅将目光聚焦在古埃及人土地转让、遗产继承、劳务雇佣等日常交易前所进行宣誓的行为，似乎会发现宣誓在

---

① B. Porten et al., *The Elephantine Papyri in English: Three Millennia of Cross – Cultural Continuity and Change*, Journal of the American Oriental Society, Vol. 59:2, p. 266 – 267(1999).

此时具有了一种令交易合同合法的前置性功能。

事实上这些因交易而产生的宣誓行为的细节确实伴随着不同的契约内容被记载于莎草文书之中,古埃及时期此类契约文书被制作成正本与副本的样式,当事人保留文书正本,而政府官员确认文书有效后保留副本以备查,契约文书被留置于政府机构内这一事实本身已显现出合同文书合法性得到公权力认可的倾向。如果说关于古埃及人为土地交易或者奴役买卖等日常生活所签订的契约进行宣誓只是迫于法令强制而顺从行事,并不能看出古埃及社会中普通居民对宣誓的实际态度,那么另一个证据则可以更好地证明当时社会整体上对宣誓的主动接纳和充分肯定的态度。

在古埃及时期婚姻缔结的形式极为简易,除法老外的普通人不需要举行仪式,只需要得到两边父母的认可并且男女双方搬到一处即算完婚。同时古埃及明确和巩固婚姻关系的手段与后世习惯利用婚礼仪式对婚姻的神圣誓约属性进行强调,并且在政府部门进行登记并颁发结婚证明的方式不同,古埃及人更直接地以附加宣誓的契约来处理婚姻缔结事项。对古埃及莎草记录中存在的结婚契约进行分析可以发现,真实的古埃及婚书内有关婚姻具有牢不可破性质等象征性的内容较少见。在婚契中详细记录的多为:男方因结婚给予女方的礼物,女方所携带财产中专供给新家庭共同支出的份额,以及未来在哪些事项的出现后可作为双方离婚的理由等条款。

或许以现在的目光审视数千年前的这些婚书会因古埃及人的"公事公办"态度感到匪夷所思,但如果从婚姻关系对于男女双方属于"对未来待完成的义务"角度去观察这些婚姻契约,则完全能够领会古埃及人采取这种婚姻缔约方式的精妙之处。古埃及法令几乎没有类似婚姻需要政府确认方为有效的强制性规范内容,因此也不存在婚姻关系被公权力保障的条件。于是古埃及人以宣誓立约的方式缔结婚姻,仅从技术角度而言,普通的婚姻关系就因这种刻意包装后的契约外观而被纳入政府的承认和保障范围之中。从实用的角度再去审视古埃及婚契,就能够意识到这类宣誓行为的出现不仅与宗教信仰不存在因果关联,甚至连通常理解的婚姻宣誓所蕴含的神圣意义也并非主角——此处宣誓在实际使用中成了串联个人利益与公权力承认的具有确定效力的标准程序。由此可以认为,古埃及人对宣誓的态度不仅有对上层法令的顺从,也有出于自身需求而对宣誓的主动选择。

从国家之间的政治性宣誓、司法程序中的证据宣誓，再到私人生活中的契约性宣誓，宣誓对古埃及的影响覆盖范围涉及思想、程序和习惯，结合大量宣誓关联的莎草记录可以看到，在古埃及时期实施宣誓的行为已较为普遍，多个场合都有所涉及。值得注意的是，在古埃及社会的公共政治、司法审判领域所实施的宣誓已经有摆脱作为具体事务的附庸、作为独立要素向制度化方面转变的倾向。尽管古埃及时期的宣誓行为在形式上与宗教信仰套用了同一个外壳，但相较于宣誓在世俗事务上发挥的实际功能，古埃及众多宣誓行为中包含的宗教要素并不占绝对主体地位。如果将宣誓所具有的宗教层面的超现实意义暂且悬搁，单纯从宣誓行为在具体世俗实践的角度去观察，甚至可以清晰看出古埃及时期社会公共、个人领域对宣誓的需求总体上是颇为"接地气"的，宣誓的效果既体现在实证要素的方面，也反映在程序要素之中。虽然目前缺乏古埃及时期将宣誓行为法律制度化的充分证据，但宣誓行为广泛影响着当时社会政治、司法、商业等领域是十分明显的。

以上多种证据显示，以古埃及社会为样本的人类历史早期，人类社会方从部落生活模式进入国家模式的时代，宣誓行为出现的场域就基本覆盖了当时社会生活的各个层面，而整个社会自上而下对于宣誓的态度基本以认同与信赖为主，批判或质疑的情况较为少见。同时，在古埃及以及类似的人类早期社会，对于宣誓行为的认知还是以整体性认识为主，并未发展到因宣誓行为出现的场合存在公私之别，而对具体的宣誓行为再进行或公或私的标签化处理。总体而言，在这一时期宣誓在具体行动的层面虽得到足够重视，但从一种较为成熟的政治制度的角度分析，古埃及时期宣誓仍然处于发展为独立的政治制度要素的初级阶段。同时，必须注意的是，从历史发展的角度观察发现该发展趋势，呈现出古埃及王国越向埃及社会希腊化时期靠近宣誓制度化发展的轨迹就越清晰的特点。

二、古希腊城邦生活对宣誓的改造

古希腊城邦政治的形成改变了城邦中居民的生活方式，重塑了个人对集体、对城邦的观念，宣誓行为也在这一过程中受到影响，逐渐以制度的形式影响城邦的政治和法律。

(一)从宣誓到政治宣誓

古希腊人对宣誓的重视程度与古埃及人相比并没有太大差异,“深入、细致且全面”仍旧是古希腊社会宣誓行为的突出特征。以古希腊社会真实生活风貌为基础进行创作,由《伊利亚特》和《奥德赛》共同组成的荷马史诗就描绘了相当丰富的宣誓场景,各种史诗故事中主人公以奥林匹斯诸神之名起誓的情形比比皆是,与之相应诸神对违誓者降下惩罚的内容也不可谓不令人印象深刻。尽管神话传说总是带有夸张和幻想色彩,但在戏剧传说以外古希腊真实社会生活中的人也确实如同史诗故事中那样进行宣誓。《理想国》以对话录的形式记述了众人与苏格拉底间的谈话,其中“以宙斯的名义起誓”这样的语式在全书中并不少见。尽管按照《理想国》内对话的语境去分析,这些起誓者往往并非真的要就此立下某种誓言,谈话人的起誓更多的是在对某个事实进行强调或仅仅是表达一种千真万确的语气。这种完全摆脱宣誓的仪式性外壳,将宣誓的场域彻底下沉至日常交谈的语言方式恰好印证了宣誓在古希腊社会中深入且细致的影响力。

除将宣誓或誓言纳入日常用语体系之外,公共政治领域的宣誓即使追溯至神话与真实交织的古希腊历史早期,也能发现众多蛛丝马迹。在《奥德赛》中被初次提及的多利安人在古希腊远古时期就有“王者宣誓”的传统,而柏拉图也认为古风时代王者宣誓的真实性已毋庸置疑。① 有关“王者宣誓”制度的实施方式在古希腊其他学者的著作中也常被提及。例如,雅典的历史学者色诺芬在其著作《斯巴达政体论》中较为细致地介绍了一种由吕库古确立的、属于优良政体中的宣誓情况:斯巴达双王宣誓要依法进行统治,而国王的监察官则宣誓在国王应誓的情况下拱卫王权。② 在此时的斯巴达政治制度中,监察官代表的是斯巴达人民,因此也可以将这样的宣誓看作发生在国王与民众间的效忠宣誓。这种混合着政治、效忠属性的双向宣誓行为明显更集中于古希腊历史的早期,随着古希腊社会向城邦社会过渡,其生存空间在往后的古希腊政治领域中逐渐受到另一种宣誓模式的强力挤压。

据现有历史材料考证,新的宣誓模式最早出现于公元前 7 世纪的克里特

---

① [古希腊]柏拉图:《法律篇》,张智仁、何勤华译,商务印书馆 2016 年版,第 83 页。

② 王朔:《宣誓与古希腊城邦政治》,上海师范大学 2016 年硕士学位论文,第 29 页。

地区城邦德勒鲁斯(Drerus)的文献记录中。一段被刻在当地神庙内的文字显示,克里特的德勒鲁斯城邦以法律的形式对官员宣誓进行了规定。这条与宣誓相关的法律列举了三类包括科斯莫斯、达米奥及其城邦20人在内的城邦上层官员职位,强制获得此三类职位的官员针对城邦职位“科斯莫斯”的任职年限进行宣誓。宣誓者必须以誓言承诺他们中任何一人在担任过“科斯莫斯”之后,10年内都不可再次担任“科斯莫斯”。[①] 相比于流行在斯巴达王政时期的宣誓模式,德勒鲁斯官员宣誓的单向特征显然更为突出,其形式也更契合古希腊城邦政治制度,因而这种宣誓模式诞生后,逐渐取代双向宣誓,成为古希腊社会宣誓的主流。尽管传统的双向宣誓并未彻底断绝,之后较长一段时间也仍旧在类似于马其顿这种希腊文明的偏僻角落得到保留。但随着古希腊主流政治制度的变迁,这种国王因作为实权统治者而在宣誓中占据优势地位的宣誓模式越来越不被古希腊主流社会认可。

诚然,现存的考古证据并不能完全明确是哪一个城邦在古希腊最早建立了官员宣誓制度,但能够确定的是雅典城邦对于官员宣誓制度的塑造对整个古希腊产生了明显的标杆效应,这种影响就如同雅典的政治制度对于整个古希腊政治的影响一样深远。宣誓是雅典官员正式就任前普遍要经历的程序,这种就职宣誓习惯从诞生到迅速推广与雅典城邦政治结构的变革有密切联系。据考察,雅典城邦执政官员宣誓的发端与发生于公元前7世纪前后的“提修斯改革”有关,以此项改革为界限,雅典的新、旧政治体制和官吏选拔制度产生了明显的区隔,城邦官员宣誓在依托新的城邦政治制度而存在的同时,发挥了巩固和维护新的城邦政治的作用。

在“提修斯改革”实施之前的雅典社会,城邦财富总体上已经得到了较为充分的累积,私有财产制度萌芽和以城邦为主的文化形成都为一种新的城邦制度产生奠定了基础。但此时城邦内部政治结构仍维持着十分松散的部族联盟模式,城邦内四个大部族及其下属的数十个氏族分隔自治的模式造成了城邦内部政治孤立的局面,同时私有化的发展也导致城邦中贫民与富人的冲突

① 誓文内容为:“毁灭之神啊。城邦已经决定;当一个人已经做过科斯莫斯(kosmos),他在十年里不得再为科斯莫斯。如果他竟然做了科斯莫斯,无论他做出什么判决,他都应该双倍受罚,而且还要丧失作为官员的权力,只要他还活着,无论他作为科斯莫斯做了什么都归于尘土。宣誓者应该是科斯莫斯、达弥奥(damioi)和城邦二十人(the twenty of the polis)。”[英] 克里斯托弗·罗、马尔科姆·斯科菲尔德主编:《剑桥希腊罗马政治思想史》,晏绍祥译,商务印书馆2016年版,第54页。

在不断加剧,种种矛盾使整个雅典时刻处于分裂的阴影下。这一时期的雅典社会“陷入了不可解决的自我矛盾,分裂为不可调和的对立面而又无法摆脱这些对立面”。[①] “提修斯改革”首先改变了造成城邦政治隔离的官员选拔制度,原先城邦内由各个部族自行推选掌握本部族行政、军事权力的领袖,被从全体雅典市民中抽选有具体任职年限的执政官代替,服务于整个城邦而非各自部族的城邦官员体系逐渐被构建起来。在新建立起来的雅典官员制度框架内,不但以执政官为首的城邦官员个人权力被严格地限缩,城邦内的官员群体也得到了超脱出各个部落的族群界限能够从整体上处理雅典城邦事务的权限。雅典公共官员的出现显示着雅典由部落联合向城邦国家实现转变,统一、确定的城邦体制为其后一系列行政官员制度规范的构建创造了条件。

由于城邦国家的形成,雅典新的官员选拔方式也引发了官员宣誓在内的制度规则朝适应城邦政治的单向宣誓的方向改革。关于雅典公共政治领域中的宣誓制度的建立,亚里士多德在《雅典政制》中提道:“在这些制度[②]建立后的第五年,即赫耳摩克勒嗡默克担任执政官的那一年,他们制定了五百人议会就职宣誓仪式,这到现在仍然使用。”[③]据史料记载克利斯提尼于公元前508年左右开始对雅典政制进行改革,亚里士多德的《雅典政制》成书时间在公元前328~前325年,距克利斯提尼的改革不到两百年,可以认为这是现有文献中关于雅典城邦时代的政治宣誓制度建立时间较有说服力的一项证据。同样在《雅典政制》中也有关于雅典执政官实施宣誓细节的描述,抽选上任的每位执政官在就职前都必须前往城邦中央的宙斯神坛和位于雅典城外的卫城进行宣誓,其宣誓内容包括宣誓人将公正遵循法律履职,任职期间不得收取贿赂,如果有收取贿赂的行为将面临何等程度的惩罚。[④] 随着雅典城邦国家的成熟,执政官的宣誓也得到了较好的发展,到雅典城邦兴盛时期,官员宣誓的范围已经不局限于执政官等城邦上层官员,中下层官员及其城邦专设的技术型官员在就职前进行宣誓也在城邦中流行。这一情况不仅被广泛的历史文献提及,还

---

① 《马克思恩格斯选集》(第4卷),中共中央马克思恩格斯列宁斯大林著作编译局编译,人民出版社2012年版,第170页。

② “这些制度”指在提修斯改革中,雅典城邦中的4个部落被拆分为10个部落、雅典城邦原有的400人议事会规模扩大为500人议事会等一系列革新城邦政治生态并扩充城邦参政群体的制度。

③ [古希腊]亚里士多德:《雅典政制》,日知、力野译,商务印书馆2017年版,第26页。

④ [古希腊]亚里士多德:《雅典政制》,日知、力野译,商务印书馆2017年版,第9~10页。

得到了考古发掘成果的印证，一块挖掘于雅典附近的公元前4世纪石碑就详细记载了10位罗基斯塔埃就职宣誓的全文。①

至此，我们在历史汪洋中针对宣誓与政治领域碰撞这一过程的回溯终于找到第一个落脚之地，因为在古希腊之前的神话传说、历史文献中，宣誓行为融入公共政治领域的迹象虽时有发生，却总陷在一片飘忽不定、混沌暧昧的碎片化现象之中，直到古希腊城邦官员的宣誓就职呈制度化趋势出现，对于宣誓与国家治理体系相结合的清晰锚点才终于被找到了。

（二）政治宣誓的规范化及延续

古希腊的城邦进程为古希腊政治性宣誓的制度化奠定了基础，而制度化的宣誓也因城邦的特殊生态而被赋予了新的意义。雅典官员就职前所进行的宣誓被看作官吏从事行政事务的开端，如果官吏不完成宣誓，就不能获得职务活动的许可。宣誓行为标准化以及宣誓主体需要通过誓言去声明对职务责任的明确，这些被沿用至今的宣誓要素基本能够在雅典城邦官员的宣誓行为中找到对应，可以认为起源于古希腊城邦时代的宣誓制度对往后整个宣誓体系的构建都作出了重要贡献。

古希腊城邦文明成型以前宣誓已存在于古希腊各个部族的宗教、世俗生活之中，但相较于宗教仪式中的宣誓行为较早地实现了制度化改造，公共政治领域内的宣誓较长一段时间处于因人宣誓、以事宣誓的阶段。随着城邦社会的形成，部落族群的融合与再造不断发生，原本随意性较强的宣誓要素逐渐统一起来。几乎与宣誓要素统一同时发生的还有城邦内的宣誓模式的变化，在城邦的政治生活中广泛、单独的个人宣誓行为孕育了属于群体整体并强调公民间协调性的宣誓。这种群体宣誓的实践场域因不断与城邦重要的节日祭典或公共事件相重合而越发引起城邦居民的重视，进而反向推动了更多的城邦公共活动融入群体宣誓的要素。宣誓要素与宣誓模式的系统整合，使在古希腊城邦政体内构建起一套规范的宣誓制度成为可能。以古希腊雅典城邦的青年宣誓为例，这一宣誓属于典型的群体宣誓，不仅宣誓的仪式、场地为参与其中的城邦青年所共享，宣誓誓词也具有统一的范式要求，那些参与到宣誓中的

① “罗基斯塔埃”为古希腊时期雅典城邦设置的官职，是城邦审计官中最高权威者。王建忠、柳士明主编：《会计发展史》，东北财经大学出版社2016年版，第69页。

人只需要将誓言复述即可。至少被沿用到公元前 5 世纪的城邦青年宣誓的誓词,被完整记载在阿卡奈地区的大理石碑上:

"无论我站在方阵的哪个位置,我不会给神圣的武器带来耻辱,也不会抛弃与我共同作战之人。我要保卫神圣或世俗的事物,不会拱手放任祖传的土地减少,而应该尽最大的努力以所有的条件使其更多和更好。我会在任何情况下服从正确行使权力的任何人,遵守现行的法律,以及将来付诸施行的合理有效的法律。如果有人破坏了它们,我会以我自己的力量与所有人联合起来,拒绝服从他,我会尊崇祖先的宗教。见证者:阿格劳洛斯(Aglaurus)、赫斯提亚、厄倪俄(Enyo)、恩雅利俄斯(Enyalios)、阿瑞斯、雅典娜·阿瑞娅(Athena Areia)、宙斯、萨罗(Thallo)、奥克索(Auxo)、赫革摩涅(Hegemone)、赫拉克勒斯众神,土地的疆界、小麦、大麦、葡萄、橄榄、无花果。"①

城邦内的青年在经历这场群体宣誓之后,不仅不再需要监护人来代表自身参与城邦的重大活动,还具备了正式加入城邦政治商议的资格。宣誓意味着城邦公民的身份及其身份所附着的公民权利的一次转移,如果说出生代表着一个雅典公民在自然意义上的诞生,宣誓则意味着一个公民在社会意义上的诞生。与青年宣誓类似的、承载部分社会功能的其他群体宣誓在当时的雅典城邦生活中属于常态,这种混合了古希腊城邦政治生活和宗教氛围而诞生的群体宣誓习惯,显然与城邦内官员宣誓制度存在一种相互促进的关系。

在雅典,以青年宣誓为代表的城邦公共宣誓内存在统一性与延续性,两种属性显然也被古希腊时代雅典官员宣誓制度完美继承。当时的雅典政体内部依据政治机构的主要业务性质大致可分为行政、立法和司法三个类别,无论是仪式的安排还是誓词的内容方面,所有的公共官员都带有城邦的群体宣誓传统的痕迹,而宣誓者所拥有的公务身份又使这种宣誓具备了城邦政治的制度特性。根据记载,在城邦的司法机构中法庭的陪审员在正式参与案件审判之前要进行宣誓,无论其服务于城邦中的哪一个具体法庭,所有陪审员的誓词内容大体都是一致的。这些法庭陪审员的具体誓词主要围绕着进行审判时需按照城邦法律实现审判,要根据公平和正义作出裁决等方面的内容展开。类似的宣誓行为规范也被雅典的 9 人执政官所遵守,依据《雅典政制》中对执政官

---

① P. J. Rhodes and Robin Osborne, eds, *Greek Historical Inscriptions*: 404 – 323*BC edited with introduction, translations, and commentaries*, Oxford University Press, 2003, p. 440 – 441.

宣誓的记载，执政官都需要到城邦指定的地点进行宣誓，他们的誓词被统一规定，其中包括将要遵守法律行事，如果违反法律则必遭损失等内容。[①]

雅典城邦中主要的民主机构雅典500人议事会也拥有属于议员群体的宣誓誓词，誓词的内容主要围绕议员将依法和依良心参与议事。结合雅典城邦中宣誓的实践情况可以认为到亚里士多德的时代议员宣誓同样具备了鲜明的制度特征：首先，从横向看所有议事会成员在进行宣誓时都按规范使用统一的宣誓誓词，不存在不同议员之间誓言内容不一致，或者有人不经过宣誓而获得议事资格的情况；其次，从纵向看议员宣誓的规则具有延续性，当一个议员卸任之后，城邦推选出的继任者依然需要依照其前任所使用过的誓词和仪式进行宣誓。这样的宣誓规则同样也被司法领域的陪审员与行政领域的执政官遵守，在雅典城邦中官员虽然因具体职务的区别而使用不同的宣誓誓词，但宣誓制度化的特征却是共通的。

宣誓被纳入城邦政治制度之后得到了较好的延续，雅典执政官宣誓的誓词就完整地印证了这一制度的延续历程。在雅典城邦建立的早期，由于雅典内部的几个重要部族对城邦政治的影响力较强，大多数执政官从大部族的贵族中产生，并且这一时期的雅典执政官在处置城邦事务时拥有的权能极大，因而围绕这一职务所发生的行贿、受贿之事总不能断绝。于是在雅典执政官的宣誓誓词中就包括"如果违法收受贿赂，就要向城邦贡献一座金像"等关于保持官员群体廉洁的强制性规定。[②] 但随着雅典城邦的自身发展与对外殖民扩张，城邦内平民阶层的实力得到了持续加强，在整个城邦内民主思潮崛起的大背景下，平民阶层对比贵族阶层的优势开始显现，执政官这一职位所掌握的权力在两个阶层对城邦的控制份额此消彼长的过程中不可避免地发生了散佚。等到了亚里士多德活跃的时代，雅典执政官在国家政治中的作用就更显得无足轻重了。然而，那些在城邦政治中近乎"无权"，也几乎不能再恃权谋私的执政官在宣誓时仍旧需要重复数个世纪前规定的不得受贿的誓言，雅典城邦对于官员宣誓制度的巩固和保持力度可见一斑。

---

① ［古希腊］亚里士多德：《雅典政制》，日知、力野译，商务印书馆2017年版，第9～10页。

② ［古希腊］亚里士多德：《雅典政制》，日知、力野译，商务印书馆2017年版，第9～10页。

(三)政治宣誓与职责的关联及后果

在古希腊时代官员的宣誓誓词中个人与其职责实现了充分的绑定,考察雅典官员的宣誓能够注意到宣誓者都是依据自身职务的具体内容作出相应的宣誓,国外有研究者复原了雅典 500 人议事会成员宣誓的完整誓词,其中主要内容为尊重和服从城邦的法律,依据城邦的利益作出相关决议。① 雅典城邦中负责司法事务的陪审员宣誓的誓词则强调了在审判时坚持公平正义的准则,并且严格按照城邦法律来进行判决。② 执政官的誓词在强调不可越过法律行事之外,还存在为限制执政官在城邦内拥有的权力而特别设置了违法后果的内容。③

对复原后的雅典城邦宣誓文本进行分析,作为 500 人议事会的成员的宣誓誓词与陪审员或者执政官的誓词可谓泾渭分明,誓词中议事会成员的宣誓重点围绕城邦事务的商议方面展开,正如审判员或者执政官的誓词总是更加突出自身分别在司法与行政领域的作用一样。这样区别化的宣誓誓言设计的意义可以从两个方面进行理解:一方面,从宣誓制度整体来看是誓言顺应了城邦政体中不同的公共职务应当拥有的不同权力这一趋势,分化后的公共职务权力领域划定了具体职务的职责范围,分属不同权力领域中的官员的誓言也

---

① 雅典议事会议员宣誓誓词为:(1)我将根据法律发表意见;(2)我将把最好的意见贡献给城邦、贡献给雅典人民;(3)提供三个和他处于同一阶级、向城邦纳税的担保人的公民,我不会将他送入监狱,除非发现他密谋背叛城邦或颠覆民主,抑或任何纳税人(telos priamenos)或他的担保人(egguēsamenos)或收税员(eklegōn)未到庭;(4)我不会未经审讯而流放、关押和处死任何人;(5)我将揭发那些被抽签选中任命而据我所知不适合服务于议事会的人;(6)我将坐在被分配的标有字母的位置;(7)如果某人在城邦铸造银币,不使用雅典钱币或者称重、衡量标准,而使用外国钱币、称重和衡量标准,我应该根据之前由克莱库斯(Clearchus)所提的法令控告他(大约公元前 448 年添加);(8)我的年龄不小于 30 岁;(9)我将不允许由过去事件所引起的任何告发和逮捕,除了那些逃跑的情况(公元前 403 ~ 前 402 年添加);(10)我将不会投票支持任何违背法律之事。Alan H. Sommerstein and Andrew J. Bayliss, *Oath and State in Ancient Greece*, Walter de Gruyter GmbH, 2013, p. 40 – 41.

② 雅典审判员的宣誓誓词为:于无法可依之处则根据我最公正的理解,而不顾及他是敌是友。关于案件的关键,我要平等地聆听控辩双方,然后据此投票。我以宙斯、阿波罗和德墨忒尔之名发下这些誓言,如果我谨守誓言,愿我得到好运,如果我发下伪誓,就让我和我的家庭灭亡。David C. Mirhady, *The Dikasts'Oath and the Question of Fact*, in Alan H. Sommerstein and Judith Fletcher, eds, Horkos: The Oath in Greek Society, Bristol Phoenix Press, 2007, p. 48 – 49.

③ 执政官的宣誓誓词为:我们依法而公正地行使我们的职务,不因我们的职务而收受贿赂,我们如果违反任何一条法律,就奉献一个黄金人像。

依据各自的职务实现了内容的分化；另一方面，从宣誓制度的内部看，因为誓词的内容对城邦公共职务的具体职责完成了结合，通过宣誓这一桥梁，城邦内数量众多的公务活动及后续责任实现了与宣誓者职务行为的联结。

值得注意的是，在古希腊城邦社会中，这种誓言中存在宣誓人与职务责任间的联结并不是仅停留于抽象或象征层面，在城邦政体中进行宣誓以开启宣誓者公共职务生涯的同时，誓言也使其背负起了真实的道义乃至法律上的责任。在吕西阿斯所写的《反菲隆》中，公民菲隆被检举不具有进入城邦议事会的资格，在吕西阿斯阐释其检举行为的正当性时，他在就职时发出的誓言就被作为一项有力支撑："在我进入议事会前，我曾发誓要为城邦最大的利益提出建议，而且根据誓言，当我所知的中签者中的任何人不适合为议事会服务时，要予以揭发。"[①]如此看来，雅典城邦的就职宣誓确实使宣誓人负有一定程度的责任，这种责任甚至能够与另一项法律义务实现直接的关联。

当然，在雅典社会出现的将宣誓人与职务责任依誓言进行绑定的实践并未止步于凭借作为公民的良知与自省，城邦政治中誓言对宣誓者的约束力除来源于自身的践行外，在一定程度上还可以来源于城邦内其他公民对这些实施宣誓的公共官员的监督。吕西阿斯在替人所写的讼辞《控告忒翁涅托斯辞》的末尾就特意向法庭诸位陪审员提示道："请你们记住这些论证……维护既定的法律和你们发过的誓言。"[②]据记载，《控告忒翁涅托斯辞》于公元前384年在雅典法庭上被宣读，其后案件也经历了法庭的正式审判，尽管控诉人的这种告诫到底能够对在场的法庭审判员产生什么程度的影响已难以考证，但这段记载至少反映了当时雅典城邦中存在这样一种共识，即城邦官员的宣誓是存在后果的，并且这种后果不仅属于官员本身，也属于城邦中的全体公民。

（四）政治宣誓蕴含的双重重视

古希腊人的宗教信仰氛围和城邦社会生活造就的"共同体"信念实现了宣誓与城邦政治的创造性结合，公共官员、城邦公民的宣誓在城邦政治领域的意义不仅局限于一个新的制度被构建起来了，还在于制度内部的规范要素对于

---

① 参见王朔：《宣誓与古希腊城邦政治》，上海师范大学2016年硕士学位论文，第29页。

② 罗念生编译：《希腊罗马散文选》，罗念生、严群、王焕生译，湖南人民出版社1985年版，第39页。

政治整体的再塑造。古希腊的共同生活方式使城邦居民对各种宣誓形式熟稔于心,而城邦的宣誓传统也为官员宣誓所吸纳和反映,其中公共官员宣誓的誓词内容标准化,以及在誓词中将宣誓人与职务责任直接绑定,二者的结合最终历史性地开辟了政治宣誓制度的先河。可以认为存在于政治领域内的宣誓行为之实质和象征意义在古希腊时代就已经被基本固定,这种政治制度的出现显然与当时希腊城邦社会的两重重视息息相关。

1. 宗教与神圣仪式的重视

第一个重视源自古希腊人对宗教及神圣仪式的重视。① 古希腊范围内被崇拜的神祇超过 400 个,有记录的公共性宗教节日有 300 多个,仅仅在雅典一个城邦每年就要庆祝 70 个与宗教相关的公共节日,而这些节日正式通过了雅典公民大会的决议与安排,带有显著的城邦整体意志。② 从公元前 8 世纪之后古希腊城邦时代开始,政府兴建大型神庙的同时城邦内的大型祭祀也开始由城邦或地区集中举办,城邦祭祀成为官方仪式的重要组成部分。古希腊的城邦生活促进了以城邦为主体的仪式的固定和完善,在古希腊的城邦文化范围内,公共活动的展开无不带有对城邦的代表神虔诚敬奉的仪式特征,因此城邦对公共官员就职前宣誓的要求并非一种突兀的制度创造,反而更类似于一种潜移默化的文化迁移行为。通过对雅典城邦官员宣誓情况的记录能够看到,雅典官员的宣誓流程由前往特定的场地和实施特定的祭礼两个部分组成,整个宣誓仪式的外观与当时流行在城邦中的宗教祭祀使用着同一套行为表现模式,正是由于对宗教仪式的良好兼容,作为城邦的政治制度的宣誓具备了顺利通行于城邦政体内的能力。

在古希腊社会出现的神圣仪式偏爱显然受到了弥漫在城邦中的宗教信仰氛围的辐射,但宗教在何种程度上影响并塑造了城邦政治生态,直至足够支撑起公共官员就职前宣誓的制度化还需要进一步考察。通说认为,在古希腊城邦时代宗教信仰在公民日常生活和政治统治领域都占据极为重要的地位,"城

---

① 古希腊时代的宗教与今日的宗教概念存在一定差异,古希腊人的宗教形式更类似于一个广泛而模糊的宗教性范畴下的"许多的宗教",固定的教义、绝对的教规并不是古希腊人在信仰领域首要关注的事物,在某种意义上,古希腊宗教是个人在城邦生活过程中形成的一种包括"美感""相信""协调"的价值混合体。

② 陈恒等:《西方城市史学》,商务印书馆 2017 年版,第 99 页。

市也是宗教共同体，神庙、圣殿和其他圣地是城市机构不可分割的组成部分”。[①] 这种文化特性甚至导致历史记载对古希腊城邦兴亡的判断极为特别：一个新城邦的建立最显著标志是城邦神庙的建立，而一个城邦的灭亡时该城邦的神庙必已被毁。当然古希腊城邦内宗教的意义还远不止确认某一个具体城邦的兴废，对于生活在广义爱琴海地区希腊文明范围内的人群而言，在当时具有同源的宗教信仰甚至能够成为认定希腊主体族群的重要因素。对共同信仰的接纳程度成了一种标准，是古希腊城邦居民区分“我们”（希腊人）和“他们”（包括外国人、奴隶、野蛮人）的极为重要的标准。正如希罗多德在《历史》中提到的：“全体希腊人在血缘和语言方面是有亲属关系的，我们的诸神的神殿和奉献牺牲的仪式是共同的。”[②]

随着泛希腊世界中城邦时代的来临，诸神逐渐与城邦“合一”。一方面，城邦的概念在整体上被希腊人赋予了神圣意义，宗教就是超现实层面的城邦社会生活；另一方面，城邦开放的生活又让古希腊宗教内核不断地与城邦公民意识产生真切“融合”。对于这种希腊式的公民宗教，韦尔南说：“诸神反过来需要城邦承认他们，接受他们……”[③]希腊城邦文化的氛围使宗教的触角延伸至城邦各个领域，证据不仅是雅典以神的名字命名城邦这样的直接现象，从古希腊文字考证的角度，在古希腊文中“家庭”一词具有“环绕圣火之人”的寓意，而意象中的圣火就点燃在城邦每一户居民家中所单独设置的祭坛之内。法国宗教史学家古朗士也这样描述过古希腊宗教影响下的城邦生活：“最初的城并不是人的居所，而是诸神的居所，城之所以将人民召集于此，是因为这里有圣火、祭坛与神庙。”[④]

至此，古希腊城邦时代的宗教对政治的影响程度已经趋于清晰。宗教在意识领域划定了城邦的边界，在血缘之外认证了城邦公民的成分，并在这个统一宗教所形成的文化基础上建构了城邦政治的基本框架。对于古希腊的这种与世俗政治、生活紧密结合的宗教信仰状态，韦尔南评价道：“如果对于古代和传统希腊人有理由谈论‘世俗宗教’，那是因为，宗教在古希腊，始终被包含在

---

① E. J. Owens, *The City in the Greek and Roman World*, London and New York, 1992, p. 3 – 4.

② ［古希腊］希罗多德：《历史》（第8卷），王以铸译，商务印书馆2009年版，第729页。

③ ［法］让－皮埃尔·韦尔南：《古希腊的神话与宗教》，杜小真译，商务印书馆2015年版，第9～10页。

④ ［法］古朗士：《希腊罗马古代社会研究》，李玄伯译，上海文艺出版社1990年版，第111页。

社会之中。反过来讲,社会在所有等级上并在其各种形态中一部分一部分地被宗教渗透……"[①]可以说这种统一的宗教信仰及其围绕宗教所形成的神圣氛围,是培育古希腊城邦社会政治伦理的土壤和整个精神世界的支撑,同时伴随宗教祭祀需求而被重复实施的宗教仪式和因此而形成的仪式氛围,又在现实世界改变了希腊公民公共生活的方式,城邦政治中宣誓制度的基本规则在这样的情况下被塑造起来。

在城邦社会经历的宗教神圣化洗礼过程中,宗教内的神圣仪式也实现了对城邦政体的适应。对于城邦公民而言,名目繁多的宗教节日盛会充斥着他们的日常生活,同时节日祭典中必须进行的大量献祭仪式也在不断培育着城邦公民对于神圣仪式的认知。正常情况下当一个城邦公民的公民资格成熟时,他显然已经反复经历过城邦内各种仪式活动的洗礼,而这些经历也足够养成一个合格公民参加到这样的公开、群体性的城邦活动中去的习惯。这也是我们在观察城邦社会的公共生活时,无论这样的生活是属于宗教的、政治的甚至仅仅是日常的,总能感受到那种明显属于希腊人群体的、独特而强烈的仪式感的缘由。对神圣仪式的偏好能够毫无阻碍地延续到其他非宗教性的公共活动领域,这种延续的影响从公民参与到城邦政治活动的开端就被体现:城邦公民在获准进入公民大会享受诸如公开演讲或投石表决等公民政治权利之前,必须先参与到大会举办前的祭祀仪式之中,如果将这种公民参与祭祀的行为联系城邦新任官员的就职前宣誓,前者简直可以算是对后者的一次预演,如果这样一位公民属于雅典,那么他甚至早在青年宣誓前就进行过千百次类似的预演了。

尽管这样的仪式外观仍呈现出被宗教性的崇拜祭典吸纳的现象,但其本质内核已经完全具备了特定的政治意义:参与献祭可以看作城邦政体对初次进入公共事务领域的公民所实施的一场政治教化,通过这样的公共仪式一个成员得以被公民群体正式接纳,城邦公民的权利与责任真正向他开放,与此同时,属于城邦的群体精神、共同文化可以在此过程中再一次于公民群体内部得到传承和巩固。神圣仪式在强化公民整体的集体认同和对城邦忠诚情感方面的效果是如此显著,这也成为激发古希腊城邦政体不断举行集体性盛大祭典,

---

① [法]让-皮埃尔·韦尔南:《古希腊的神话与宗教》,杜小真译,商务印书馆2015年版,第7页。

并借此将尽可能多的公民从城邦各处聚集到城市中心的非宗教性动机。

回到希腊城邦官员宣誓的传统,从就职宣誓的外观上看,城邦官员就职宣誓的仪式外壳明显分享了城邦宗教的神圣属性,这样的分享既有现实政治制度的主动选择,也有对整体文化中强势宗教传统的适应接纳,但政治性宣誓行为的神圣仪式本质却是非宗教的——宣誓制度将城邦的居民从部族的桎梏中解放出来,成为以城邦为中心的城邦居民。之所以能得出这一结论,是因为相较于更早之前的古埃及以及以后的欧洲中世纪,尽管整个希腊世界的城邦内部存在数量众多侍奉神祇的祭祀群体,但古希腊的城邦国家从来没有形成一个占据大量社会财富的宗教官僚集团,更重要的是城邦内的大型宗教祭祀也直接由城邦的行政官员组织。城邦内宗教与俗世的政治和生活几乎不存在任何实质的壁垒,宗教在古希腊城邦应当被看作一种神圣化的社会生活整体。正是由于古希腊宗教与城邦及其居民的现实关联实在太过紧密,韦尔南甚至作出如下评价:"从某种意义上讲,诸神必须成为公民才能完全成为神。"①或许从功利的角度观察城邦政治的制度选择难免会产生一种宗教神圣属性为政治权威工具化的怀疑,但总体而言当古希腊社会对于宗教以及神圣仪式的重视达到成为城邦文化的一部分这种程度时,官员就职前进行宣誓已经是城邦政治制度中必然的产物。因此,城邦官员以神明名义宣誓的仪式特征不仅可以看作城邦政治生活受到宗教文化辐射后的神圣性遗存,而且可以认为是古希腊社会公民精神信仰、文化传统向城邦政治制度方向的一种外化实现。

2. 城邦"共同体"理念的重视

第二重重视是源自古希腊公民—城邦"共同体"观念下公民对城邦公共生活的参与热情,这样的热情在古希腊城邦的典范雅典表现得尤为突出。雅典城邦的公民担任公职是其在城邦生活中最正常不过的事情,城邦不仅鼓励公民对政治的参与,在一些特别时期法律对于放弃政治参与的公民还有惩罚性规定。亚里士多德在《雅典政制》中摘录了其中的部分内容:"任何人当发生内争之时,袖手不前,不加入任何一方者,将丧失公民权利,而不成为国家的一分子。"②这种旨在促进城邦中更多公民进入的城邦公共生活的政治传统,足以使

---

① ［法］让－皮埃尔·韦尔南:《古希腊的神话与宗教》,杜小真译,商务印书馆 2015 年版,第 7 页。

② ［古希腊］亚里士多德:《雅典政制》,日知、力野译,商务印书馆 2017 年版,第 12 页。

被安排在官员就职前的宣誓制度具备一些适应这种整体生活的新特点。

就古希腊官员宣誓行为的外部表现而言，官员宣誓在展示独特性方面的空间被大大限制，宣誓仪式中共同性和协调性的成分被强调，除一视同仁将宣誓前置于官员就职这一基本制度性要求之外，值得注意的还有发生在不同官员身上的几乎相同的具体的宣誓行为表现。以雅典为例，新任官员都将前往宙斯神坛进行宣誓，这种强制性要求既具有顺应城邦宗教传统的内涵，又具有明显的将宣誓仪式公共影响扩大化的政治意图。似乎对于城邦政治中的民主成分，仅仅让尽可能多的公民轮流出任公共职务直接为城邦提供服务依然不够，那些暂未任职的公民也要通过官员的宣誓仪式加入城邦公共活动中。原本只可能发生在极有限人群范围内的宣誓活动，经过将宣誓地点固定于宙斯神坛这样的技术性改造后，官员的宣誓活动直接接轨全体城邦公民的公共生活就成为可能。

结合公元前5世纪雅典城邦的城市布局进行分析，宙斯神坛所在的十二主神祭坛区域位于城邦的中央市场附近，而市场周边则包含500人议会议事厅、民众法庭以及将军官邸在内的城市核心功能建筑群，按照城市功能对建筑群进行划分，官员宣誓的地点应属于雅典城邦生活的中心区域。这就意味着，整个宣誓行动从宣誓者前往广场的道路起点到抵达宙斯神坛前为止的整个路径，无论宣誓者从城邦中何处启程都将穿越雅典公众生活的核心区域，那些聚集在道路两旁的城邦公民自然就被纳入了整场宣誓仪式之中，而这还仅仅是宣誓活动在城邦中能直接成就的第一层影响范围。如果更深入地考察雅典城邦整体的作息规律就会发现，根据古希腊举办祭祀性活动的习惯，绝大多数城邦的祭典仪式在白天举行，于是官员进行宣誓的时间与城邦公民进行日常活动的时间能够完美重叠。这就确保了新任官员在宙斯神坛前进行宣誓的信息能够充分传递至雅典整个城邦，渐次扩散开的信息流最终将传递至城邦的最外围，官员的宣誓仪式将在城邦中造成的次生影响也就清晰起来。因此，尽管当时的雅典城邦内室内供奉宙斯的神坛比比皆是，其中任一座神坛在满足官员就职宣誓的需求方面并不存在什么技术困难，但雅典城邦选择这样的方式去实现宣誓仪式辐射范围的扩张，实质上是通过官员的宣誓活动促成一件在整个城邦都具备影响力的政治事件，而处在这个城邦政治事件中的绝不仅仅是那些进行宣誓的官员自身。

古希腊城邦如此不遗余力地为公民参与到城邦政治中来提供机会，而公民也踊跃地参与公共生活的行动，这样的公共生活的冲动正是来源于古希腊社会一直存在的一种"共同体"认知，从城邦内部观察，共同体意识最显著的表现是古希腊世界一直存在的鼓励公民与自己城邦融合的传统。依据当时学者对公民和城邦关系的描述，在极理想的状况下城邦应当是一个共同体，在这个共同体中每一个成员都过着一种和谐的共同生活，每个个人的能力可以在城邦的平台上得到充分的发挥，甚至在这样的城邦中个人地位与财富的差异不是区别公民层次的标准。尽管这种最理想的城邦一直只存在于理论模型之中，但不可否认构建这样理想城邦的愿望对于当时古希腊城邦公民而言甚至属于某种"政治正确"，萨拜因这样描述过存在于雅典城邦的"政治正确"："最高之善（the supreme good）乃在于参与雅典城邦本身的生活和活动，而家庭以及朋友和财产，只有构成这种最高之善的要素，才能充分为人们所享所用。"[①]古希腊城邦内的政治机构的设置就反映出受到"共同体"理念影响的特点，已经被我们熟知的雅典的公民大会、500 人议会、陪审法官和十字军将军委员会等机构就包括在内。其中雅典公民大会所体现的"共同体"属性尤为明显，此机构向雅典城邦中年满 20 岁的男性公民开放，每隔 10 日都要对城邦事务进行商议，其决议的内容范围包括城邦的具体市政、邦际交易、发动战争或者对外结盟等重大问题，即使一个公民暂时没有担任公职也被允许在公民大会上对城邦的政治问题发表观点。可以说雅典城邦政治机构的设置方式使城邦能够提供给公民参与到公共事务中的机会是十分充分的，公民本身的"共同体"意识也在这种高密度的政治参与中得到强化，进而成为古希腊城邦文明的特殊组成部分。

或许仅从雅典一个城邦的政治经验，以及集中为雅典学者所表达的"共同体"理论出发很难清晰划定出那样一个边界，即城邦公民通过参与公共事务达到个体与城邦融合进而构建起的"共同体"理想，对古希腊城邦政治体系作用的效力边界。但至少可以作出这样一个判断，在古希腊各个城邦政治完全独立的状况下，希腊世界对于"共同体"认知的接纳足以超越了城邦间的政治壁垒，不同的希腊城邦之间也存在因"公民—城邦"共同体认识而衍生出某种政

---

① ［美］乔治·萨拜因：《政治学说史：城邦与世界社会》，［美］托马斯·索尔森修订，邓正来译，上海人民出版社 2015 年版，第 53 页。

治共同体的可能。古希腊时期的希腊人已经意识到无论是从文化范畴还是地理范畴上讨论“希腊”都应属于一种广义的概念，“Hellas”是一种囊括特定地域内诸多城邦在内的文化“共同体”。由于同种文化具有的血缘关系，希腊城邦间彼此内在的联系远比表现出的更为亲密，当希腊世界面临波斯的军事入侵时，31个希腊城邦的代表在斯巴达的召集下于科林斯海峡进行了宣誓，组建起一个“希腊同盟”。甚至在希腊世界内部四分五裂时这种“共同体”观念仍具有生命力，在伯罗奔尼撒战争时期雅典与斯巴达爆发激烈战争，雅典的西蒙也坚持认为，“如果斯巴达陷入瘫痪，那么希腊也会受到重创而停滞不前”，[①]同一背景下战争另一方的斯巴达将领也曾表达过将战俘作为奴隶的传统不适用于“希腊”公民的观点。即使最终深刻融入希腊文化内部的“共同体”理念没能改变古希腊时期各城邦之间长久战争短暂和平的局面，在一个统一的希腊国家从未被建立起来的历史事实背后，城邦公民与城邦的紧密结合却切实被这种理想巩固了。不仅如此，各个城邦间还诞生了众多的属于“希腊人”的共同认识，这种具有泛希腊属性的“共同体”理想，最终还是回归并作用到各个城邦自身政治中。由此出发再去理解古希腊人那种处理公共政治事务时所带有的深刻“共同体”印记的行为与态度也就顺理成章了。

如果从城邦这个整体的角度去分析城邦中公民参与公共生活的行为，可以发现城邦与公民群体融合的意义在于：以稳定的政治生态维护城邦政体。通过参与公共生活，公民群体内部基于对城邦的认同产生了群体归属感，每一个公民对自身城邦具有了特定义务的责任感，以及城邦对公民的奉献须进行表彰而带来了荣誉感，三者共同形成了希腊文明独特的“公民—城邦”荣辱一体化体系，城邦因此在弥合自身内部张力的同时，能反过来再激发城邦居民主动向城邦靠拢的激情。如果进一步分析古希腊城邦的公共生活的内容，并具体到古希腊城邦公民个人，公民除负有战时为进攻或保卫城邦的军事责任外，和平时期积极参与到城邦政治治理中也是每一个具有城邦公民身份者的权利和责任。

对于古希腊人而言，参与城邦政治是公民资格的体现，并且具备城邦公民的身份并非一种单纯的象征，而是一把真正与公民个人的尊严、名誉和地位挂

---

① ［英］厄奈斯特·巴克：《希腊政治理论：柏拉图及其前人》，卢华萍译，吉林人民出版社2003年版，第370页。

钩的标尺。基于这个原因,古希腊时期的城邦与公民的融合其实受到了公、私两个方向的共同推动,甚至在伯利克里看来城邦及其城邦之内的公民二者间几乎没有划分界限的必要:“我对这座城邦的夸耀,也就是我对他们的夸耀。”①正因公民—城邦的“共同体”认知如此深入人心,以致希腊世界还衍生出一种独特的个人依附城邦的制度。脱离城邦对于古希腊人而言无疑是一种极为严厉的惩罚,在古希腊的法律规范中,城邦公民一旦被判处流放,不仅自身与城邦相关的一切权利都被剥夺,甚至还会妨碍城邦内其他亲属公民权利的施展。这样的情形,伯利克里发表于伯罗奔尼撒战争时期阵亡将士葬礼上的著名演讲中就有提及:“这就是雅典,就是这些人为她慷慨而战,慷慨捐躯的一个城邦,因为他们只要想到脱离这个城邦就会不寒而栗。他们的每一位后人,为此都应当忍受这一切痛苦。”②可以认为在当时希腊社会城邦之于公民就是安身立命的根本,公民参与到城邦公共生活中既是保证公民身份维系的要件,也是实现个人前途的保证,美国学者汉密尔顿援引亚里士多德在《政治学》中的观点,针对古希腊时代个人和城邦间的关系进行了如下阐释:“人是城邦的政治动物,人只有紧紧依靠城邦,才能实现正义和幸福。”③

至此,有关古希腊公民参与城邦公共事务的传统,从其萌发的源头到行为终端所呈现的细节我们都已经进行了较为细致的分解,于是将古希腊整个社会对于公共政治的这样一种关注,以及这份关注对于城邦政治生态的塑造作为基础,再去梳理以城邦执政官为代表的古希腊官员就职前必须宣誓的传统,就能知晓这种制度性的宣誓行为在整个城邦社会政治生活中的重要意义,同时这个意义的影响并非仅存在于官员进行宣誓的那一瞬,宣誓的整个过程包括在宣誓行为之前的仪式要素、宣誓行为中的义务要素以及宣誓完成后的责任要素都在持续发挥着各自的功能。最终,这种具有持续性、呈波纹扩散状态的宣誓影响力明显对古希腊城邦政治的生态起到了独特的塑造作用,甚至这样的政治宣誓制度还被后来的罗马继承,对欧洲中世纪及其以后的政治制度塑造、改革发挥巨大影响。

---

① [美]乔治·萨拜因:《政治学说史:城邦与世界社会》,[美]托马斯·索尔森修订,邓正来译,上海人民出版社 2015 年版,第 52 页。

② [古希腊]修昔底德:《伯罗奔尼撒战争史》,谢德风译,商务印书馆 2018 年版,第 127 页。

③ [美]汉密尔顿:《希腊方式:通向西方文明的源流》,徐齐平译,浙江人民出版社 1988 年版,第 25 页。

第二节 宪法宣誓的滥觞:宪法宣誓在《大宪章》中的确立

作为制度的宣誓在公元前的古希腊基本于功能性领域实现了政治与宗教的分野,尽管以希腊—罗马为代表的古典政治、法律制度在现实中解体,但来自古典时期的宣誓传统并没有被抛弃,经过教会学者的基督化包装后又重新进入中世纪教会所构筑的司法秩序的核心。在宗教法律与封建制度的共同作用下,欧洲基督教社会的政治性宣誓传统较为完好地被保留,广泛存在于封建领主为代表的臣民与国王之间的效忠宣誓即是这一时期较有影响力的一种宣誓形式。例如,英国威廉一世就召集"全英格兰所有保有土地的人"向他宣誓效忠,"他们将效忠于他而不是任何其他人"。① 值得注意的是,效忠宣誓与宪法宣誓并不能直接等同,真正意义上宪法宣誓的诞生还要往后推数百年。

英国国王约翰与国内封建领主、骑士、教士等社会各阶层签订于1215年的英国《大宪章》不仅是历史上第一份宪法性文件,也属于公认的宪法宣誓制度开端。在这份著名的宪法性文件中第63条第一次以法律条文的形式将宣誓制度确定下来。② 在《大宪章》所制定的规范框架下,宣誓成为国王承诺遵守法律的形式。发生在政治领域的宣誓形式从臣民对君主宣誓效忠的单向性宣誓模式,转向了君主与臣民共同以宣誓承诺遵守法律。宣誓模式的改变意味着君主的权力将受到真正的限制,而通过《大宪章》的条款来固定这一限制则确立起一项基本的法律原则:国王的权力不应高于法律。从此以后法律将代替君主个人的良心或自觉成为其行使权力时的强力约束。

英王约翰一世被迫签订《大宪章》之前的欧洲长期处在一个以土地占有为中心的财产所有权决定人身关系的社会,置身于这样的社会内部"小地主或势力弱小的人只有一种生存之道:他必须依附于某个强大到足以能够帮助他的

---

① [英]梅特兰:《英格兰宪政史:梅特兰专题讲义》,李红海译,中国政法大学出版社2010年版,第106页。

② 第63条内容:……朕与男爵们都已宣誓,将认真遵守上述所有条款,不得恶意欺骗。《大宪章》,陈国华译,商务印书馆2016年版,第56页。

人”。[1] 因此,国王作为一个国家内最具实力的“保护人”,他所拥有的权力与所有依附于他的臣民所拥有的权利之间自然处于一种明显不均衡状态。尽管欧洲中世纪的封建君主总是倾向于以法律维护者的形象示人,并以此要求国民对统治者颁布的法律绝对服从,但在涉及自身的权力与法律冲突的问题时国王的真实态度与其对外展现的包装显然不一致。

事实上在《大宪章》正式签订之前,英国世俗的法律和普通民众对于国王的行径总体上显示出较高的容忍度。虽然历史上也不乏如埃塞尔雷德二世[2]这般被臣民强制惩戒的君主,但这并不能表明君主的权力向法律退让,只能证明当时君主的实力不足以维持他“非法”的权力。与埃塞尔雷德二世所处时代相隔不远的神圣罗马帝国皇帝亨利四世与教皇格里高利七世之间的通信也从侧面反映了这一点,亨利四世在信中较为清晰地表达了当时社会有关君主权力的一种认知:“……我虽说是一个微不足道的基督教徒,却被上帝任命为国王,而且一如罗马教皇们的传统所教导的那样,我只受上帝的审判,而且也不能因任何罪行而被废黜……”[3]虽然国王亨利与教皇在信中争议的核心并不在于法律和权力的关系,但君主对自身权力的态度在此一览无遗:对国王而言只有上帝能够审判国王,既然他的地位来自上帝的任命,那么他对权力的施展就不应受任何人间因素的干扰。亨利在通信中所阐述的君主权柄对于当时的封建君主而言明显具有代表性,并且这一理论存在深刻的现实基础,因为中世纪的人们确实已萌生了一种国王也应当遵循法律的普遍意识,甚至由民众针对君主的行动记载在史料中也并不罕见,但“君主不能为所欲为”的朴素价值观与《大宪章》所蕴含的以世俗的法律去限制国王权力的意旨相比实在显得过于含糊。萨拜因在《政治学说史》中描述了当时那种暧昧的情形:“……人们可以在认为国王受法律约束的同时认为,没有任何法令可以反对国王。任何人都

---

① [美]乔治·萨拜因:《政治学说史:城邦与世界社会》,[美]托马斯·索尔森修订,邓正来译,上海人民出版社 2015 年版,第 341 页。

② 埃塞尔雷德二世为英格兰威塞克斯王朝君主,统治时期为公元 978 ~ 1016 年,曾在公元 1013 年因违背誓词而被流放。R. Loyn, *The Government of Anglo - Saxon England*, London, 1984, p. 56 - 57. 转引自程汉大:《〈大宪章〉与英国宪法的起源》,载《南京大学法律评论》2002 年第 2 期。

③ Robert Warrant Carlyle and Alexander James Carlyle, *A History of Mediaeval Political Theory in the West*, *Political Theory from the Tenth Century to the Thirteenth*, History of Economic Thought Books, Vol. Ⅳ: 1, 1950, p. 186.

不怀疑,肯定存在一些界限,而国王要是逾越这些界限,就违反了法律和道德;但是也没有人怀疑,国王应当拥有不同于任何臣民的权力。"[①]这种模糊的"权力有限"的观念显然无法对当时社会中存在的限制国王权力的期望形成什么强有力的支撑,这种情形一直持续到《大宪章》对"没有任何法令足以对抗君权"的观念所构成的藩篱实现了跨越。这部宪法性文件除对国王有宣誓服从法律的要求之外,也对臣民对抗君主的行为在君主越权后具有合法性进行了确认。[②]

如果进一步对《大宪章》的具体内容进行分析,可以发现与过去的民众偶发性地驱逐君主维护权利的行动最突出的区别在于,《大宪章》尝试通过一种明确且稳定的法律制度对国王肆意使用权力的状况进行干预,并且按照《大宪章》的制度安排法律对权力的干预绝非以往那种文字游戏。一个包括25位贵族的团体依据《大宪章》第61条被组织起来并获得法律授权,一旦出现国王破坏《大宪章》意旨的情况,英国君主治下的臣民在这25人团体的组织下有权采取迫使君主更正其违法行为的措施。按照《大宪章》中的宣誓制度与惩戒制度的联动式设计,民众对君主进行合法强制所依据的正是《大宪章》第63条规定的君主作出的宣誓:"……朕与男爵们都已宣誓,将认真遵守上述所有条款,不得恶意欺骗。"[③]

但是,《大宪章》第61条的价值远不局限于此,正如前文所提及的,欧洲中世纪时期"国王大于个人,而小于整体(singulis maior universes minor)"[④]的思维惯性不会因一部法律的签订而就此消失,君主因君主的特殊身份而具有的

---

① [美]乔治·萨拜因:《政治学说史:城邦与世界社会》,[美]托马斯·索尔森修订,邓正来译,上海人民出版社2015年版,第373页。

② 《大宪章》第61条部分内容如下:如朕、朕之首席法官,朕之官员或朕之任何臣子在任何方面侵犯任何人,或违反本安全保障之任何一条,且该过失被报告给上面说的二十五位男爵中之四位,这些男爵可来至朕处,或当朕不在国内时来至首席法官处,宣布该过失并要求立即纠正。如果四十天内,天数从向朕(或当朕不在国内时向朕之首席法官)宣布之日起计算,朕不加纠正(或当朕不在国内时朕之首席法官不加纠正),上述四位男爵可将此事提交至二十五位男爵中之其他男爵,这二十五位男爵在得到全国民众支持时,可羁押朕并以任何可能方式使朕遭受损失,包括朕之城堡、土地,拿走朕之财产或任何其他物品,但不得伤害朕之人身和王后以及朕子女之人身,直至他们认为过失已得到纠正。过失一经纠正,他们便须像之前那样服从朕。

③ 《大宪章》,陈国华译,商务印书馆2016年版,第56页。

④ [美]乔治·萨拜因:《政治学说史:城邦与世界社会》,[美]托马斯·索尔森修订,邓正来译,上海人民出版社2015年版,第334页。

超国民地位也将持续与《大宪章》所蕴含的权利精神形成张力，只有在法律的框架内抹除这种“超国民特权”《大宪章》才可能具有真正意义。《大宪章》在第61条对那些负担守卫法律的人（25男爵）就其责任也作出了宣誓的规定，从法条内容安排上看，这一规定显然与之后的第63条对君主的宣誓要求呈现出一种结构式的呼应，在宪法宣誓制度内25男爵与君主同样需要通过宣誓实现对《大宪章》的服从。通过这样一种制度，国王与众男爵被置于了同样的一套法律规则之下，君主与25男爵同等宣誓遵守《大宪章》的行为实质上是将超国民的特权与君主身份实现一种抽象剥离。长久以来君主具有的不容置喙的权力的行使权，通过宣誓这样一种制度从超自然的上帝授予转为君主治下的国民认同，宣誓的实施也标志着任何优越性身份及其附加的特权都不可能对《大宪章》的约束力构成障碍了。

从一种较广义的视角出发，英王约翰可以算是历史上第一个进行宪法宣誓的君主，而对国王进行监督的25位男爵也成为第一批进行宪法宣誓的“公职人员”。[①] 值得注意的是，《大宪章》固然是历史上第一次以明文条款的形式对国王的权力进行约束，甚至以“自由”对该宪法性文件实现了冠名，但即使后人对《大宪章》加诸了种种盛誉，仍然无法忽视的是这一文件实质上与现代意义的宪法始终存在一定距离。与此同时，《大宪章》所包含的宪法宣誓要素作为孕育宪法宣誓制度的原始“母本”，为这一制度贡献了“国家首脑宣誓”与“国家公职人员宣誓”两种构成要素的基础模型，但是这种被规定的宣誓行为以及围绕《大宪章》和后续系列法案共同塑造的英国宣誓制度，与我们后来谈论的宪法宣誓制度显然也存在较为明显的差异。

第三节 英国宪法宣誓制度的变迁

1215年《大宪章》签署后虽经历波折直到半个世纪后才被认真遵守，但其中的宣誓制度则得到了较好的实施。据文献记载，14世纪初爱德华一世统治时期，国王咨议会的成员需要进行集体宣誓，宣誓的内容包括：提供好的建议，

① 《大宪章》第61条明确赋予25男爵维护宪章被遵守的职权。《大宪章》，陈国华译，商务印书馆2016年版，第54页。

保护国王的利益，忠于司法，不收受贿赂。[①] 到了亨利七世时期英国国内动荡局面基本结束，君主的地位和权力再度加强，英国的宣誓制度又发生了新的变化。

一、至尊宣誓中的宣誓要素

诺曼征服以前英国君主就有加冕宣誓的传统，这种宣誓的依据来自政治传统，与《大宪章》中出现的依据法律进行的宣誓存在本质上的区别。两种宣誓并行的情况持续到16世纪上半叶，《大宪章》中弹压君权的宣誓方式与传统的加冕宣誓实现了融合。1534年英国议会制定并颁布了《至尊法案》，这一时期的《至尊法案》《宣誓法》[②]《取消罗马主教权威法》[③]《王位继承法》等系列相关法令初步构建起一套至尊宣誓制度。

亨利八世着手建立至尊宣誓制度的直接目的无疑是加强王权，但他贯彻目的的手段却是通过法律而不是简单下达敕令。通过上述一系列法律，亨利八世强制贵族、教士和民众承认国王为教会以及国家首脑并向其宣誓，宣誓誓词的开头为："我将宣誓，忠实地、真正地、唯一服从于国王陛下，在这个世界上，国王一生之中都是上帝之下英格兰教会的最高首脑，包括他与其深爱的合法妻子简所生的子嗣也是如此……"[④]从这段誓言的内容可以看到，至尊宣誓在推行初期主要是为当时英国与罗马教会的政治决裂服务，英王亨利八世迫使民众宣誓承认世俗的君主在国内政治、宗教领域的双重至高地位，也是服务于此政治目的的手段。到了伊丽莎白一世时期，英国推行这项法令的重心又

---

① [英]梅特兰：《英格兰宪政史：梅特兰专题讲义》，李红海译，中国政法大学出版社2010年版，第61页。

② 《宣誓法》由亨利八世于1534年颁布，内容包括要求贵族、平民和僧侣履行个人宣誓服从国王及其子嗣。张美：《都铎英国至尊宣誓制度研究(1534－1585)》，吉林大学2009年硕士学位论文，第25页。

③ 《取消罗马主教权威法》由议会于1536年颁布，法律对至尊宣誓作出规定，强制国内教俗官员切断与罗马天主教会关系并承认英国君主在教会中的至尊地位，法律特别规定英国国内有产者必须履行至尊宣誓，否则将失去一切既有权利。Statutes of the Realm, Vol. 3. Buffalo, N. Y.: William. S. Hein&co, Inc, 1993, p. 665. The Statutes at large. Conteyning all such Acts, London, 1618, p. 623－626. 转引自张美：《都铎英国至尊宣誓制度研究(1534－1585)》，吉林大学2009年硕士学位论文，第26页。

④ The Statutes at large. Conteyning all such Acts, London, 1618, p. 616－623; Statutes of the Realm, Vol. 3. Buffalo, N. Y.: William. S. Hein&co, Inc, 1993, p. 661－662. 转引自张美：《都铎英国至尊宣誓制度研究(1534－1585)》，吉林大学2009年硕士学位论文，第26~27页。

进一步发生转变，此时的至尊宣誓制度将所有宣誓主体的宣誓对象由“教会的最高首脑”变更为“国家最高统治者”。从本次改变可以看到，通过至尊宣誓达到与国外宗教势力切割目的已居于次要序列，以法令促成君主权力集中成为至尊宣誓制度继续推行的主旋律。

以《至尊法案》为代表的系列法案，明确了英国国民对国王及其继承人宣誓效忠的义务，就宣誓制度蕴含的内核而言，至尊宣誓显然较《大宪章》中的宣誓更具有一种“复古”的倾向。本质上，《至尊法案》中强制推进的宣誓制度取自欧洲中世纪初期业已存在于君主与封臣之间的效忠宣誓传统。至尊宣誓通过法律规范的方式强调基于身份而自动附着的义务关系从一开始就缺乏平等因素，因为效忠宣誓的基本逻辑植根于封臣对领主的人身依附，于是宣誓誓言所包括的忠诚与服从的义务大体是属于封臣的，国王作为接受效忠者，无须回以同等义务。但至尊宣誓又并非单纯的“复古”，相较于欧洲传统的效忠宣誓侧重于强调封建领主和封臣之间世俗层面的权利、义务关系，至尊宣誓制度的相关法案更加诸英王以宗教领袖的身份，并通过法案以臣民对君主宣誓的方式强调了英国君主的身份为宗教领袖与世俗君主双重身份的结合，这是效忠宣誓制度与英国历史上的宣誓传统，以及与欧洲其他地区君主、领主同他们封臣之间实行的宣誓传统最大的区别。

毋庸置疑，英国的宣誓制度发展至此本质上已经与《大宪章》用君主和臣民共同依据法律实施宣誓以示限制君权的意图背道而驰了。在挣脱天主教势力对英国世俗政治干涉这一最显眼的目的背后，君主权力对臣民权利的限制或掠夺又以法律的形式被正当化了。最后，这一系列法律文件对英国政治制度的真实影响力也与几经波折的《大宪章》不同，至尊宣誓制度切实经过了一个多世纪的严格执行，至少在亨利八世到伊丽莎白一世统治的都铎王朝时期，英国君主的超国民身份与赋予其的权力再一次被绑定。

尽管《至尊法案》是通过议会制定并颁布，也具有标准的宣誓仪式规范及本土宣誓传统，但法令实施的根本推力主要来自国王的意志和公权力手段。可以认为这项法令的本质是通过塑造一种法理上的“至尊”，以实现君主和臣民间从属依附关系的再次确认，同时支撑这种关系的依据本身并非由法律所生，而是来自早已存在的君主和臣属间身份位阶的差异，法律不过是将这一点明示而已。因此，从《大宪章》到《至尊法案》所构造的宣誓制度，二者之间实际存在一种明显的断裂,而这样的断裂在英国往后的君主立宪进程及其宣誓制度的延续过程中也被不断展现出来。

二、《权利法案》后的宣誓要素

历史的戏剧性在于英国的至尊宣誓制度一方面巩固了统治者的绝对权威,另一方面加速了这种绝对权力的崩溃。到了17世纪中期随着查理一世被议会推翻,至尊宣誓制度也被英国人暂时抛弃了。[①] 此后一段时期,英国的宣誓制度随着英国国内政治局势的动荡几经起伏,最终通过《权利法案》的签署,"光荣革命"顺利结束英国国内政治动荡,一种改革后的宣誓制度也在英国法律体系内稳固了下来。

作为英国君主立宪制度发展过程中的重要宪法性文件,《权利法案》对英国君主立宪制度的完善具有深刻影响。自这一法案颁布起国王的权力被置于议会之下,法律能够确定无疑地对君主权力实现限制。以《权利法案》为指引进行的政治制度改革又将英国的宣誓制度从维持君主权力集中的手段,拉回到《大宪章》时期宣誓的实施主要为限制君权的轨道上。1688年颁布的《权利法案》之关联法案《加冕宣誓法》对君主宣誓的具体程序与誓词进行了详细规定。借助"光荣革命"获得英国统治权的威廉三世和玛丽二世在加冕时就遵照这一法令实施了宣誓,宣誓词内包括"将根据议会同意的法规进行统治"[②]等表达服从法律和尊重议会的内容。或许,仅从实施加冕宣誓这一仪式的外观还难以辨别《权利法案》对英国宣誓制度的具体影响,但对比该法案出台之前君主加冕的誓词中与法律相关的内容,主要围绕维护、承认英格兰先王授予臣民的法律和习惯展开,可见"光荣革命"后的英国宣誓制度在政治制度的影响下变化已十分明显。[③]

---

① 1646年克伦威尔领导的"残缺议会"废除了至尊宣誓制度,但1660年随着斯图亚特王朝的复辟,至尊宣誓制度又被查理二世恢复。

② 程汉大:《英国政治制度史》,中国社会科学出版社1995年版,第199页。

③ 梅特兰引用了一段爱德华二世的宣誓内容,加冕宣誓的誓词部分由大主教与君主以对话的形式完成。大主教:"陛下,您愿意授予、维持并向您的英格兰臣民宣誓确认历代您那些公正和神圣的英格兰先王们曾授予他们的法律和习惯吗,尤其是您的先王伟大的圣爱德华国王授予教士及民众的各项法律、习惯和特权?"爱德华二世:"是的,我愿意。"……Consititutional History, Vol. Ⅱ, p. 249. [英]梅特兰:《英格兰宪政史:梅特兰专题讲义》,李红海译,中国政法大学出版社2010年版,第66页。

此后1701年颁布的《王位继承法》进一步确保了英国君主宣誓制度的稳定传承,《王位继承法》第2条明确了英国君主应当沿用《加冕宣誓法》中规定的宣誓方式实施宣誓,对《加冕宣誓法》相关规定的遵照范围包括宣誓时的程序和誓词。① 这项法令通过后一直为继任的英国国王严格遵守。不过考察近代以来英国宪法宣誓制度的具体实施状况,会发现随着时代的不断往后推移,英国宣誓制度中属于民众责任的强制性要素被不断淡化,到19世纪末臣民对于君主的宣誓成了一种选择,针对宣誓选择的宽容倾向甚至对于公职人员也同样适用。②

三、对英国宪法宣誓的评论

1215年《大宪章》作为宪法宣誓制度的起源已无可争议,“君主宣誓依法统治”“臣民宣誓依法履行职务”等宪法宣誓制度的基本构成要素都在《大宪章》内被确定。尽管《大宪章》的具体内容存在明显受宗教影响的痕迹,但通过对《大宪章》诞生的历程回顾能够意识到,这部法律的基础不在于宗教信仰中的“上帝”,而在于臣民(当时英国国内的有产者)对君主的权利索求,③甚至这种索求能够实现英王约翰一世宣誓服从《大宪章》的目标,这一成果所依仗的都与缔约双方的宗教信仰无直接关联。④ 虽然国内部分研究者在探讨宪法宣誓制度的效力问题时,追溯到《大宪章》及其签订的时代难免会回想起当时西方世界的宣誓文化与宗教信仰的交错影响,甚至基于这种先入为主的联想而对宣誓制度本身产生了某种倒果为因的判断。然而,在一系列的历史证据面

---

① 《王位继承法》第2条:按照本法可以继承王位、坚持同罗马教会交往者,按照威廉国王和玛丽女王第一年的法令第六章的规定,均无资格按前举法令宣誓加冕。凡按照本法的限制规定可以继承王位者,若现在或将来同罗马教廷或者教会和好,或者保持交往,或者信奉罗马天主教或者与罗马天主教徒结婚,都应按照前举法令所规定和确认的情形,丧失继承的资格。凡依照本法而继王位的国王和女王,都应在加冕时,按照当今国王和已故玛丽女王统治第一年所制定的国会法令(称为加冕宣誓法),举行宣誓仪式,并且应当依照该项法令所定的手续和方式,签署并朗诵其中所规定的誓词。姜士林、陈玮主编:《世界宪法大全》(上),中国广播电视出版社1989年版,第1131~1132页。

② 张美:《都铎英国至尊宣誓制度研究》,吉林大学2009年硕士学位论文,第44~45页。

③ 1215年《大宪章》序言:上帝在上,为拯救朕之灵魂及所有朕之先祖及子嗣之灵魂,为维护上帝之荣耀,为提升神圣教会之地位并更好地治理朕之国家……《大宪章》,陈国华译,商务印书馆2016年版,第23页。

④ 1215年5月17日伦敦被反对力量占领,6月10日英王约翰一世在被武力挟持的状况下承认“男爵法案”,并于6月15日在兰尼米德签署《大宪章》。

前,宪法宣誓制度的诞生或许并不如想象中那般充满“信仰”的激情,反而是一种务实的充满了现实考量的政治事物。

那么对《大宪章》中搭建起原始制度模型的宪法宣誓,宗教信仰在国家政治面前是否完全就只是一种背景?这又属于对中世纪欧洲基督信仰对社会控制力及影响程度的过分贬抑,宗教信仰以另一种方式干预了宪法宣誓在英国发展的后续进程。正如前文已提到的,16世纪由英国君主强力推进的至尊宣誓制度,即使最初的出发点在于强化君权,但以此摆脱罗马天主教廷对政治干涉的英国并没有使宗教和政治分离,至尊宣誓制度将政治和宗教的权力归集于英国君主一人。显然通过这一过程,宗教在文化上的影响又充分融入至尊宣誓制度的各个构成部分,尤其是加冕宣誓过程的仪式外观之中。

随着市民社会的发展,资产阶级开始兴起,到了资产阶级革命时代《大宪章》内的限制君权、维护民权等宪法价值被再次发掘,弥漫在英国社会中的立宪需求导致了以君权为基础的强制推进维护君主专制的至尊宣誓制度招致越来越强烈的冲击。①《权利法案》颁布开启了英国立宪以及宪法宣誓的新阶段,此后英国的宪法宣誓制度主要包括限制君主权力与保持英国宗教传统两部分内容。需要注意的是,英国国教的独特地位,以及宣誓制度中对于英国君主拥有宗教领袖地位的强调因素,使英国的宪法宣誓并不能轻易被其他国家在宪法中“复刻”。并且,通过对“光荣革命”后英国宪法宣誓制度内容侧重点的改变可以分析出,尽管宗教信仰的要素在英国的宣誓中得到了保留,但这一保留的价值更多体现在维持英国国教的独立地位方面,本质上仍然可以归属于现实中的一个政治问题。至于国内很多宪法宣誓研究者期望从英国宪法宣誓实践中找到作为宣誓效力保证的宗教信仰的决定性证据,至少从现有的史料上分析,宗教从社会文化和心理方面对宣誓制度的塑造起到了一些影响,但这种影响效力程度取决于现实中政治运作的需要,而非相反。诚然,英国历史上的确存在因信仰而宣誓的情况,然而,这样的情况在都铎王朝进行宗教改革使至尊宣誓制度确立后就越发罕见了。

---

① 在一系列推行至尊宣誓制度的法案中,对于拒绝宣誓的臣民除处以剥夺职务、爵位及财产等常规手段外,对部分臣民处以死刑也属于英国贯彻至尊宣誓制度的极为严厉的手段。

第二章　美国和法国对当代宪法宣誓制度的形塑

当诞生于英国的宪法宣誓制度经过一系列的变化最终成型时，作为美国前身的北美殖民地的宪法制度及其宪法宣誓制度，也在部分来自英国的法律传统和部分源自本土的社会建构需求双重影响下逐渐走上一条独特的路径。1787 年《美利坚合众国宪法》是世界上第一部成文宪法，以这一宪法所确立的宪法原则为基础，美国建立起了一种全新的政府体制，并在这部宪法的具体实践过程中构筑起区别于以往政治实践的权力与权利的平衡体系。依托北美殖民地独特地理及政治环境而制定的美国宪法无疑开辟了诸多宪法制度先河，宪法宣誓制度也在人类历史上第一次被正式纳入成文宪法体系中。《美利坚合众国宪法》第 2 条①规定了总统的宣誓内容，而包括国会议员、众议员、各州议员及其他行政、司法公职人员的宣誓内容则出现在第 6 条之内。②

紧随美国独立而爆发的法国大革命催生了法国乃至整个欧洲的第一部成文宪法，其中宪法宣誓制度以一种适应法国社会的形式被纳入宪法制度内。然而，法国国内政治局势的动荡使法国的宪法在较长一段时期都在不断制定和不断废止的两极间往复，宪法宣誓制度也受到了相当程度的影响。据统计自 1791 年起，先后有 9 部宪法或宪法修正案对宪法宣誓制度进行了改动。在此期间，法国宪法宣誓逐渐确立起一种新的宣誓制度模式，宪法宣誓制度不仅需要强制国家的掌权者参与其中，普通的公民也成为宪法规定的宪法宣誓主体。

---

① 根据《美利坚合众国宪法》第 2 条，总统在就职前应作如下宣誓或郑重声明："我谨庄严宣誓（或郑重声明），我一定忠实执行合众国总统职务，竭尽全力恪守、维护和捍卫合众国宪法。"

② 根据《美利坚合众国宪法》第 6 条，上述参议员和众议员、各州州议会议员，以及合众国和各州所有行政和司法官员，应宣誓或作代誓宣言拥护本宪法；但决不得以宗教信仰作为担任合众国属下任何官职或公职的必要资格。

第一节 英国宪法宣誓的遗迹

在英属北美殖民地历史的早期,英国王室颁发的特许令在殖民地立法和行政领域起到了特殊的作用。一方面,殖民地的建立大多依靠特许令给予法理支持,因此带有英国法律传统的痕迹是这一时期殖民地法律和政治的最显著特点。另一方面,当殖民地发展到一定阶段开始争取更大的自由、权利时,特许令又成为英国本土对殖民地的法律和政治进行干涉的法律依据。在北美殖民地历史早期,由于王室特许令的存在,殖民地法律中的宣誓制度呈现出矛盾的混合体面貌,在符合殖民地现状的宣誓模式基础上又融入了来自英国的至尊宣誓制度的遗迹。

一、"五月花"号上的宣誓

关于美国宪法宣誓制度在美国历史中最早出现的痕迹明显要先于1787年宪法制定这一时间点,乘坐"五月花"号帆船前往美洲建立殖民地的清教徒先辈移民在1620年11月11日签订《"五月花"号公约》时就开辟了美国宣誓制度的先河。关于这份文件的整体价值,英国历史学家保罗·约翰逊进行了较有说服力的概括,他评价《"五月花"号公约》的订立为:"在美国早期的历史中最重要的一件影响未来的事件,这件事最终将对美国共和政体的转折时期有着至关重要的意义。"①有关《"五月花"号公约》签订这一事实,美国学者保罗·耶勒也与保罗·约翰逊持类似看法:"……它(指《'五月花'号公约》)的意义非常重大,很多历史学家将它与美国独立的那一刻相提并论。"②值得注意的是,这份公约在开启美国制宪进程的同时,开启了新大陆一系列制度构建的进程,并且正是这份文件确立的宣誓方式,标志着北美殖民地的宣誓制度开始脱离英国政治宣誓传统的限制,并为后来美国正式建立宪法宣誓制度奠定基础。

《"五月花"号公约》的核心内容可以概括为,帆船上的清教徒移民就抵达

① [英]保罗·约翰逊:《美国人的历史》(上册),秦传安译,中央编译出版社2010年版,第29页。

② [美]杰瑞·纽科姆:《圣经造就美国》,林牧茵译,复旦大学出版社有限公司2017年版,第172页。

美洲后所面临的社会组织、法律制度等问题进行初步安排。当时在“五月花”号上的41名男性乘客选择以誓约的方式共同创立一个自治社团，并在誓言中承诺将遵守这个社团未来制定的所有法律。公约中的相关宣誓内容大致分为两个部分：第一部分主要为公约各签署人遵循宗教习惯“以上帝的名义”进行宣誓，此宣誓要素应当被看作宣誓者基于欧洲基督教传统而使用的一种宣誓通用模板，在此公约中也为立约的清教徒所继承沿用；第二部分则包含了一种较为特别的政治宣誓要素，按照公约的内容宣誓者“在上帝面前和相互面前，共同庄严立誓签约”。[①] 从宣誓形式所蕴含的意义去分析，公约中“在上帝面前和相互面前”与过往宣誓所采用的“向/对某某宣誓”两者之间表现出一种明显割裂的倾向：传统宣誓关系中因宣誓各方现实中的地位差异而隐含的妥协、强制服从等因素，与《“五月花”号公约》内的宣誓关系因宣誓各方地位平等而呈现的权利、义务一体化因素的割裂。这显然也意味着依据两种宣誓关系实现构建的宣誓制度在一开始就出现了根本性的分歧，而这一分歧的发生明显要早于1787年《美利坚合众国宪法》诞生时在宣誓制度内确立的相关原则。

尽管在《“五月花”号公约》中，美国政治宣誓制度在出现时已经具备如此明显的特殊性，但若将这些具体特征作为美国宪法宣誓与英国政治宣誓在制度构成上分道扬镳的单独支撑，也不得不承认其支撑性仍然较为薄弱。于是，分析那些促成五月花号上来自英国的早期殖民者在政治选择层面实施“互相誓约”的因素就显得至关重要。从这一宣誓行为所展现的形式上看，签订于“五月花”号上的政治公约显然存在对英国本土所使用的政治宣誓模式的突破，并且这一突破从本质上可以看作早期的北美殖民者群体在殖民地开启政治生活时，对重复英国的国家治理方式的一种回避态度。如若不然，以此签约事件为开端的美国宪法孕育乃至美国国家政治模式构建复制英国政制的概率将大大提升。有关在北美殖民地完全构建另一个英国的可能性，马歇尔·福斯特博士举了一个不甚严谨，但颇能反映美国人内心深处对英国的政治制度及英国国教传统真实看法的假设：“假使美国所有的殖民地都是用国王宪章，假使圣公会教会管治美国，假使从最开始清教徒便坚持他们的教会国家的主张，美国就不会有宗教自由，也永远不会有国会众参两院以及总统，美国也许

① [美]约瑟夫·斯托里：《美国宪法评注》，毛国权译，上海三联书店2006年版，第16页。

就是一个自上而下组织严密的宗教掌权的教会国家。”①

众所周知，自英国移民在1620年左右建立起第一个真正意义上的英属殖民地詹姆士顿起，英国与美洲的联系就再也无法斩断，时至今日法律体系内仍存在一个“英美法”的概念已很能说明二者的渊源。但事实上美国清教徒先辈移民却并没有在美洲建立起一个复刻的不列颠王国，“五月花”号公约创造性奠定的是就那个时代背景而言较为纯粹的自治、平等的政治原则，美国后来联邦政体的塑造与制宪进程受此影响的程度，显然比从一批批英国本土的法律文件中继承的“英式传统”要更为深远。同时，这些原则显然也对美国宪法宣誓制度同英国宣誓传统的差异性发展产生了深刻影响，其中最明显的证据便是在公约具体宣誓内容中，根本无法找到一个存在于世俗层面的身份地位明显高于宣誓者的接受宣誓的对象。在当时还一片荒蛮的北美大陆，英国君主与他的君权威慑力已遥不可及，而在英国法律传统中被一批批法律文件反复强调的，从父辈处代代继承的权利在北美殖民地亦无处宣称，此时此处存在的只有一个个平等而独立的北美先辈移民个体，能够为他们把握自然法中属于人的权利。

虽然当时的英国国王詹姆斯一世的名号在开篇被公约提及，但与其认为这是宣誓者们将英国国王作为宣誓对象，更毋宁说“詹姆斯一世”只是被这批来自英国的殖民者所借用以对自身身份进行宣示的一种工具性标志，以及对王室特许令中禁止与英格兰法律相抵触的限制条款的技术性适应。因此，如果从最开始那种存在于英国宣誓传统中甚为重要的“至尊君主”这一意象，对于《“五月花”号公约》的签署人而言仅作为一种象征符号而被虚置，那么存在于英国至尊宣誓传统内的君主和臣民之间由上自下的统治结构，一时间也难以在北美殖民地发挥其原本的规范性意义，随之而来的则是公约签署者由宣誓立约所产生的权利享有与义务承担规则的变化。

除了地理上的距离导致英国本土对北美的统治暂时鞭长莫及外，“五月花”号上乘客们的宗教背景也是《“五月花”号公约》内的宣誓方式突破传统的重要原因。根据历史记录，最初签署《“五月花”号公约》的41名男性乘客中，有属于天主教派的信徒，也有一部分英国圣公会教徒，当然还有人数最多的公

① ［美］杰瑞·纽科姆：《圣经造就美国》，林牧茵译，复旦大学出版社有限公司2017年版，第173页。

理会教徒。基于公理会教众在“五月花”号上具有人数优势这种现实缘由，不同教徒派别间对将来登陆后如何进行社会组织的构想在大体上表现出向公理会教派靠拢的趋势，于是公约的基本内容就在公理会教徒的主导下完成了，其中带有鲜明的该教派宗教以及政治主张的风格也就不足为奇。即使公约签署者们都能笼统地归属于“基督”信徒，但在“五月花”号上有人数优势的公理会信徒与在英国本土占绝大多数的圣公会信徒在群体关系、组织建构的观念上却大相径庭，在现实中两方基于宗教理念而形成的世界观和政治立场甚至针锋相对。

按照公理会的教会治理主张，不同教徒会众有权独立管理自身所属的教堂，各个教堂之间可以建立以自由、平等为基础的联合机构，但在公理会的教会联合机构内部教堂之间不应当存在上下级管理关系。也就是说，为公理会所认可的教会组织不可能出现类似于英国圣公会教会体系中那种由国王充当总“教宗”、在教会机构内部设置层级管理体系、上级对下级具有优越管理权限的情形。毫无疑问，这种在16世纪为英国清教徒罗伯特·布朗所提倡的教会治理理念，显然深刻烙印在这批前往美洲的清教徒前辈移民的宗教认知与世界观之内，这一理念不仅在宗教思想层面促使英国公理会教徒与英国圣公会决裂，也是促成这部分清教徒远渡重洋开启在美洲殖民序幕的直接原因。从整个历史事件的发展经过的角度观察，“五月花”号上的清教徒与英国本土圣公会教徒间的冲突确实集中体现在宗教信仰差异方面，然而，无法否认的是，这种由宗教信仰产生的理念分歧最终左右了公约签署者们在世俗政治上的选择。对于美洲殖民地社会组织更关键的部分在于，那些起因于基督教派争议而衍生出的最核心成果，最终也确实落在了美洲殖民地的政治制度领域，《“五月花”号公约》的成功签订就是最好的证明。

就人数而言，最初宣誓遵守《“五月花”号公约》的乘客仅有41人，这一小群人所具有的宗教、政治方面的改革意愿与当时不列颠王国主流宗教、政治传统相比实在太过不起眼，以致在这批清教徒殖民者前往美洲的拓殖行为时并没有引发英国本土的足够重视，甚至为《“五月花”号公约》所提及的殖民地“自治”权利在最开始都因为英国当局的忽视而实质上被一定程度地放任了。然而，这种“微弱”的改革意向对美洲殖民地整体性宪制构建的影响绝非无足轻重，杰瑞·纽科姆博士对美国清教徒先辈移民群体的评价就很好地说明了这一点:“这个群体帮助美国形成了特有的文化风格……他们书写了它(指美国宪法)的最初形态,开启了整个制宪进程。”[①]作为美国宪法传统的重要源头,《“五月花”号公约》中体现的平等、自治精神,以及在此指引下发生的美国历史上首次政治性宣誓事件所采取的“互相誓约”的方式,都充分反映了在英属北美殖民地历史的初期,美国清教徒先辈移民群体在世俗政治组织方式的选择上就确定了与他们英国故土的政治制度构成进行分离的基调。更需要被强调的是,这种分离的倾向也一直持续对包括宪法宣誓制度在内的各项宪法制度的形成发挥作用,真实影响着后续在美洲建立起来的殖民地的具体政治实践,最终使现代宪法概念在清教徒先辈移民所开拓的北美殖民地内确立下来。

二、“君主”符号在北美殖民地的剔除

显然《“五月花”号公约》对英属北美殖民地的促进作用太过显眼,在这份公约精神的指引下殖民地的居民自愿联合,自主订立法律并服从自主推选的本地官员,殖民地的立法、行政机构也没有严格遵照英国王室的法案进行组织。[②] 这一现象也在殖民地的宣誓实践中得到反映,按照王室特许令的要求,殖民地居民要严格按照至尊宣誓制度规定的方式进行宣誓,然而,现实是这批先辈移民在《“五月花”号公约》中自创了宣誓模式。殖民地的自主管理方式最终招致了英国本土的不满,英国当局在 17 世纪 80 年代大批撤回了颁发给殖民地的特许令,此后殖民地及其居民都被置于英国的统一管理下。[③] 在这一历史背景下,英国本土的政治宣誓传统也随同英国的法令和管制一道延伸到了美洲大陆,于是在《“五月花”号公约》的宣誓模式被创造后的一段时期内,对英王效忠的宣誓方式又出现在殖民地的法律文件之内。

然而,美洲殖民地在法律以及政治领域对自治的探索并未因此停滞,最初由清教徒先辈移民所确立的政治原则依然在殖民地内被遵从。北美普利茅斯殖民地在 1636 年到 1671 年仍然坚持制定了一系列的自治法令,这些法律后来被统归为《统一基本法》之中。普利茅斯殖民地的《统一基本法》被视为北美殖

---

① [美]杰瑞·纽科姆:《圣经造就美国》,林牧茵译,复旦大学出版社有限公司 2017 年版,第 174 页。

② [美]约瑟夫·斯托里:《美国宪法评注》,毛国权译,上海三联书店 2006 年版,第 18 页。

③ 北美殖民地建立初期一直充分享受立法、行政和司法上的特权,直到 1684 年英国本土才彻底取消了颁发给殖民地的王室特许令。

民地早期的重要宪法性文件,其内容包括美洲殖民地最早一批成文法令,对殖民地的政治结构以及殖民地居民拥有的权利在法律规范方面进行了尝试。普利茅斯地区宪法法律的塑造过程也切实影响了殖民地的政治实践,1639 年普利茅斯地区殖民地议会取代了殖民地代表大会,同时以《统一基本法》为依据的普利茅斯地区接纳了更广泛的群体进入议会,在殖民地居民享有的诸多"特权"中,特别是非教会成员也能够被直接选举为总督及其助理,这种带有信仰自由的权利性条款是从来都不存在于王室特许令中的。种种与特许令意旨相抵触的证据表明,美洲英属殖民地的早期移民在事实上仍然坚持按照《"五月花"号公约》的原则对殖民地进行治理,这也提醒我们在观察一系列发生在北美殖民地初期的宪法宣誓活动时,需要注意分辨北美殖民地与英国本土的宪法宣誓制度实践外观近似,但实际上二者的内里却存在一定区别。即使殖民地的法令、政治活动中出现了对英王宣誓效忠的内容或行动,但这种由英国本土迁移而来,制度本质却和《"五月花"号公约》蕴含的内在精神相冲突的宣誓模式不可能原封不动地植根在北美殖民地内。

历史的发展也证明了英国的宪法宣誓制度迁移到北美殖民地,却与北美殖民地政治治理的理念间存在张力的情况,对北美殖民地针对宪法宣誓这一制度进行重构埋下了伏笔。在殖民地行政官员对英王实施了大约 10 年的"英国式"宣誓后,马萨诸塞湾的殖民地居民率先反抗这一宣誓制度。1643 年该殖民地的议会公开投票通过一项决议,删除了地方行政长官在就职宣誓誓词中"你必须保持真正的信仰,忠于我们的君主兼主人查理国王"的内容。[①] 与通常理解的宪法宣誓的形式受到宪法法律更改的影响而变化这一顺序不同,马萨诸塞湾殖民地是以这一誓词删除为基础,重新主张并声明了属于殖民地的权力与权利。马萨诸塞湾殖民地的领导者们利用拒绝向英国国王宣誓效忠的契机,制止了英国至尊宣誓制度对殖民地宣誓制度的进一步侵蚀,并且顺势排斥了英国国会对殖民地立法的干预。然而,英国国内始终在寻求插手殖民地事务的契机,马萨诸塞湾殖民地与英国本土对于殖民地内部立法,是否应当由英国国会通过这一问题长期存在争议,当时的殖民地总督约翰·温斯罗普这样回应了来自英国方面的要求:"万一……往后……反对势力一旦掌权,那么这

---

① ［美］爱德华·钱宁:《美国历史》,徐枫、欧阳瑾译,天津社会科学院出版社 2016 年版,第 94 页。

样做无疑创造了先例。”①

当然,即使在17世纪上半叶不列颠和美洲殖民地的关系还远未紧张到爆发战争的程度,普利茅斯殖民地的自我管理方式和马萨诸塞湾殖民地对英国法令的抵制等行为都在事实上持续同英国当局的管辖发生抵触,这一系列冲突是导致普利茅斯殖民地建立起来后始终未能获得英国当局包括王室特许令在内的任一许可,以及马萨诸塞湾殖民地的自治权行使时常常面临来自英国压力的原因。这种政治僵局的直接结果是处于夹缝之中的普利茅斯地区于1691年并入了马萨诸塞湾殖民地,但这一合并没有斩断殖民地政治自治的道路,反而使其法令以及政治实践成果被较好地保留了下来,并为将来的联邦宪法打下基础。②

回顾以普利茅斯与马萨诸塞湾殖民地为代表的美洲英属殖民地早期的立法与政治实践历程,能够明显感受到殖民地在各个方面对英国本土不断加深的离心力,这样的倾向表现在殖民地不断通过召开议会、通过法令等方式以自我赋权取代来自英国方面的授权。当殖民地的权力来源问题在殖民地得到较为一致的意见后,对继承自英国的那些具体法律制度的改革就顺理成章了,在这一过程中作为美国宪法制度的组成部分,如果说《“五月花”号公约》奠定的是美洲殖民地宪法宣誓的基调,那么属于美洲殖民地本土的宪法宣誓制度的正式确立应当是从“君主”符号在宣誓制度中被剔除开始的,马萨诸塞湾殖民地议会删除行政官员对英王的效忠宣誓就标志着,美国的宪法宣誓制度突破了英国显具效忠宣誓意味的宣誓制度框架。

第二节　美国联邦宪法创立的宪法宣誓模式

1787年《美利坚合众国宪法》确立了美国的宪法宣誓制度,这一制度绝大

---

① 17世纪40年代英国因内战爆发而放松了对殖民地的控制,以马萨诸塞为代表的北美殖民地利用这一时机推进了一系列摆脱英国本土钳制获得更多自治权利的法案。对此英国在国内新教徒控制政局后要求将殖民地法案批准权收归英国国会,但马萨诸塞殖民地议会抵制了来自英国本土的绝大多数限制殖民地立法权的要求,理由为殖民地担忧未来英国国内的天主教势力在重新掌权后会干涉殖民地各方面的自由。[美]爱德华·钱宁:《美国历史》,徐枫、欧阳瑾译,天津社会科学院出版社2016年版,第94页。

② “光荣革命”后登基的英王威廉三世和玛丽二世在1691年为马萨诸塞殖民地颁发了新的特许令,普利茅斯与马萨诸塞两殖民地就此合并。

部分源自美国宪法的创造，而非对英国宣誓传统的继承，虽然美国宪法宣誓制度构造中存在来自英国的原始要素，但这些要素也经美国宪法的重构而完成了彻底的焕新。正如塞缪尔·埃利奥特·莫里森等历史学者所言，“美国的各种制度在1630年就开始与英国分道扬镳了”。[①] 美国的宪法宣誓活动早在1775年独立战争爆发之前就显示出与英国本土的宪法宣誓实践极为不同的特质，即使这样的区别暂时被掩盖在北美殖民地内部各自为政的状况下，但随着1787年《美利坚合众国宪法》的制定，一切关于北美大陆宪法宣誓制度实践的混乱状况最终结束了。

一、联邦宪法宣誓的创制

从历史事件的发展过程而言1787年的那部宪法应当是美国独立后的第二次立宪尝试，在此之前1777年通过的《邦联公约》在1781年就得到过13个州的通过。虽然美国这个国家已经诞生了，但是这份《邦联公约》显然没能在真正意义上将国家凝聚起来。在《联邦公约》的规制下联邦政府的主权施展不得越过州政府，这就导致了十分弱势的联邦政府能够起到的作用不过是协调联邦各州的关系。[②] 然而，格外注重州权的《联邦公约》显然无法应对美国独立后迅速改变的国际国内局面，可以认为1787年《美利坚合众国宪法》的出现就是为了解决《邦联公约》未能解决的现实问题。1787年美国制宪会议在费城召开，新的宪法草案的立法价值取向一开始就与《邦联公约》有很大差异，新的宪法要在“人民主权”的基础下赋予联邦政府更广泛的权力，从法律上确立联邦政府的优越地位。[③] 在这一过程中美国的宪法宣誓制度设计问题也提上了宪法的议程。

首先是关于联邦的官员是否需要宣誓的问题。虽然美国实施政治宣誓的传统可以追溯至殖民地时期，到了美国独立后各个州的宪法中也普遍存在与宣誓相关的条款，但制宪会议上也有代表对在联邦宪法中继续保持宪法宣誓

---

① ［美］塞缪尔·埃利奥特·莫里森等：《美利坚共和国的成长》，南开大学历史系美国史研究室译，天津人民出版社1980年版，第71页。

② Douglas. G. Smith, *An Analysis of Two Federal Structures: The Articles of Confederation and the Constitution*, San Diego Law Review, Vol. 34, p. 249(1997).

③ 李晓波：《邦联条例和联邦宪法结构差异性原因探析》，载《河南财经政法大学学报》2018年第4期。

制度提出了质疑。宾夕法尼亚的代表威尔逊就对宣誓持反对观点，他认为政府官员的宣誓不过是一个没有诚意的安全保障，一个好的政府不需要靠这种保障，而一个坏政府不会也不应受到支持。[①] 但大多数制宪者是支持宪法宣誓制度的，需要在宪法中保留宣誓制度的理由也十分明显：一个被授予行使国家权力的官员，他应当在履行职责的过程中尽心尽力，同时应当宣誓保证他将尽职尽责地履职。[②] 由此，在联邦宪法中纳入宪法宣誓制度就不受阻力地被通过，但对宪法宣誓制度应当如何制定这一问题，与会代表之间仍未能立即达成一致。

在联邦主权和州的权力拉锯背景下，联邦或者州政府的官员们应当采取何种宣誓方式似乎一跃成为相关争端的前沿阵地。制宪会议内的州权拥护者们对全国统一的宪法宣誓方式产生了顾虑，很多人认为对联邦宣誓效忠会冲击人们对本州的忠诚。在所有对联邦宪法统一规定宣誓制度持反对意见的群体中一种观点流传颇广：既然法律不要求联邦政府的官员依据州宪法的规定进行宣誓，那么要求所有州的官员依据联邦宪法的规定实施宣誓的正当性在哪里？[③] 但制定一套全国统一宪法宣誓制度的支持者们有力地回应了这一诘问，甚至巧妙借助阐明为何美国需要一种统一宣誓制度的契机，道出了新的联邦宪法在联邦和州的权力分配方面的部分深层意图：联邦政府的成员和官员没有任何义务来贯彻州宪法，但州政府的成员和官员有基本的义务来贯彻国家宪法。[④] 经过持续且激烈的交锋，在联邦宪法中制定一种统一适用于联邦及州的官员的宪法宣誓实施规则的意见最终被绝大部分制宪者接受。

二、宪法宣誓的制度构成

1787 年《美利坚合众国宪法》中涉及宪法宣誓的规定有两条，首先是第 2 条规定的总统宣誓："总统在就职前应作如下宣誓或郑重声明：'我谨庄严宣誓（或郑重声明），我一定忠实执行合众国总统职务，竭尽全力恪守、维护和捍卫

---

① ［美］凯瑟琳·德林克·鲍恩：《民主的奇迹：美国宪法制定的 127 天》，郑明萱译，新星出版社 2016 年版，第 217 页。

② ［美］约瑟夫·斯托里：《美国宪法评注》，毛国权译，上海三联书店 2006 年版，第 557 页。

③ ［美］约瑟夫·斯托里：《美国宪法评注》，毛国权译，上海三联书店 2006 年版，第 558 页。

④ ［美］约瑟夫·斯托里：《美国宪法评注》，毛国权译，上海三联书店 2006 年版，第 558 页。

合众国宪法。'"[①]其次是第 6 条针对其他公职人员的宣誓:"……上述参议员和众议员,各州州议会议员,以及合众国和各州所有行政和司法官员,应宣誓或作代誓宣言拥护本宪法。"[②]从前述宪法宣誓的规范分析,美国宪法宣誓的构成要素分为宣誓主体和宣誓内容两部分。

首先是宪法规定的宪法宣誓主体。1787 年《美利坚合众国宪法》将宣誓主体限定于联邦或州的实际"掌权者",这种要求执掌权力的公职人员进行宣誓的主体划分基本可以看作《美利坚合众国宪法》对各州既有宪法中宣誓规范形式的延续。当然,1787 年《美利坚合众国宪法》对宣誓主体的划定也表现出一些新的特点,宣誓主体范围涵盖了立法、行政、司法三个领域,包括联邦与州两个层级的公职人员,而这样的规范方式显然由美国宪法基础理论的变化引发。在美国独立初期,纯粹的"社会契约论"对联邦法律制定的影响极大,按照"社会契约论"的理论,发生在人民群体中的"缔约"是政治共同体的起源,国家和民族是个人与他人、集体通过订立契约的方式而形成的。1777 年《邦联公约》即为这样一部各个州之间以相互缔约的方式组织起一个全国性的条约,但这样的"契约"被认为是失败的,因为这部公约既没有构建起一个真正的政府,又不能消除各个州之间的壁垒,使美国真正凝聚为一个国家。于是 1787 年《美利坚合众国宪法》突破了纯粹"社会契约论"的桎梏,在"社会契约论"的基础上加入了"基本法"的属性。自此宪法不再仅仅是经由缔约者的承诺而起效的"契约",它还具有了命令的强制力。对于宪法的这种双重属性,美国最高法院斯托里评价为:"它可以建立在我们或者我们的代表人的同意基础之上;但是它是作为一部法律而非一项契约,得到了它的终极约束效力。"[③]美国早期州权与联邦权存在冲突又最终调和的情况深刻影响了美国宪法的构建,其内部的宪法宣誓制度也发生了明显的变化。从美国宪法宣誓制度对宣誓主体确定的最终结果角度进行分析,联邦宪法最终要求联邦和各个州的公职人员同等宣誓遵循联邦宪法,追根究底是美国宪法的属性从"社会契约论"主宰的邦联公约到"社会契约"与"基本法"复合的联邦宪法的结构性调整在宪法宣誓制度上

---

① 1787 年《美利坚合众国宪法》第 2 条。《世界各国宪法》编辑委员会编译,《世界各国宪法(美洲大洋洲卷)》,中国检察出版社 2012 年版,第 617 页。

② 1787 年《美利坚合众国宪法》第 6 条。《世界各国宪法》编辑委员会编译,《世界各国宪法(美洲大洋洲卷)》,中国检察出版社 2012 年版,第 620 页。

③ [美]约瑟夫·斯托里:《美国宪法评注》,毛国权译,上海三联书店 2006 年版,第 132 页。

的局部反映。[①]

其次是宪法宣誓的内容。联邦宪法中总统的宣誓内容被单独规定,其他宣誓主体则共享一套宣誓规则。在该宪法第 6 条中美国参众两院的议员、各州议员,联邦和州的行政、司法公职人员等宣誓主体的宣誓内容较为单一,宣誓拥护宪法即可。该宪法第 2 条的总统宣誓规范则包括两方面的内容:承诺履行总统的职责和遵循并维护宪法。比照两条与宣誓相关的法律规范,总统较其他宣誓主体多一项宣誓义务,总统不仅需要以不违背宪法的方式"被动"恪守宪法,还要以阻止他人破坏宪法的方式"主动"维护、捍卫宪法。

三、宪法宣誓内宗教因素的清洗

从 1787 年的制宪结果上看,宪法宣誓制度内的宗教因素被制宪者们实施了较为全面的"清洗":在《美利坚合众国宪法》第 2 条第 1 款的规定中美国总统的宣誓没有提及任何宗教内容,同样在该宪法第 6 条规定的议员与其他行政、司法公职人员的宣誓内容中,不仅没有对宣誓者作出宗教性宣誓的要求,甚至还针对宗教信仰不应成为阻挠美国公民担任国家公职理由的特别条款。[②]然而,殖民地的历史和美国的建立都绕不开宗教,伍德罗 · 威尔逊认为"美国创建伊始是一个基督教国家……(美国的)公义都起源于圣经的原则"。[③] 于是,由宪法宣誓制度对宗教因素的"清洗"所体现的宪法对宗教自由原则的维护,无疑与以"五月花"号上的美洲清教徒先辈移民为代表的早期美洲殖民群体竭力建立,并不惜为之与英国当局抗争也要维护的"清教徒国家"产生了重大分歧。那么这样的"偏离"是怎样发生的呢?

北美殖民地的早期宪法性文件普遍具有难以忽视的宗教基因。且不提王室颁发的特许令中类似"不可反对英格兰教会认可的真正的基督信仰"[④]的宗教强制要求,自《"五月花"号公约》以降,到 17 世纪在普利茅斯制定《统一基本

---

① 李晓波:《邦联条例和联邦宪法结构差异性原因探析》,载《河南财经政法大学学报》2018 年第 4 期。

② 1787 年《美利坚合众国宪法》第 6 条规定:不得以宗教信仰测试作为担任合众国任何官职或公职的必要资格。

③ Charles E. Rice, *The Supreme Court and Public Prayer*, Fordham University Press, 1964, p. 61.

④ "联邦诉圣三一教案"第 143 号,联邦最高法院 143U. S. 457, 36L. Ed. 226, 12S. Ct. 511. 转引自[美]杰瑞 · 纽科姆《圣经造就美国》,林牧茵译,复旦大学出版社有限公司 2017 年版,第 341 页。

法》的时期,北美地区多个殖民地都制定了本地区的宪法性文件,当地立法者大多偏好在制定法中凸显宗教信仰与殖民地政治、生活之间存在某种联系的情况。其中较为知名的有1639年签订于新英格兰地区新罕布夏的《埃克塞特盟约》,立法者在阐释订立这部宪法性文件的缘由时,殖民地居民对法律与政府的现实需要与践行神的意愿被放置于同等重要的位置:

"考虑到神的意愿和我们的需要,我们生活中不能没有良好的法律和政府,这是我们目前急需的。以基督为名,在神的见证下,让我们结合为一个整体,建立一个政府,作为我们遵循神的意愿的最好方式。"①

在《埃克塞特盟约》通过的同一年,康涅狄格殖民者于赫特福德订立了美国历史上最早出现的一批宪法之一的《康涅狄格基本法》。② 考察这部法律的具体内容能够注意到的《康涅狄格基本法》在阐释殖民地法律和政治基础时与《埃克塞特盟约》具有类似的逻辑:

> "应当有一个依照神意而建立的有秩序而贤良的政府,在任何需要的时候管理并解决民众事务。因此,我们将自己团结为一个共同体,或者说联邦……"③

与宗教相关的内容还出现在宾夕法尼亚1682年公布的《施政大纲》中,该大纲在序言的第一句直接将人能够建立起良好政体的原因归于神的指引:

> "……上帝在创造世界之时,从所有讨他喜欢的造物里面选定人来代表他统治世界。为了使人适于担当这样的重任和信托,他不仅赋予人以技能和权力,并且赋予能公正地使用技能和权力的诚实无欺的性格……"④

从前述殖民地时期的宪法规范中可以看到,将宗教要素融入制宪原则的立法方式在当时的各个殖民地大行其道,一直到18世纪晚期这种情况才发生

---

① [美]杰瑞·纽科姆:《圣经造就美国》,林牧茵译,复旦大学出版社有限公司2017年版,第179页。

② 杰瑞·纽科姆在《圣经造就美国》一书中提到美国的第一部成文宪法为1636年推出的《清教徒前辈移民法典》,《康涅狄格基本法》在1638~1639年颁布。

③ [美]杰瑞·纽科姆:《圣经造就美国》,林牧茵译,复旦大学出版社有限公司2017年版,第343页。

④ 何勤华主编:《美国法律发达史》,上海人民出版社1998年版,第37页。

了根本性的转变。在1787年《美利坚合众国宪法》制定的过程中各州派出的制宪代表在宗教与政治、教会跟国家等问题上都默契地进行了回避。[①] 这一状况表现为,关于基督信仰的要素不再在宪法的序言、条文中特别强调,宪法宣誓制度中也不存在专门的宗教性宣誓强制规定。

但发生在1787年《美利坚合众国宪法》内的这一重大转折并不是因为独立后的美国宗教失去了市场,恰恰是美国的宗教状况使宪法宣誓制度以清洗宗教要素的方式被制定出来。制定联邦宪法草案的55个代表来自当时美洲殖民地的12个地区,在代表们首先就是否在宪法中建立宪法宣誓制度达成统一意见后,宪法宣誓中对于宗教因素的安排问题就成了讨论的焦点。当时诸多殖民地的宪法对当地官员的宣誓大多有宗教因素的规定,然而,不同的殖民地对于本区域内主流宗教的选择却并不统一,"弗吉尼亚是由英国国教教徒起家的,马萨诸塞则是清教徒,而宾夕法尼亚是贵格派……"[②]在北美殖民地经过一个多世纪的经营后宗教流派在各区域的分布格局基本形成,而这一现实导致制宪会议如果想要在联邦宪法中完成一个具有说服力的宪法宣誓制度构建就必须克服宗教派别的壁垒。

虽然现在很难完全还原制宪会议中55位代表是怎样塑造出一个排斥宗教因素的宪法宣誓制度的过程,但结合各位制宪代表本身所持的不同教派立场,以及当时美洲殖民地民众对大会的众多去信记录,还是能够找出当时殖民地社会对宪法宣誓中宗教因素"清洗"所持的具有影响力观点的线索。乔纳斯·菲利普写给制宪会议的信基本可以反映当时美洲殖民地广泛且具有多样化宗教背景的人群,对于制定一个平等、自由的宪法宣誓制度的期望,他在信中写道:"每位州议员都得宣誓表示他信神,并信《新约》和《旧约》都是神所默示……如此宣誓绝对违反犹太人的宗教精神,也有违他的良心……如果可敬的大会认为,应当修改以上所言的誓词,并除去其中有关《新约》的字句……那么以色列众民将会欢欣鼓舞,认为自己将可以在一个各宗教立足平等的政体

① [美]凯瑟琳·德林克·鲍恩:《民主的奇迹:美国宪法制定的127天》,郑明萱译,新星出版社2016年版,第218页。

② [美]凯瑟琳·德林克·鲍恩:《民主的奇迹:美国宪法制定的127天》,郑明萱译,新星出版社2016年版,第218页。

之下幸福生活。”①

当然反对宪法以及宪法宣誓制度忽视宗教因素的声音始终存在,但无论如何制宪会议的代表们最终达成一致,决定让联邦与州的公职人员必须宣誓拥护宪法而非神,使宗教信仰的表达在宪法宣誓制度中成为一种非强制的个人选择。可以认为1787年《美利坚合众国宪法》对宪法宣誓制度的确立,标志着美国本土的法律制度即“君主”要素的清除后,在“宗教”要素上的对传统宣誓制度(尤其是英国至尊宣誓)进行了再一次清洗。这一次清洗显然较第一次更为激进,以制定成文宪法的方式转变了美国民众乃至整个世界对宣誓模式的惯常认知,堪称完成了一次宪法宣誓制度的重构。1787年《美利坚合众国宪法》所确立的宪法宣誓模式或许成为各州反宪主义者攻击这部宪法的一个重点,但从美国宪法宣誓制度的长期实施结果看,在宪法宣誓制度中对宗教因素进行“清洗”最大限度地保障了联邦各州的宗教自由与平等,也在现实中促成各个州消除包括宗教派别在内的不同层面的壁垒,由松散联盟朝统一国家的方向迈进。最终各州因联邦宪法而生的凝聚力,不仅使这个国家迅速被组织起来,反过来也使宪法与宪法宣誓制度本身更加稳定。

第三节 法国宪法创立的宪法宣誓模式

法国宪法制定、修改的过程相较于英国和美国制宪历史的特殊之处在于,法国革命的进程深刻左右着法国宪法的命运。在大革命开启的法国社会旧秩序被推倒、新秩序重组的过程中,法国政治极不稳定,政局的反复也影响了宪法的稳定。据统计,自1789年法国大革命摧毁法国的封建专制制度起,法国宪法及宪法性文件先后更迭了16次。② 在这一过程中,法国的宪法宣誓模式也经历了三次较为明显的更替。

---

① [美]凯瑟琳·德林克·鲍恩:《民主的奇迹:美国宪法制定的127天》,郑明萱译,新星出版社2016年版,第219页。

② 按《法兰西宪法典全译》的统计,此16部宪法及宪法文件为:1789年《人权宣言》、《1791年宪法》、《1793年宪法》、《共和三年宪法》(1795年)、《共和八年宪法》(1799年)、《共和十年宪法》(1802年)、《共和十二年元老院组织法令》(1804年)、《1814年宪章》、《1815年帝国宪法补充条款》、《1830年宪章》、《1848年宪法》、《1852年宪法》、《1875年(三部)宪法性文件》、《1946年宪法》、《共和国和共同体宪法》(1958年)、《法兰西第五共和国宪法》(最近于2008年修改)。

一、法国宪法的创制

法国宪法的创制过程极为曲折反复，持续 84 年的大革命期间法国就颁布了 11 部宪法，每部宪法平均仅能存在 7 年。作为大陆法系国家的宪法，法国一系列宪法的寿命实在过分短暂。1789 年制定并获得通过的《人权宣言》尽管不属于正统成文宪法典的范畴，却是法国宪法创制的起始。法国大革命作为十七八世纪世界资产阶级革命潮流中的一部分，在这份《人权宣言》中表达了当时的资产阶级共同的政治、权利主张，“人生来是且始终是自由、平等的”“法律对所有人一视同仁”“主权属于国家”。法国的宪法宣誓制度也在大革命时期被首次写入法国的宪法中，这一状况与英国和美国在重大社会变革时期推进国内宪法或宪法性文件制定的情况一致。比较三个国家政治和法制历程，法国大革命初期的宪法及相关制度构建与英国的立宪制度更为相仿。由《1791 年宪法》所确立的君主立宪政体和国民议会等机构的设置，都在加深法国大革命初期的法国模仿英国建立起宪法秩序、政治制度的印象，基于这一印象，国内部分宪法宣誓研究者将法国宪法宣誓制度的根源直接归属至英国宪法宣誓一脉。本书对此持保留意见，本书认为法国的宪法宣誓制度即使在制度构建的初期具有与英国宪法宣誓制度极为近似的外观，也不应被视为对英国式宪法宣誓的沿用。

两个国家权力与权利关系的基本结构决定了英、法之间宪法的分歧。英国资产阶级革命的纲领性文件《权利请愿书》和《权利法案》主要是向统治者主张人民既有的权利，以及反对权力对这种既有权利的压迫。与之类似的主张在英国法制史中并不罕见，甚至可以被看作英国法律在处理君主、臣民之间权利分配问题时历来采取的传统方式，其法理渊源构筑于“人民拥有传统权利”这一基础之上。[1] 这就意味着英国的资产阶级革命虽被称为“革命”，但属于一种有基本范式可以遵照的“革命”，君主与臣民双方即使存在冲突，也都有延续和维护“传统”制度框架的默契。但爆发大革命的法国社会不存在塑造英国式立宪及法律制度的任何因素，当时的法国社会除了因长期实施的绝对君主制而拥有极大权力的君主，贵族阶级在政治地位和表达上的独立因素始终被专

---

① 董建萍：《西方政治制度史简编》，东方出版社 1995 年版，第 105 页。

制君权压抑,因而并不具备英国贵族那样左右国家政治的能力。① 推动大革命的广大法国人民按照革命前的政治制度被划分在第三等级,这一等级在实行封建专制的法国不存在什么既有权利,旧的制度中也没有真正给予权利抵抗权力侵蚀的有效手段。② 可以认为法国《人权宣言》中所提及的属于人的权利乃至由其衍生的人民的权利都不是来自法国国内的历史传承,因此法国大革命从本质上彻底打破了旧有的秩序,建立了新的秩序,通过新的秩序重新安排和确定国家的权力与人民权利。

正如前文所提到的,由大革命开启的法国政治制度转变过程充满了动荡和冲突,受此影响的法国宪法更迭速度和频率在世界各国制宪史上绝无仅有。《1791 年宪法》试图将法国改造成一个君主立宪国的构想在路易十六勾结外国势力镇压大革命后宣告失败,在 1792 年第二次巴黎武装起义的推动下法国政局大变,君主立宪政体被共和政体取代。自 1793 年起法国宪法开始为适应共和国的政治而进行调整,然而,进入共和国时代的宪法和国家的政治一样脆弱。虽然《1793 年宪法》被评价为"当时世界最进步、最民主的宪法"③,其序言部分对 1789 年《人权宣言》进行修改的内容颇具颠覆性,宪法正文中也带有鲜明的共和国制度构建特色;但这是一部从未被实施的宪法,制定该宪法的雅各宾派倒台后这部宪法也被永久封存了。接踵而来的《1795 年宪法》为代表大资产阶级利益的热月党人所制定,这部宪法的立法方针为"制定一部既能保存革命的果实,又能有效制止群氓参与的宪法"。④ 因此,《1795 年宪法》对比《1791 年宪法》和《1793 年宪法》显得更为保守,其中前两部宪法中得到极尽强调的"人民的权利"被一定程度地限缩,依据孟德斯鸠三权分立学说对国家的立法权和行政权采取了分离措施,保证了行政机关拥有更广泛而切实的权力。这部宪法持续了 4 年,直到 1799 年 11 月 9 日拿破仑政变方宣告消亡。

---

① 程华:《法国宪政之路的社会结构分析》,载《武汉大学学报(哲学社会科学版)》2006 年第 6 期。

② 法国三级会议有一定监督君主和政府的权力,但三级会议不是定期召开,而是由君主选择性召集。从 1614 年路易十三摄政时王太后召开三级会议到 1789 年法国大革命爆发前,三级会议已有 175 年未召开。

③ 何勤华、张海斌主编:《西方宪法史》,北京大学出版社 2006 版,第 390 页。

④ 李伟:《法国 1789—1799 年宪法理论和实践》,华东师范大学 2006 年硕士学位论文,第 37 页。

与《1795 年宪法》同时破产的还有法兰西共和政体,法国大革命终结了封建君主的专制统治,却没能将专制的余毒彻底从国家的政制中清除。虽然从《人权宣言》起法国的宪法就从美国各州和联邦的制宪经验中汲取了充分的、有益于建立起一个共和国的制度要素,[①]但法国最终没能凭借《1795 年宪法》平稳过渡到一个稳定的共和式政体,这部宪法所设计的宪法宣誓制度也没能发挥什么作用。从历史的发展轨迹看,在法国国内混乱的政治和国外军事干涉的双重压力下,法国政治不可避免地走向了借助强人政治稳定国家局势的道路。雾月政变的发生标志着法国大革命后国家政治建构的方向由竭力扩张立法权压制行政权的极端民主,被拉回到以政治强人为核心的中央集权路径上。由拿破仑主导的《1799 年宪法》本质上是为实现其个人独裁而进行的制宪预演。因此,《1799 年宪法》应当被归属为一部带有传统君主立宪特征的法兰西帝国宪法,该宪法与后来的《共和十年宪法》(1802 年)、《共和十二年元老院组织法令》(1804 年)、《1814 年宪章》及《1815 年帝国宪法补充条款》共同构成了拿破仑帝国时期的宪法制度体系。

从 1789 年大革命爆发推翻波旁王朝专制到拿破仑政变建立法兰西帝国,法国政制与宪法经历了从君主立宪制到共和制再到君主专制三次较大的转折。往后的法国宪法虽依然更替频繁,但这种更替仍旧属于在政治局势不断波动牵引下对前述三种宪法制式进行再度循环的范畴。对此,有学者认为,研究法国大革命后制定的系列宪法及其发展状况,不宜以每一部宪法制定的时间先后这一单一的坐标作为其发展过程的参照要件,法国的一系列宪法应当被看作有两条轨迹相似的曲线在各自的时代以"轮舞"的方式完成制度的变化过程。[②]

二、法国宪法中的宣誓模式

在《1791 年宪法》实现对宪法宣誓制度的规范之后,又有 9 部宪法及修正

---

① [德]格奥尔格·耶里内克:《〈人权与公民权利宣言〉:现代宪法史论》,李锦辉译,商务印书馆 2012 年版,第 4 页。

② 韩大元主编:《外国宪法》(第 4 版),中国人民大学出版社 2013 年版,第 54 页。

案对该制度作出了规定。① 前列9部宪法及宪法关联文件中，法国的宪法宣誓模式也非一以贯之。由于法国的政治与宪法的发展轨迹总体在两条曲线上实现循环，宪法内的宣誓制度也常表现出“轮舞”的特征。如果以法国的国家政体的类别对宪法内的宣誓制度进行划分，主要为君主立宪时期的宣誓、法兰西共和国时期的宣誓与法兰西帝国时期的宣誓。

法兰西共和国时期和法兰西帝国时期的宣誓与英国、美国的宪法宣誓模式相似，表现为单一的掌权者宣誓，即在宪法中强制掌握国家权力的主体在就职前宣誓遵循宪法和履行职务。例如，法兰西第二共和国时期的《1848年宪法》规定，共和国总统在就职前需前往国民议会进行宣誓，宣誓的内容包括忠于共和国并依据宪法的规定履行总统职责。② 法兰西帝国阶段的宪法宣誓制度的法律规范在《共和十二年宪法》、《1852年12月25日元老院法令》、《1856年7月17日元老院法令》和《1870年5月21日元老院法令》中较有代表性。1804年颁布的《共和十二年宪法》中法兰西皇帝、帝国政要及其各权力机关的公务人员都需要进行宣誓，这部宪法中的宣誓制度表现出鲜明的等级次序。首先是法兰西皇帝要在国家高级官僚的陪同下，并在行政、立法、司法及宗教要员出席的情况下向法兰西人民进行宣誓；其次是针对掌握立法、行政、司法、军事权力的帝国政要规定了需在法兰西皇帝的主持下履行宣誓的义务，其宣誓的核心内容为服从皇帝和帝国宪法；最后是立法、行政、司法、军事各领域内部的公职人员需对本部门的首脑实施宣誓。例如，该宪法第40条规定：“帝国掌玺大臣接受最高法院检察官、上诉法院和重罪法院的院长及总检察官的宣誓。”③《1852年12月25日元老院法令》、《1856年7月17日元老院法令》和《1870年5月21日元老院法令》三个宪法修正案对《1852年宪法》内共和制的宣誓模式实施了递进式修改，使法国的宪法宣誓模式在《1852年宪法》持续运行的过程中完成了对法国政体变革的适应。从宣誓制度外观比较，上述三部宪法修正案中逐步建构而成的法兰西第二帝国宣誓模式与第一帝国时期实行

① 对宪法宣誓制度作出规定的10部宪法及宪法性文件为：《1791年宪法》、《共和十年宪法》(1802年)、《共和十二年宪法》(1804年)、《1814年宪章》、《1830年宪章》、《1848年宪法》、《1852年宪法》、《1852年12月25日元老院法令》、《1856年7月17日元老院法令》、《1870年5月21日元老院法令》。

② 《法兰西宪法典全译》，周威译，法律出版社2016年版，第192页。

③ 《法兰西宪法典全译》，周威译，法律出版社2016年版，第139页。

的宪法宣誓制度基本一致，都属于宪法以法律义务的形式对国家掌权者作出了宣誓的规定。

以君主立宪为原则制定的《1791 年宪法》所规定的宪法宣誓制度较为特殊，开创了“双重宣誓”模式。首先，从《1791 年宪法》宣誓制度主体成分的角度分析，“双重宣誓”模式意味着宣誓主体的双重：作为主权者的人民和作为掌权者的国王、立法代表与行政官员都为宪法规定的宣誓主体。例如，《1791 年宪法》第二编第 2～5 条规定了公民宣誓①，第三编第一、二章分别规定了议会代表、国王与行政官员的宣誓。② 其次，从《1791 年宪法》宣誓制度内部构造角度分析，“双重宣誓”模式意味着宪法宣誓结构的双重：掌权者实施的宣誓实质上具有资格宣誓加就职宣誓的复合结构。《1791 年宪法》中创制了“积极公民”的概念，借助这一概念，法国的公民群体被划分为拥有完整政治权利的“积极公民”和政治权利被限制行使的“公民”两个部分。依据宪法的规定，宣誓成了“公民”向“积极公民”转换的重要条件之一。③ 与此同时，宪法进一步规定国王必须进行宣誓，否则视为放弃王权，④而担任国家公职的人则必须具有“积极公民”的身份。⑤ 这也意味着在宪法宣誓制度框架下，国家的掌权者在实施就职宣誓获得行使权力的许可之前已先通过公民宣誓实现了掌权者的资格获取。

三、法国宪法宣誓模式变迁

正如法国宪法在法国政局轮替的影响下沿着两条演进曲线实现循环，宪法内的宣誓模式也完成了两轮从君主立宪制到共和制再到君主专制模式的变换。法国宪法宣誓模式的第一轮变换期间是从 1789 年法国大革命结束波旁王

---

① 《法兰西宪法典全译》，周威译，法律出版社 2016 年版，第 12 页。

② 《法兰西宪法典全译》，周威译，法律出版社 2016 年版，第 18～23 页。

③ 《1791 年宪法》第三编第一章第二节第 2 条规定：“要成为积极公民，应该具备下列条件：……(六)已宣读公民誓言。”《法兰西宪法典全译》，周威译，法律出版社 2016 年版，第 15 页。

④ 《1791 年宪法》第三编第二章第一节第 5 条规定：在立法议会邀请后的一个月内，国王若不宣誓或者宣誓后又撤回的，则被视为已经放弃王权。《法兰西宪法典全译》，周威译，法律出版社 2016 年版，第 19 页。

⑤ 《1791 年宪法》第三编第二章第四节第 3 条规定：“未宣读公民誓言或者未能证明已宣读公民誓言者。不得担任各部或者国家的任何职位，通常也不得担任行政权任命的任何职位。”《法兰西宪法典全译》，周威译，法律出版社 2016 年版，第 23 页。

朝封建专制到1814年法兰西第一帝国灭亡为止，第二轮变换期间是从1814年波旁王朝复辟到1870年法兰西第二帝国灭亡为止。

第一轮宪法宣誓模式变迁主要由《1791年宪法》、《共和十年宪法》与《共和十二年元老院组织法令》三部宪法及宪法修正案中的宣誓条款体现。最早出现在法国的宣誓模式是《1791年宪法》规定的“双重宣誓”，这是一部由资产阶级主导并推动制定的宪法，其制宪目的为赋予、扩张人民的权利和限制君主的权力，通过君主立宪的方式改造法国旧的封建专制政治制度。上述立宪原则影响了宪法宣誓制度的构造，因此《1791年宪法》创制了特殊的“双重宣誓”结构，并通过这一宣誓制度的仪式表达，在形式上摧毁了法国社会长期存在的三等级结构与君主专制制度，使数量庞大而基本无权的臣民过渡至拥有独立政治地位和权利的公民。吉伦特派在政治上的失败导致了法国的君主立宪制度与《1791年宪法》被取代，进入共和国时期的法国重新制定了适应共和政制的宪法，但宪法宣誓制度没有被恢复。①

法兰西第一共和国晚期，拿破仑政变后制定的《共和十年宪法》重启了宪法宣誓制度的构建，然而，这部宪法没有继续沿用《1791年宪法》确定的双重宣誓模式，而是针对宣誓主体范围进行限缩性修改，确立了由掌权者作为法定宣誓主体的单一宣誓模式。依据《共和十年宪法》的宣誓规定，法国公民不再被强制要求实施宣誓，宣誓主体仅限于继任“执政官”职务的群体，同时宪法也删除了出任“执政官”的资格标准中必须先完成公民宣誓的前置条件。② 由于拿破仑的个人意志基本左右了《共和十年宪法》的制定，对《共和十年宪法》性质的判断究竟应当将之看作共和制宪法抑或是将之并入帝国宪法体系就不那么确定，并且由此衍生的对法国宣誓制度变迁时代节点的确定也就出现了问

---

① 完全在共和政府主导下制定的三部宪法：《1793年宪法》、《共和三年宪法》(1795年)、《共和八年宪法》(1799年)中都没有对宪法宣誓制度进行规定。

② 《共和十年宪法》第40条：第二执政官和第三执政官由元老院根据第一执政官的推荐任命。

《共和十年宪法》第43条：为继任第一执政官而被任命的公民应向共和国宣誓……

《共和十年宪法》第44条，宣誓内容如下：“我宣誓维护宪法，尊重信仰自由，反对恢复封建制度，非为共和国的防务和荣誉绝不发动战争，行使授予我的权力仅为了人民幸福。”《法兰西宪法典全译》，周威译，法律出版社2016年版，第126页。

题。[①] 笔者认为,《共和十年宪法》的立法方式决定其并非一部独立的宪法,而是以元老院组织法令的形式在《共和八年宪法》基础上进行的条款修改。更关键的一点在于《共和八年宪法》并没有在《共和十年宪法》通过后被废止,1799~1801年的法国宪法实质上可以看作由两部共和制宪法共同构成,这也意味着在《共和八年宪法》中确立的共和制度仍然被承认,那么发生在《共和十年宪法》中的宣誓模式变迁仍旧属于共和制度范畴内的变更。

1804年颁布的《共和十二年宪法》对宣誓制度的规范完成了1789~1814年第一轮宪法宣誓模式变迁的最后一环。在这份宪法修正案中,法国的国家制度在宪法第一章第1条的规定下成为一种"表面共和制",真实的法国政体与宪法都进行了帝国式的改造。[②] 进入法兰西帝国时代的宪法宣誓沿用了《共和十年宪法》确立的掌权者宣誓模式,但具体制度的实施方式也针对新的政治现实作出了调整。首先是宣誓主体的构成方面,《共和十二年宪法》较《共和十年宪法》有所拓宽,立法、行政、司法、军事各领域的公职人员被纳入宣誓主体范围。其次是该宪法加入了法兰西皇帝与立法、行政、司法、军事四个领域内宣誓主体的宣誓内容,其中法兰西皇帝的宣誓内容与其他宣誓主体的宣誓内容存在显著区别:法兰西皇帝的宣誓誓词中包括维护共和国领土、保障法兰西人民权利和自由等七个方面内容,[③]而其他法定宣誓主体的誓词则较为简略,分为遵循帝国宪法和效忠皇帝两部分。[④]

拿破仑称帝时期法国政治和法制之所以能够维系,主要基于拿破仑的军

---

① 《共和十年宪法》尽管名义上仍为"共和",但这部宪法进一步扩大了第一执政官(拿破仑)的权力,尤其是该宪法中"第一执政官终身执政"以及"第一执政官提名第二执政官为其继任者"等完全违背共和政制的规定出现,几乎可以看作拿破仑称帝前的一次制宪预演。

② 《共和国十二年宪法》第1条:共和国政府委托于皇帝。皇帝的称号是法兰西人的皇帝。法院以皇帝的名义进行审判,其官员由皇帝任命。这部宪法的特殊之处在于其仍旧以元老院组织法令的形式推出,《共和八年宪法》依然未被完全取代,宪法对政体的界定问题表现十分暧昧,既没有放弃"共和国"的概念,但具体制度的构造又带有鲜明的君主政体特色。

③ 根据《共和国十二年宪法》第53条,皇帝宣誓的内容如下:"我宣誓维护共和国领土完整,尊重和令人尊重有关政教协定和信仰自由的法律,尊重和令人尊重权利平等、政治自由和公民自由、国家财产转让不可撤销性原则,非依据法律征收赋税,保留荣誉军团制度,唯独为了法兰西人民的利益、幸福和光荣进行统治。"《法兰西宪法典全译》,周威译,法律出版社2016年版,第143页。

④ 根据《共和国十二年宪法》第56条,帝国政要、各部大臣、国务秘书、帝国高级军官、元老院成员、参政院成员、立法院成员、法案评议委员会成员、选举团成员、区会议成员进行宣誓,内容如下:"我宣誓遵守帝国宪法和忠于皇帝。"《法兰西宪法典全译》,周威译,法律出版社2016年版,第143页。

事胜利，一旦拿破仑无法令法国在军事方面保持对内、对外的优势地位，帝国的一切秩序都岌岌可危。① 基于这一缘由，法国第二轮宪法宣誓模式变迁就开始于1814年反法同盟攻入巴黎。从1814年到1870年，法国的宪法宣誓模式同样经历三次变迁，但总体而言法国宪法宣誓制度的第二轮变迁属于对第一轮的复刻，都是由君主立宪式的宣誓模式转向共和制的宣誓，再在共和宣誓模式的基础上通过一系列元老院法令将宣誓模式变更为资产阶级君主集权制下的宣誓模式。尽管后一轮宪法宣誓模式与第一轮高度相似，但二者之间仍然存在两个区别：第一个差异为1814～1870年宪法宣誓变化的三阶段都保持了单一的掌权者宣誓模式。例如，波旁王朝复辟时期的君主立宪制宪法《1814年宪章》《1830年宪章》规定了国王宣誓遵守宪章；②法兰西第二共和国时期《1848年宪法》规定了共和国总统的宣誓；③在第二帝国时期，《1852年12月25日元老院法令》、《1856年7月17日元老院法令》和《1870年5月21日元老院法令》三部宪法修正案对共和制宪法即《1852年宪法》中的宪法宣誓规定进行修改，逐步将共和制宣誓模式过渡至强制宣誓主体宣誓效忠宪法及皇帝的帝国式宣誓模式。④ 第二个差异为法兰西第二帝国宪法未将皇帝纳入宣誓主体，宪法仅规定了摄政者和立法、行政、司法、军事部门的官员及公职人员的宣誓。

---

① 董建萍：《西方政治制度史简编》，东方出版社1995年版，第112页。

② 《1814年宪章》第74条：国王及其继承人在加冕典礼上宣誓忠诚地遵守本宪章。《法兰西宪法典全译》，周威译，法律出版社2016年版，第164页。

《1830年宪章》第65条，国王及其继承人在登基时向两院联席会议宣誓忠诚地遵守本宪章。《法兰西宪法典全译》，周威译，法律出版社2016年版，第182页。

③ 根据《1848年宪法》第48条，共和国总统在就职前应到国民议会宣誓，内容如下："在上帝和国民议会代表的法兰西人民面前，我宣誓忠于民主的统一的和不可分割的共和国，履行宪法赋予我的所有职责。"

④ 《1852年12月25日元老院法令》第16条，内容如下："我宣誓遵守宪法，并忠于皇帝。"《法兰西宪法典全译》，周威译，法律出版社2016年版，第215页。

根据《1856年7月17日元老院法令》第17条，作为摄政者的皇后或者摄政者进行宣誓，内容如下："我忠于皇帝；我宣誓按照帝国的宪法、元老院法令和法律进行统治；维护国民权利和皇帝称号的完整性；在行使我的权力过程中仅仅考虑忠于皇帝和法兰西；皇帝成年时，将委托于我的权力忠诚地返还于皇帝。"《法兰西宪法典全译》，周威译，法律出版社2016年版，第218页。

根据《1870年5月21日元老院法令》第21条，各部部长、元老院成员、立法院成员、参政院成员、陆海军军官、司法官和公职人员宣誓就职，内容如下："我宣誓遵守宪法并忠于皇帝。"《法兰西宪法典全译》，周威译，法律出版社2016年版，第228页。

回顾两轮法国宪法宣誓模式的变迁脉络能够注意到,每一次宣誓模式转折的关键节点都恰好与法国政体和法制层面发生的变革相合,这一规律蕴含着宪法宣誓制度构建的另一重真相:宪法宣誓制度并不必然需要在一个国家文化和法制传统的土壤中自然孕育而生,在一个如法国大革命影响下因骤变的政治局势而与传统制度割裂的社会,基于现实的需要宪法也能够直接催生并塑造出"被需要"的宪法宣誓模式。

第三章　当代各国宪法宣誓制度对英、美、法模式的继受

17～18 世纪英国、美国和法国的宪制实践先后确立起三种不同的宪法宣誓模式。其中英国模式为标准的君主立宪制影响下以限制君权巩固民权为原则的宣誓模式，具体表现为将宣誓制度与君主登基仪式进行程序性融合。美国联邦宪法所构筑的宣誓制度体现了美国制宪的两大目标：首先是确立联邦宪法在美国法律体系内的高级法地位；其次是通过宪法制度对公权力行使形成制约，由此宣誓制度在联邦宪法中的表现为仅针对具体的掌权者作出强制宣誓要求。在法国曲折的宪法宣誓制度构建历程内诞生了一种较特殊的“双重宣誓”模式，该模式对国家的主权者与掌权者实现了全面覆盖，公民与公职人员都需进行宪法宣誓。上述三种宣誓模式成为 19～21 世纪世界各国建立本国的宪法宣誓制度的主要参考，各国宪法宣誓都能找到对英国、美国、法国模式继承的痕迹。

第一节　英国宪法宣誓的“王国模式”的传播

在 18 世纪世界各国开始掀起政治革新与立宪制宪的风潮时，英国的宪制及其宣誓模式已在没有成文宪法的情况下稳定延续了 200 年。尽管英国的宣誓模式未在宪法中成文化，但其构成要素融合了对君主统治地位的确认和将君权置于宪法、法律之下两方面的内容，恰好满足了实施专制君主制的国家在资产阶级革命背景下的政治与法律制度转型的需求，因此 18～19 世纪宣誓的“王国模式”在欧洲大陆众多王国、公国的宪法中多有出现。除了因地理位置与文化较近等因素而自动发生在欧洲大陆国家宪法内的宣誓模式辐射，英国肇始于 16 世纪的殖民活动在为英国取得大面积殖民地的同时，在客观上将英国的宣誓模式以被动植入的方式融合进各殖民地的法律制度体系内，最终使

该模式在18～20世纪中跨越了地理和文化的藩篱,从大西洋岛国迁移到欧洲、美洲、亚洲和非洲大陆的多个地区。

一、18～19世纪“王国模式”的宪法宣誓

18～19世纪英国式的宪法宣誓模式主要分为两种表达方式。第一种为欧洲大陆一批由君主专制转向实行君主立宪制的国家,其立宪过程中对宪法宣誓制度的构建表现出与英国的宣誓模式极为相似的表达方式。第二种为英国殖民地的宪法中存在的对来自英国本土的法律制度的服从式接受,其中英国的宪法宣誓模式在这些地区属于一种制度性继承。

(一)欧洲大陆国家的宪法宣誓

欧洲大陆国家的宪法宣誓模式具有“英国特色”。18～19世纪整个世界都被政治制度变革的浪潮席卷,传统的君主制国家纷纷仿效英国政制在政体上接受君主立宪制度并改革法律制度推出君主立宪制宪法,这一特点在欧洲大陆国家表现得较为明显。欧洲国家在18世纪晚期陆续出现资产阶级运动,而半个世纪之后欧洲大陆上的绝大部分国家已爆发了革命。不断蔓延的革命潮流冲击着长期统治欧洲大陆的君主专制制度,而此时因基本完成工业革命而保证了国家强盛,并在资产阶级政治运动大势中维持君主制平稳延续的英国就成为当时欧洲大陆国家制度改革时期最具价值的参考。比较这一时期立宪制宪法对宣誓制度的规范能够看出,19世纪涌现的欧洲各个君主立宪国的宪法宣誓在制度构建方式上基本保持一致,都选择将先已存在于英国宪制内的宣誓要素提炼并固定为具体制度纳入成文宪法。宪法宣誓制度的具体表现为,蕴含资产阶级立宪原则的宣誓制度与君主国传统的权力交接仪式“登基典礼”实现了融合。例如,1814年《挪威宪法》规定君主在登基时必须前往国会进行宣誓。① 类似的规定也出现在同一时期的比利时、意大利和普鲁士等欧洲大陆主要的君主立宪国的宪法中,比较18～19世纪欧洲君主立宪制国家宪法

---

① 1814年《挪威宪法》第9条:国王既达成年而亲政时,须在国会宣下列之誓词,“朕立约并宣誓:愿照宪法及法律,统治挪威王国,惟神明及其福音实佑助之。倘国会不在开会期间,则书明誓词,存记于国务院并于次期国会中,由国王重行宣述,或以书状派遣代理人宣述之”。《世界现行宪法》,商务印书馆编译所译,商务印书馆1916年版,挪威宪法篇第2页。

中的宣誓规定,绝大多数国家君主在登基时的宣誓行为成为国家权力转移的必要环节,拒绝宣誓甚至会导致君主无法顺利继位。①

另外,各个立宪君主国宪法宣誓制度的内在意涵也基本趋同,都选择通过明文规定的方式将君主作为宣誓主体使之宣誓接受宪法和法律的约束,最终以君主宣誓遵循法律进行统治的承诺置换宪法对君主统治地位的承认和维护。英国在历史的不同时期以多部宪法性文件对宣誓与君主地位等问题进行递进式规范,在国家政制变更的过程中对宣誓模式不断调整以达到制度与政治适应,最终形成一套较为稳定的立宪制宪法宣誓的方式。欧洲大陆实行君主制的国家多选择直接在同一部成文宪法中将国家政制和宪法宣誓进行统一规范。因而,18 ~ 19 世纪欧洲君主立宪国的宪法宣誓制度虽然被归类为对英国模式的吸纳延续,但总体而言欧洲大陆国家宪法中的宪法宣誓制定法的风格更鲜明,一个时期的政治制度和宣誓制度之间不容易出现割裂感。

值得注意的是,虽然欧洲大陆国家的宪法较完整地采纳了英国宣誓模式的关键要素,并在将宪法宣誓制度朝制定法方向发展方面实现了一些适应性调整,但比较英国在宣誓制度建立过程中通过一系列宪法性文件将效忠宣誓和至尊宣誓等要素进行针对性清理,欧洲大陆君主国的宪法宣誓制度因缺乏此环节而显得更加“保守”。出现这一差异的缘由如下:一方面是欧洲大陆国家君主立宪的政治实践和宪法构建基本同时进行,未留下足够时间让立宪制度与社会现实磨合。当时欧洲大陆的主要国家如法国、奥地利、普鲁士及撒丁王国(意大利)的立宪制宪法都出现在国内爆发革命危机之后,相较于英国君主立宪制度建立所经历的数个世纪的政治法律调试和文化价值融合,欧洲大

---

① 1830 年《比利时宪法》第 80 条:国王以满十八岁为成年。国王于两院合会之中,非依左式宣布之誓辞后,则不有其位。所誓、为守我比利时国民之建国法及诸法章,并保有国之独立地全局之事。《世界现行宪法》,商务印书馆编译所译,商务印书馆 1916 年版,比利时宪法篇第 14 页。

1848 年《撒丁王国宪法》第 22 条:国王既嗣王位时,于两院集会前宣应确守宪法之誓。《世界现行宪法》,商务印书馆编译所译,商务印书馆 1916 年版,意大利宪法篇第 4 页。

1848 年《普鲁士宪法》第 54 条:国王以满十八岁为成年。国王当宣誓于两院合会之前,确守王国宪法,不得违犯,切遵由于宪法及法律而行政务。《世界现行宪法》,商务印书馆编译所译,商务印书馆 1916 年版,普鲁士宪法篇第 9 页。

陆国家的君主立宪进程仿佛是一架“突然被上了发条”的机器。① 由于欧洲大陆国家君主立宪制的建立被集中压缩在18世纪末至19世纪中期的半个世纪内，尽管搭建起一套大致相似的制度框架，却是一种在资产阶级政治革命和工业革命技术改造的双重推力下被催熟的产物，过分迅猛的运动式制度构筑方式导致旧制度的遗留仍旧盘亘于欧洲大陆君主立宪制国家社会、政治、法律的各个层面。

另一方面，欧洲大部分君主制国家的君主接受立宪的主要动因是基于外部刺激而非内在需求，并且长期的君主专制传统也使这些国家的资产阶级在推动立宪制宪法制定时，习惯性对君主的实质权力多有保留。譬如意大利在1848年制定的《撒丁王国宪法》中君主虽宣誓遵循宪法和法律进行统治，但依据该宪法的规定，君主不仅切实拥有行政权，还拥有立法的权力。② 并且由于宪法对君权的保留，宪法内的宣誓制度也随之进行了适应，意大利宪法中君主以外的其他宣誓主体之宣誓外观就呈现出效忠宣誓要素和资产阶级宪法宣誓要素的复合结构。与意大利宪法宣誓制度的情况类似，德意志地区的多个邦国宪法也展现出较多的专制残留，如德意志邦联成员巴伐利亚王国宪法内的宣誓制度就强制要求国内的议员及官吏向君主宣誓效忠。③

（二）英国殖民地及半殖民地的宪法宣誓

尽管1787年美国独立运动使英国失去了北美大片殖民地，但在18～19世纪的200年间英国海外殖民地及半殖民地的面积总体是不断增长的，随着美洲、大洋洲、非洲、亚洲殖民地、半殖民地被纳入大英帝国势力版图，英国的法律传统及宪法宣誓模式在客观上也被植入了这些地区殖民地的法律体系中。然而，不同殖民地在各方面的巨大差异让英国的宣誓制度在融入殖民地、半殖

① 法国1789年大革命后制定的第一部宪法《1791年宪法》为君主立宪制宪法，意大利1848年资产阶级革命的爆发推动了1848年《撒丁王国宪法》的制定，开启普鲁士君主立宪制进程的《1848年宪法》由1848年革命直接推动。

② 1848年《意大利宪法》第5条：行政权属于国王一人。第10条：国王有起草法律之权。《世界现行宪法》，商务印书馆编译所译，商务印书馆1916年版，意大利宪法篇第1～2页。

③ 《巴维利亚（巴伐利亚）宪法》第25条：议会之议员每人应按下列誓文宣誓文曰。吾宣誓愿忠信于国家、王。服从于法律。遵守宪法而维持之。在议事时。惟存国利之念。依吾诚意深信而议事。不执偏见为奸。维上帝及其圣子辅助吾力。克尽斯愿。《世界现行宪法续编》，商务印书馆编译所译，商务印书馆1913年版，巴维利亚宪法篇第20页。

民地政制的过程中逐渐分化出两种不同的表现形式:第一种是宣誓的英国模式直接被宪法确定为本地的宣誓模式,这一制度不仅约束殖民地的官员,也同样作用于殖民地的居民;第二种是殖民地与半殖民地宪法同样比照英国法律对英国宣誓模式进行引入,但宣誓制度仅针对殖民地的少数统治阶级,殖民地中占绝对多数的本土居民群体被排斥在外。

第一种宣誓的表现形式多存在于加拿大、澳大利亚、新西兰等英属殖民地的宪法中,由于当时无论是北美洲还是大洋洲殖民地内的居民主要由英国国内及欧洲其他国家的移民组成,因此直接套用英国的法律规范构建殖民地的政治制度对于英国本土和殖民地双方而言都比较容易接受。以加拿大1867年公布的《英属北美洲法令》为例,在这部宪法的宣誓制度规制下,加拿大立法和行政系统的公职人员都被列为宪法宣誓的主体,并遵照英国式的宣誓模式实施宣誓。① 虽然加拿大宪法宣誓制度以成文宪法的方式确定,与英国的宣誓制度在规范方式上存在一定差异,但二者间继承与被继承的关系是显而易见的。参考加拿大1867年宪法在前言部分对该法制定作出的说明,加拿大制宪的意义在于宣告加拿大地区的政治实体与法制体系都归属于英国的统治之下,兼之该宪法声明加拿大殖民地性质为英国的“属国”,其立法的原则和依据都与英国法律制度保持一致。② 由此可以认为,加拿大1867年宪法中与宣誓相关的法律规定都属于对英国宣誓模式在殖民地的直接适用。

但北美洲及大洋洲殖民地对英国宪制及宣誓模式的继承方式并不能在世界范围内的英属殖民地实现全面覆盖,亚洲、非洲的英属殖民地及半殖民地,当地宪法宣誓制度对英国模式的接受就多以第二种宣誓制度的表现形式存在。例如,在1858年维多利亚女王《告印度人民书》中就明确提到了印度殖民地成文法的制定当以英国法为基础的法律制定原则,同时强调依该原则制定

---

① 《加拿大宪法》第61条:省长莅任之初。于总督或总督所遣代表之前。宣缮忠诚及尽职之誓。其誓文与总督所用同。第128条:凡加拿大元老院或众议院议员。应于任事之先。当总督或其委员前宣缮誓文。《世界现行宪法》,商务印书馆编译所译,商务印书馆1916年版,加拿大宪法篇第19、41页。

② 1867年《加拿大宪法》前言有规定:“今以加拿大 Canada 奴佛斯科希亚 Nova Scotia 纽勃仑斯韦克 New Brunswick 诸省。既表示其志意。愿订盟而联合为一属国。以受隶于大不列颠及爱尔兰联合国之王权下。并愿有宪法以资遵守。此宪法之主义。当与大不列颠及爱尔兰联合国所采者相近似。”《世界现行宪法》,商务印书馆编译所译,商务印书馆1916年版,加拿大宪法篇第1页。

的印度法典是适用于印度居民的法。[①] 以上例子表明在此等法律制度系统内，英国的宪法宣誓模式在不断向外扩张的过程中又聚齐了发展出一种独特"亚型"之各要素。

比较英国本土和北美、大洋洲等殖民地的宪法宣誓制度，亚非英属殖民地及半殖民地宪法文件内的宣誓制度更多时候都在殖民者和被殖民者群体间以"双轨"的形式运行，这意味着亚洲、非洲英属殖民地、半殖民地的宣誓制度仅能被认为是一种对英国法律中宣誓的"王国模式"极狭隘、割裂的植入。尽管从法律规定的实在角度观察，英国的殖民活动确实将英国的宣誓模式带入了世界各地的宪法制度中，然而，在亚洲、非洲的殖民地内部，英国殖民者选择以割裂法律实施的方式对殖民地法制进行改造，使英国法律制度及其内部宣誓的规则仍旧只对英国公民实现覆盖。从对殖民地控制策略的角度看，殖民地统治阶层在达到限制亚洲、非洲殖民地中非欧裔居民参与殖民地政治治理这一目的的同时，在客观上极大稀释了英国式的宪法宣誓模式能够对殖民地本土的居民群体、社会意识及法律制度发挥的影响力。

二、20 世纪"王国模式"的宪法宣誓

19 世纪末至整个 20 世纪，以英国为代表的立宪制宣誓模式仍旧在世界范围内持续发展，该模式在欧洲大陆立宪制国家宪法内的地位趋于稳固，宣誓制度在宪法中的修改主要表现为在维护宣誓的"王国模式"主体框架完整的基础上针对制度的具体内容作出调整。在欧洲之外的其他地区进入 20 世纪后，随着英国国力的衰落，其对海外殖民地与半殖民地控制力被削弱，以英国宣誓为代表的"王国模式"在世界宪法宣誓规范中明显陷入低潮。

第一次世界大战结束后曾在 18 ~ 19 世纪大量涌现的立宪君主国数量开始减少，欧洲政局的重组让宪法宣誓制度中"王国模式"的实际存在范围大大缩小，新的政治局势促使保留君主制度的国家对宪法进行修改，进一步限制君主权力、阻断王室对国家政治和法律的实质干预等清除旧宪法中的封建残余的

---

① 何勤华主编：《法律文明史——近代亚非拉地区法》（第 12 卷亚洲法分册），商务印书馆 2019 年版，第 10 页。

措施成为这一时期宪法修改的主流。[①] 这一过程中,20 世纪君主立宪国的宪法宣誓制度也较 18～19 世纪宣誓制度表现出更多的民主特征。在 19 世纪制定的宪法宣誓制度中,大部分君主之外的宣誓主体的宣誓内容中存在宣誓维护君主权力(利益)的要求。[②] 在 20 世纪君主制国家的宣誓制度中,由于宪法中的君权从限制实权转向虚权,原先宪法规范中维护君主权力、权威的宣誓内容更多转化为宪法宣誓制度通过宣誓主体传递对国家立宪君主政体的确认。可以认为,20 世纪欧洲大陆国家宪法宣誓制度中的"王国模式"在该制度规范的领域不再具有优势,但对于封建专制残余的清理使其形式与英国确立的宣誓"王国模式"更加贴近。

宪法宣誓中的"王国模式"在美洲、亚洲、非洲的大范围衰落时间较欧洲稍晚,尤其是亚洲和非洲地区,直到第二次世界大战结束这些地区成文宪法中的宣誓制度以"王国模式"进行规范的比例都维持在高位。"王国模式"的宣誓制度在亚洲、非洲宪法中的流行,除了 20 世纪上半叶英国在此两大洲仍保有大面积殖民地,英国的宣誓模式随着不断颁布的殖民地法令被植入当地法律系统内的原因之外,亚洲多个封建专制国家在 20 世纪初开启了君主立宪的制宪进程也是世界范围内宣誓制度的"王国模式"比重不降低的另一个重要原因。但随着第二次世界大战再一次改变 16 世纪殖民时代所开创的世界政治格局,以英国为代表的殖民体系在世界范围内彻底崩溃,各大洲殖民地在取得独立地位的同时,新兴国家通过制定新宪法大面积废除了君主制及君主体制下的宣誓模式。[③] 此后,宪法宣誓制度中的"王国模式"不再占据宪法宣誓制度的主流地位。

---

① 20 世纪前期欧洲传统的君主立宪制国家,法国、葡萄牙、俄罗斯帝国、奥匈帝国、德意志帝国相继结束君主制度,国家政体的变更引起了宪法宣誓制度的革新,在此过程中前述欧洲国家宪法宣誓的"王国模式"或者被替换,或者被直接取消了。

② 1819 年《瓦尔敦巴尔(瓦尔登巴尔)宪法》第 163 条规定的议员誓词为,……在议会办事时,以国王与祖国不能分立之利益为前提。1864 年《希腊宪法》第 64 条规定议员宣誓为,……予誓对国对王、尽忠效劳。《世界现行宪法续编》,商务印书馆编译所译,商务印书馆 1913 年版,瓦尔敦巴尔篇第 31 页、希腊宪法篇第 14 页。

③ 据《成文宪法——通过计算机进行的比较研究》对 1956～1965 年世界范围内宪法的统计,在宪法中取消世袭君主制的比例为 78.4%。[荷]亨克·范·马尔塞文、格尔·范·德·唐:《成文宪法——通过计算机进行的比较研究》,陈云生译,北京大学出版社 2007 年版,第 186 页。

第二节　法国宪法宣誓的“双重模式”的发展

宣誓的“双重模式”首先在法国《1791 年宪法》中出现,该模式在 18 ~ 19 世纪为第一阶段,这一时期“双重模式”的宪法宣誓规范主要特征为宣誓主体的范围极为广泛,国家普通民众和国家公职人员都被囊括进法定的宣誓主体之中。宣誓的“双重模式”除了具有宣誓主体构成的“双重”意义,还具有获得“积极公民”身份和“公共职务”身份被承认的“双重”意义。宣誓的“双重模式”在 20 世纪后实现了重构,由单独的宪法宣誓制度转变为宪法制度与行政法制度“双重”结合下的统一宣誓制度体系。

一、18 ~ 19 世纪“双重模式”的宪法宣誓

正如前文讨论的法国宣誓“双重模式”的构建与法国大革命引发的社会、宗教各方面制度变革存在太过密切的绑定,革命过程中突发、反复的现实因素在促使这一新的宣誓模式诞生的同时,严重削弱了其作为一项宪法制度的稳定性。从宣誓的“双重模式”在法国实施的结果上看,1790 年法国立法议会通过的旨在强制国内宗教人士宣誓效忠宪法、效忠法兰西的《宣誓法》,以及与《宣誓法》的规范原则一脉相承的《1791 年宪法》内宪法宣誓制度的相关规定造成了法国社会的巨大割裂。有数据统计“双重模式”宣誓制度实施后,法国 2400 万成年男子中获得选举权的仅有 430 万,法国国内大量保王党与反对派宗教人士是拒绝遵从宪法进行宣誓群体的主力,社会中存在数量如此庞大的被剥夺政治权利的“消极公民”群体进一步加剧了法国政治的动荡,这也导致该宣誓模式在《1791 年宪法》实施期间并没有充分发挥宣誓制度设计时所预想的影响。① 比较法国宪法宣誓制度在不同阶段的发展历程,法国宪法宣誓制度真正按照“双重模式”制定规范和实践的时间极短,从 1791 年 9 月 13 日法国历史上第一部成文宪法被批准到 1792 年 9 月 22 日法国国民议会宣布废除君主政体,《1791 年宪法》及君主立宪制下的宪法宣誓制度仅实行一年即告终结。虽然宣誓制度在后续新制定的法国宪法中被恢复,但无论是依据共和制原则

---

① 董建萍:《西方政治制度史简编》,东方出版社 1995 年版,第 107 页。

制定的宪法，还是依据君主立宪原则制定的宪法（包括波旁王朝复辟和拿破仑帝国时期），宪法宣誓的“双重模式”再没有在法国被启用。

从法国的宪法规定中退隐后，宪法宣誓的“双重模式”并没有就此消亡，而是在临近法国的德意志地区得到了延续。19世纪初德意志邦联的部分加盟国选择以“双重模式”的形式构筑本国的宪法宣誓制度。从宪法宣誓的制度外观上看，巴伐利亚王国、萨克森王国在19世纪前期制定的宪法除了将君主、官员列为宣誓主体之外，也针对国民的宣誓进行了明确规范。例如，1818年《巴伐利亚宪法》规定，居住在巴伐利亚的普通公民和担任公共职务的人同样有宣誓效忠君主和国家法律的义务。① 而1831年颁行的《萨克森宪法》对宣誓主体范围的划定较之前者明显更进一步，除了加诸世俗层面的国民、官吏以宪法宣誓的义务，宪法还要求宗教领域的教职人员对君主、宪法实施与前者等同的宣誓。② 然而，与法国宪法中存在的宣誓“双重模式”相比，前列德意志地区的两个王国宪法所确立的宣誓制度并没有以宣誓赋予国民政治权利的意图，宪法内宣誓主体对国民实现无差别覆盖的规范方式，旨在进一步强调立宪制度下国民仍对君主及以君主名义颁行的法律存在效忠义务。进入19世纪下半叶，汉堡作为德意志帝国内的“自由城市”，③其于1879年制定的宪法对宣誓制度进行了规范，相较于巴伐利亚、萨克森等王国宪法，《汉堡宪法》中的宣誓模式无论是宣誓主体构成还是宪法宣誓具有对“积极公民”身份进行确认的意义，都与法国《1791年宪法》建立的宣誓制度一致。④

总体而言，法国宪法创制的“双重模式”宣誓在18～19世纪宪法宣誓制度中传播的范围较小，主要集中在传统的大陆法系国家，如欧洲法兰西本土和临

---

① 1818年《巴维利亚（巴伐利亚）宪法》第十章第3条：无论何人。在其择定住宅于国内及宣告归化服从之志愿时。又凡官吏在其履任时。皆须宣诵下列誓文。其文曰、[吾宣誓愿忠信于国王。服从于法律。及遵守宪法。维上帝及其圣子辅助吾力。克尽斯愿。]《世界现行宪法续编》，商务印书馆编译所译，商务印书馆1913年版，巴维利亚宪法篇第23页。

② 1831年《撒克逊（萨克森）宪法》（1831年9月4日公布）第139条：“全国人民以及基督教会职员之誓文。除忠顺于国王与法律之明文外。尚须包含遵守宪法之志愿。”《世界现行宪法续编》，商务印书馆编译所译，商务印书馆1913年版，撒克逊宪法篇第23页。

③ “汉堡自由市”：依据德意志帝国宪法，汉堡市被定义为城市国家，是拥有独立制宪权和自治政府的政治实体。

④ 1879年《汉堡宪法》第4条：“汉堡之市民权利。属于凡汉堡人之对宪法立誓、而嗣后未尝损失此资格者。市民资格之得失、及其对于宪法立誓之誓文。皆由法律规定之。”《世界现行宪法续编》，商务印书馆编译所译，商务印书馆1913年版，汉堡宪法篇第1页。

近法国的德意志部分地区。相较于被大面积移植于世界各地，但不时因制度需要进行本土化适应而不断进行细微调整的英国宣誓模式，法国的宪法宣誓模式在传播过程中没有出现突出的制度结构调整，这一情况也侧面展现了大陆法系国家对制定法存在更高稳定性追求的特点。

二、20世纪“双重模式”的宪法宣誓

进入20世纪后，以公民与官员同等宣誓遵从宪法为特征的双重宣誓模式在宪法宣誓制度规范中的比例进一步萎缩，在笔者搜集的20世纪制定并颁行的宪法文本中，没有新的成文宪法直接按18世纪出现在法国宣誓制度中的“双重模式”对宣誓制度进行规范。① 在一些国家的宪法、法律针对宣誓制度的实际构建过程中，公民宣誓与宪法宣誓在具体规范上进行了脱钩处理，成为广义政治宣誓的构成部分，与宪法宣誓制度共同组成了一种新的宣誓的“双重模式”。

中华民国宣誓制度的构造就具有明显的重构后的“双重模式”特征。在民国法律系统中，宣誓制度的“双重模式”主要表现为宪法与行政法规相结合的外观，即宪法中仅存在针对掌权者作出宣誓的强制性规定，但同时公民的宣誓在套用宪法宣誓模型的基础上以政府颁布的宣誓条例、细则等行政法规实现规制。孙中山在国内构建宪法宣誓制度时认为，不论国家官员还是普通民众都应当作出忠于民国的宣誓：“凡文武官吏军士人民当一律宣誓，表示归顺民国，而尽其忠勤。”②分析孙中山主张的宣誓制度结构可以认为，他计划在中华民国构建的宣誓制度更贴近于法国宪法宣誓制度的“双重模式”。但在1912年中华民国临时政府成立时，民国成立的法律依据《中华民国临时政府组织大纲》并不是一部成文宪法典，其中也没有确立宪法宣誓制度，并且由于当时国内反对意见，孙中山预想中公民、官员共同宣誓效忠民国的宣誓形式并未得到普遍接受，于是在其就任临时大总统并进行宣誓的实践中仅出现了总统宣誓的部分。直到1913年国会在袁世凯的主导下率先赶制出《大总统选举法》，宪

---

① 这些文献包括：《欧战后各国新宪法》《欧战后各国新宪法二编》《欧战后各国新宪法三编》《世界联邦共和国宪法》《世界现行宪法》《世界现行宪法续编》《世界新宪法》《宪法要览》《法兰西宪法典全译》《英联邦与殖民地法律》。

② 黄彦编：《孙文选集》，广东人民出版社2006年版，第66页。

法宣誓作为一项正式的法律制度在民国被确定下来，但这份宪法性文件同样也只确认了国家总统为宣誓主体及其宣誓的内容，而没有提及其他官员、公民是否需要进行宣誓。[①] 以袁氏《大总统选举法》为开端直到1947年《中华民国宪法》正式实施，民国历史上曾先后出现过一系列宪法及草案，在相关的宪法条文中都没有关于公民宣誓的直接规定。

民国时期普通公民的宣誓始终没有出现在宪法的明文规范内，其制度通常以政府规章的形式进行规定，并且在整个民国的宣誓体系中官员宣誓和公民宣誓也不在同一时间出现，由宪法规定的官员宣誓制度明显较以政府规章进行规范的公民宣誓出现时间更早。1913年通过宪法性文件规定了以总统为代表的官员宣誓规范后，1929年国民政府才颁布了《乡镇自治施行法》，该法第7～9条规定了乡镇公民的宣誓内容。随后1930年南京国民政府内政部公布的《市公民宣誓登记规则》将市民也纳入公民宣誓的主体范畴。最后1930年年底制定的《宣誓条例》对《乡镇自治施行法》和《市公民宣誓登记规则》分别规定的宣誓主体进行了统合，公民宣誓的主体范围对镇乡和城市的居民实现了全面覆盖。

民国时期的宣誓制度从法律规范的层级上看公民宣誓制度属于行政法规，低于宪法宣誓制度，但其在国家治理中仍然占据重要的地位，实施公民宣誓是城乡居民转变为拥有政治权利的公民的重要标志，而公民的身份可以被看作宪法宣誓主体资格获得的前置条件。对此制度实施的意义民国时期社会各界也基本持统一认识，1936年国民大会选举前，上海市（国民）党部发布的宣传文章《公民登记及公民宣誓应有之认识》认为："凡经公民登记宣誓之人，即取得公民权……而可参加本年国民大会之选举，故此举实为人民参与国家政治之先决条件。"[②]同年《南声旬刊》于8月10日刊载的《公民登记宣誓之意义》一文也认为，实施公民宣誓关乎公民获得政治权利及施展政治权利各方不应敷衍了事，必须以"庄严隆重之精神，真诚殷勤之态度临之"。[③]

---

① 《大总统选举法》第4条："大总统就职时，须为左列之宣誓：余誓以至诚遵守宪法，执行大总统之职务。谨誓。"赖骏楠编著：《宪制道路与中国命运：中国近代宪法文献选编（1840—1949）》（上卷），中央编译出版社2017年版，第460页。

② 上海特别市（国民）党部：《公民登记及公民宣誓应有之认识》，载《上海党声》1936年第2卷第15期。

③ 林慕元：《公民登记宣誓之意义》，载《南声旬刊》1936年第50期。

由于宣誓“双重模式”的结构形成与法国大革命影响下的法国社会对人民主权和人民权利的制度性追求有极深的牵连，其与法国革命进程及历史背景高度契合的特征让“双重模式”在所有宪法宣誓模式中最为独特：宣誓制度因主权在民、社会契约等民主立宪原则而具备了约束掌权者的意义，同时因为大陆法系国家制定法的传统，宣誓制度又被增添了赋予公民权利的意义。宣誓的“双重模式”与法国、德意志等欧洲大陆国家的历史传统和革命进程紧密关联的现实，也导致这一模式从最开始就更易随时代潮流的变化而改变，并且较英国和美国的宣誓模式欠缺外向的大范围传播的特质。

第三节　美国宪法宣誓的“控权模式”的继受

正如大革命开启了法国历史乃至人类历史上关于宪法模型的漫长试验，美国建国和制宪历程也归属于人类历史上一次绝无仅有的政治制度和法律制度的实验。旧大陆的法律传统及规则在北美殖民地突然失去了一切强制力保障，最早一批先辈移民依靠相互间的简单契约维系着移民群体基本的秩序并成功建立起殖民地，显然既有的权力与制度理论都无法概括发生在北美荒原上的一切。北美殖民地建立的特殊经历成就了独特的美国宪法，并以此为基础建立起一种“依据成文宪法分配政治权利且权力行使者受制于法治的政体”。[①] 在此政治传统的影响下，控制“掌权者”的权力正是美国1787年《美利坚合众国宪法》所创制的宣誓制度最为突出的特征。美国宪法及“控权模式”的宪法宣誓制度在18～19世纪深刻影响了欧洲、拉丁美洲的革命运动和当地宪法制度的塑造，旨在约束国家权力行使者的宣誓“控权模式”，伴随世界政治格局的变动在20世纪成为亚洲、非洲国家宪法宣誓制度规范的主流。

一、18～19世纪“控权模式”的宪法宣誓

18世纪末，美国宪法将宣誓主体范围限制在特定的“掌握权力”的国家公职人员群体内，以此声明宪法宣誓制度能控制权力。接下来整个19世纪“控权模式”宪法宣誓制度发展的主要阵地集中在拉美地区。爆发于19世纪初的

① ［美］爱德华·S.考文：《美国宪法的“高级法”背景》，强世功译，北京大学出版社2015年版，“序言”第1页。

拉美殖民地独立运动是该模式在这一地区迅速扩张的重要动力，独立后的拉美国家建立宪法宣誓制度的方式基本保持一致，其制度的基础结构套用美国宪法宣誓的框架，又在宪法宣誓实施的具体细节上进行了适应本土文化、政治传统的调整，因此拉丁美洲殖民地独立后一定时期的宣誓制度可以被概括为宪法宣誓制度“控权模式”的拉美式表达。

拉丁美洲独立运动爆发的根本原因在于，欧洲殖民者在拉美地区实行的长达 3 个世纪的殖民统治已经严重阻碍了拉美地区的生产力发展。18 世纪中期的殖民者逐渐放宽的贸易垄断的统治策略虽暂时缓和了殖民地与宗主国的尖锐矛盾，但这一政策本质上又进一步增加了殖民地新兴资产阶级与欧洲殖民者对抗的实力。与此同时，法兰西第一帝国与欧洲各国的战火在欧洲大陆不断蔓延，1808 年拉丁美洲的主要宗主国西班牙、葡萄牙被法国入侵并占领，这一政治剧变不仅使西班牙和葡萄牙对其海外殖民地的控制力被极大削弱，也成了拉丁美洲殖民地的独立运动从酝酿走向爆发的重要转折点。基于相近的殖民地通过暴力革命获取国家独立的历史背景，拉丁美洲地区独立运动中提出的政治和法律制度上的诉求大体与美国相仿，因此在拉丁美洲国家纷纷取得独立并着手制定宪法时，美国的宪法成了极重要的参照模型。

从拉美地区宪法内宣誓制度的规范形式上看，19 世纪 20 年代后独立的拉美国家宪法与美国 1787 年《美利坚合众国宪法》中的宣誓模式几乎不存在差别。以 1857 年公布的《墨西哥宪法》为例：该宪法首先限定了总统、法官以及其他公职人员属于负担强制性宪法宣誓义务的群体；其次，由具体个人实施的宪法宣誓行为具有证明该个体身份从普通公民向国家公职人员转换的标志性意义；最后，宪法宣誓过程中誓言的承诺包含了对宣誓者未来履职的行为具有约束力的前置性强制。① 而同样的宣誓制度规范方式也在 19 世纪拉美国家的

---

① 《墨西哥宪法》第 83 条：“总统就职之时。当在国会或国会闭会时之常设委员前。为以下之誓言。余以决心。允许遵守墨西哥联邦之宪法、与宪法修正案、改革法、及由此而发生之其他法律。且显令他人遵守之。又以忠实爱国之忱。履行人民寄与于余之总统职务。常注意联邦之幸福及光荣。罔敢或失。”第 94 条：“最高裁判所之判事。当就职之初。须在国会、及国会闭会时之常设委员前。为下式之宣誓。汝果立誓。以忠敬爱国之忱。履行人民所寄与之最高裁判所判事之职务。遵守宪法。以图联邦国之公安及荣誉乎。”第 121 条：“不论何种官吏。当就职之初必须宣誓维持此宪法及由此发生之法律。”《世界现行宪法》，商务印书馆编译所译，商务印书馆 1916 年版，墨西哥宪法篇第 34、38、45 页。

宪法宣誓制度构建过程中一以贯之,无论是1829年制定的《乌拉圭宪法》还是1897年颁行的《厄瓜多尔宪法》,前述宣誓制度的规范性要素都反复出现。值得注意的是,即使美国和拉丁美洲国家宪法宣誓在制度外观上呈现出较多的一致性,我们仍然不能就此认为二者属于完全复刻的继承关系。事实上,拉美国家宪法及其内部制度构造的基础都与美国存在极大差异,而这些差异也足以影响我们对拉美地区宪法宣誓的"控权模式"的认识。

以拉丁美洲新兴独立国家的现实背景对这一地区宪法及宪法秩序构建进行比较,实现独立前的拉美地区和它的北美近邻相比,即使同为殖民地,但二者的政治制度和社会治理方式已存在本质性差别。西班牙和葡萄牙作为欧洲大陆国家,其对拉美殖民地的统治更贴近绝对君主专制的大陆治理模式,不同于英国更专注于攫取殖民地的经济利益而比较忽略对殖民地实际管制的统治方式,西班牙、葡萄牙的殖民者显然更热衷于"切实"对殖民地实行统治。拉美殖民地的官僚、法律乃至宗教体系不仅完全按照宗主国的需要构建,西班牙和葡萄牙的统治阶层还存在直接对殖民地进行统治的情况,19世纪巴西帝国的皇室成员本身即出自葡萄牙王室,就属于拉美殖民地的政治受宗主国直接操纵的强有力证明。

西班牙、葡萄牙的高压统治措施导致拉丁美洲殖民地几乎不存在自主形成政治制度的余地,因此在19世纪独立运动后取得独立的拉美各国的政治及法律仍然存在浓厚的殖民时期制度传统的残留。这一现实导致拉美国家的宪法虽然在宪法内容和具体规范等方面效仿美国宪法,但法律的制定和公布都没有经历美国宪法制定时平等协商的过程,而是主要在社会新兴精英兼寡头阶层的推动下出台。从宪法制定的角度看,拉美国家宪法的制定明显更贴近欧洲大陆国家自上而下推行法律的风格,尤其与法国大革命时期法国宪法制定的方式类似。甚至结合拉美国家独立后的政治状况和宪法宣誓实践可发现,虽然拉美宪法内诸如宪法宣誓制度等系列宪法制度具备了"控权模式"的外部框架,但现实中的宪法实践却在拉美地区"考迪罗"模式①的统治下逐渐显

① "考迪罗"(Caudillo)是西班牙语的音译,原意为军事"首领"或"领袖",后引申为"独裁者"。考迪罗制是指拉美独立后各国普遍建立的一种独裁统治的政治制度,是大地主阶级专政的特殊形式。在拉丁美洲,凡是通过政变攫取政权并以暴力维持独裁统治者都可被称为"考迪罗"。程向东主编:《新编世界近代史辞典》,陕西人民教育出版社1990年版,第312页。

露出与宪法条文中“控权模式”的宣誓制度规范错位的情况。

二、20世纪“控权模式”的宪法宣誓

20世纪是宪法“控权模式”的宣誓制度急速发展的世纪,该宣誓模式从美洲地区转移到欧亚大陆及非洲地区,并逐渐取代宣誓的“王国模式”成为当地宪法宣誓制度的主流,这一过程大致经历了两个阶段:第一阶段主要特征为宪法宣誓的“王国模式”衰落及“控权模式”的扩张;第二阶段主要特征为宪法宣誓的“控权模式”最终取代“王国模式”,成为该制度领域规范的主流。20世纪初继拉丁美洲的宪法实现宪法宣誓制度“控权模式”的全覆盖后,欧洲国家的宪法宣誓制度也开始受到“控权模式”的影响。第一次世界大战加速了“控权模式”的宣誓制度在欧洲地区的宪法中扩张,而这一时期“控权模式”的扩张主要通过两种方式实现:其一为一批老牌的君主制国家在“一战”后君主立宪制度彻底宣告终结,国家的政体由君主立宪制转向共和制,其“王国模式”的宪法宣誓制度也随之被“控权模式”替代。其二为“一战”后部分传统的欧洲大国被瓦解,其中部分地区宣布独立并建立起新的共和国,这些新生国家的宪法选择以“控权模式”对宪法宣誓制度进行规范。

“控权模式”的宪法宣誓制度在亚洲和非洲地区宪法中出现的契机与19世纪拉丁美洲建立宪法宣誓制度的经历较为相仿,但在宪法规范的数量及影响力方面,亚洲和非洲国家宪法的规范方式对世界范围内宪法宣誓制度的主流从“王国模式”转向“控权模式”起到了决定性作用。亚洲地区“控权模式”宣誓进入宪法制度中的时间较早,在20世纪初国际性的政治、经济危机波及亚洲时就出现了。由于亚洲地区长期受本土君主专制及外国殖民统治的双重压迫,亚洲独立运动保留君主制还是建立民主制始终是牵动革命进程的核心议题,最终民主共和国成为亚洲主流而“控权模式”的宪法宣誓也顺利完成制度迁移。非洲地区“控权模式”宣誓制度的构建则较前者稍晚,第二次世界大战导致国际局势的重大变化和“二战”结束后非洲地区独立意愿的高涨,才真正推动了非洲国家独立与宪法及相关制度的建立。此时世界其他地区的宪法与宪法宣誓制度大多属于“控权模式”,作为后起的非洲国家宪法宣誓制度构建的最主要借鉴来源,“控权模式”的宪法宣誓制度也在20世纪60年代之后迅速实现在非洲大陆的扩张。

（一）欧洲地区“控权模式”的宪法宣誓

“一战”后，欧洲国家宣誓制度由“王国模式”向“控权模式”实现转换的代表为德意志宪法与奥地利宪法。在1871年《德意志帝国宪法》中，作为宣誓主体的国家官员及海、陆部队军人都需对君主进行宣誓，此时国家制度为君主立宪制，而宪法中的宣誓制度模式也明显具有“王国模式”的特征。[①] 与此相对应的是“一战”后制定的1919年《德意志共和国宪法》，该宪法在第1条将德意志帝国实行的二元制君主立宪制改换为共和制，并通过宪法规定重新确认国家权力归属于人民。[②] 而后，法律对宪法宣誓制度也比照宣誓的“控权模式”进行了调整，国家总统、其他官吏和国家军人仍属于宪法所确定的宣誓主体，但依据宪法规定前述宣誓主体在就任之前需要作出遵从宪法的宣誓。[③] 与德国宪法宣誓制度变更的情况类似，“一战”导致了奥匈帝国的解体，随后成立的奥地利共和国同样以共和制取代了二元制君主立宪制。1920年颁布的《奥地利联邦宪法》对1867年《奥地利宪法》中的宪法宣誓制度实施了较大的修改，1867年《奥地利宪法》中规定皇帝和司法官员是宪法宣誓的主体，而1920年《奥地利联邦宪法》不再保留该要求，新宪法中宣誓主体的范围被限定在联邦总统和国家其他行政官员范围内，各主体实施宣誓的主旨也更加突出对宪法的遵从和履行职务的承诺。从具体法律规范的角度比较，奥地利共和国的宪法宣誓规范从“王国模式”到“控权模式”存在一个较为明显的转换。

除德意志、奥地利等欧洲传统君主立宪制国家因政治和宪法制度的转变而导致“王国模式”的宣誓在欧洲广大地区的宪法规范中退场之外，第一次世界大战后欧洲新兴国家的出现及这些国家宪法的制定也进一步地挤压了欧洲国家宪法宣誓制度中“王国模式”的存在空间。芬兰即为此类欧洲新兴共和国

---

① 《德意志帝国宪法》第18、50、53、64条。《世界现行宪法》，商务印书馆编译所译，商务印书馆1916年版，德意志宪法篇第11、21、24、29页。

② 《德意志共和国宪法》第1条：德国为共和政体。国权出自国民。《世界新宪法》，商务印书馆编译所，商务印书馆1922年版，德意志宪法篇第1页。

③ 《德意志共和国宪法》第42条：“联邦大总统就任之际。对于联邦议会。作下列宣誓。余誓为德国国民之故。尽余微力。增其利益。除其障害。遵守宪章。顺从法律。从余良心。尽余义务。对于万人。皆行正义。”第176条：“一切官吏及军人当对此宪法宣誓。详细以大总统之命令定之。”《世界新宪法》，商务印书馆编译所，商务印书馆1922年版，德意志宪法篇第15、53页。

的典型,历史上的芬兰曾长期作为瑞典王国统治下的公国存在,在芬兰1772年公布的宪法中就存在芬兰君主需要依据瑞典法律进行统治的明确规定,直到1809年俄罗斯帝国与瑞典王国之间爆发了芬兰战争,瑞典作为失败方将芬兰割让给俄罗斯帝国。① 芬兰1772年版宪法稍作修订后被继续沿用,其中修改后的宪法宣誓制度要求芬兰议会议长的宣誓内容包括维护俄国沙皇权利,通过芬兰宪法对宣誓内容的修改可以确定19世纪的芬兰对俄国在政治上存在附属关系。② 然而,第一次世界大战在摧毁俄国的同时使芬兰获得了政治独立,1919年制定的《芬兰共和国宪法》第24条规定,芬兰总统作为宣誓主体宣誓要遵从芬兰宪法。③ 比较芬兰被瑞典或俄国控制时期作为自治公国所实行的宪法宣誓制度,20世纪的芬兰宪法宣誓显然应当被归类为"控权模式"的宣誓制度。与芬兰共和国类似的经历也在波兰共和国与捷克斯拉夫共和国构建宪法及宪法宣誓制度的过程中重现,在德意志帝国、奥匈帝国和俄国三个崩溃的庞大帝国遗迹上,宪法宣誓"王国模式"退去后留下的大片空白迅速被一批新兴共和国以"控权模式"的宪法宣誓制度填充。

(二)亚非殖民地"控权模式"的宪法宣誓

20世纪后亚洲大面积的殖民、半殖民地区进入独立、革命运动活跃期,两次世界大战分别标志着宪法与"控权模式"的宣誓制度在亚洲传播的两个阶段。第一阶段出现在第一次世界大战前后,国际性的政治、经济危机波及亚洲地区。东亚地区的主要国家中国爆发了推翻清王朝的辛亥革命,东南亚的菲律宾爆发的民族独立战争同印度尼西亚宗教与民族主义相结合的独立斗争一道,冲击着西班牙、荷兰和英国等欧洲国家在该地区建立的殖民秩序。南亚地

---

① 《芬兰宪法》第2条:"国王当依瑞典法律之规定。躬亲治理全国……"《世界现行宪法续编》,商务印书馆编译所译,商务印书馆1913年版,芬兰宪法篇第1页。

② 《芬兰宪法》第23条:在次日上午十句钟。议会开全体大会首先依第二十一条之议员名单点名。并在其会员中、互选议长一人、副议长二人。正副议长、应在全体大会前、宣诵下列之誓词……[余某某当众立誓恪遵宪法。以全力维持俄皇与芬兰大郡王、及议会与芬兰人民之权利。谨誓。]《世界现行宪法续编》,商务印书馆编译所译,商务印书馆1913年版,芬兰宪法篇第20页。

③ 《芬兰共和国宪法》第24条:"当选之大总统于三月一日就职并当日赴总统选举会为下列之宣誓:[余今为芬兰人民选举为芬兰共和国大总统;谨以至诚遵守宪法及其他一切法律;并尽力所能,为人民谋福利。]"《欧战后各国新宪法三编》,邓毓怡译编,中华印刷局1925年版,芬兰宪法篇第8页。

区的印度民族自治斗争以及西亚伊朗、土耳其等地兴起的资产阶级革命都属于本轮“亚洲觉醒”的重要组成部分。在源自西方的民主共和思潮在亚洲地区迅速传播以及第一次世界大战后欧洲政治格局变化的双重作用下,亚洲殖民、半殖民社会开始出现以民主共和制度的形式组织国家政制的尝试。亚洲国家新宪法制定时也将“控权模式”的宣誓制度引介到这些地区,中华民国的制宪及建立宪法宣誓制度的历程即属于20世纪“控权模式”的宣誓制度在亚洲宪法中迁移并扎根的典型。第二阶段开始于第二次世界大战结束后,17世纪以来由西班牙、英国、法国等欧洲国家构建的以现实领土控制为基础直接从殖民地攫取经济利益的旧殖民秩序终结,亚洲更多国家获得独立地位。正如“一战”后欧洲涌现出众多共和国,“二战”后一大批新生共和国也在亚洲成立,以宪法规定具体的权力行使者在就职时实施宣誓、强调国家权力受宪法约束的“控权模式”成为亚洲各国宪法中宣誓制度规范的主流。

非洲地区受欧洲殖民侵略的情况与亚洲相仿,其获得国家独立并建立起现代宪法制度的历程也基本与亚洲地区同步。非洲宪法内“控权模式”的宣誓制度广泛建立时间集中在20世纪60年代左右,这一时期原先的非洲殖民地在获得政治独立的同时掀起了制定新宪法的浪潮,非洲国家宪法建立的“控权模式”宣誓制度在形式上与美洲、亚洲出现的宣誓制度高度近似,其制度的建立也基本采用法律移植的方式进行。20世纪之前由于欧洲殖民者的殖民活动,非洲被并入世界体系之中,其社会、法律乃至宗教信仰都深受前宗主国的影响,这一时期非洲法律体系中开始出现宪法的要素,但无论是宪法概念还是宪法宣誓制度都不能被视为非洲本土的产物。进入后殖民时代,非洲获得独立的一批新兴国家开始真正有机会选择国家政体及法律制度建立的方式,因此20世纪60年代前后可以被认定为非洲国家真正建立本土宪法及宪法制度的重要时间节点。分析比较这一时期非洲国家的宪法及其各项制度,非洲宪法体系内极少存在非洲本土传统的因素,各项宪法规定更多表现出对西方宪法制度借鉴、模仿的痕迹,其中宪法宣誓制度亦是如此。

(三)中华民国“控权模式”的宪法宣誓

中华民国的宪法宣誓制度构建肇始于1912年1月1日孙中山在就任中华民国临时大总统时实施宣誓。但由于此时民国的宪法和宪法宣誓制度都未正式确立，孙中山的宣誓本质上是一种基于宣誓者个人选择而实施的不具法律强制意义的政治宣誓。同年3月10日袁世凯在北京就任中华民国临时大总统也效仿孙中山在就职典礼上实施了宣誓，与孙中山就职宣誓的情况类似，袁世凯实施宣誓时也没有宪法的依据，应当被归类为政治宣誓，但袁氏使用的宣誓誓言较前者出现了明显变化。透过孙中山和袁世凯的政治宣誓实践可以发现，民国的宪法宣誓制度构建存在宣誓实践先于宣誓制度制定的特点，并且民国以“控权模式”设计、制定国家宪法宣誓制度的倾向在正式制宪之前就已初步显现。

中华民国的宪法宣誓制度正式确立于1913年10月5日公布的《大总统选举法》。这一宪法性文件的内容原属于当时中华民国宪法典的一部分，但由于该宪法制定过于缓慢，宪法关于总统选举的部分在政治压力下被提前颁布，《大总统选举法》第4条规定：“大总统就职时，须为左列之宣誓：余誓以至诚遵守宪法，执行大总统之职务。谨誓。”[①]分析民国第一份针对宪法宣誓制度作出规定的宪法性文件，第4条规定的宣誓主体和宣誓内容两部分都能在美国联邦宪法总统宣誓条款中找到镜像式对照规定，显然1913年民国的宪法宣誓制度应当被认定为“控权模式”的宣誓。中华民国的总统宪法宣誓规范参照美国宪法的相关规定并非民国制宪进程中的一次孤立事件，在1913年中华民国掀起的制宪热潮中出现了一系列宪法草案，其中绝大多数草案存在明显的借鉴甚至直接引入国外宪法规范的痕迹。由于这一时期私拟宪草有十几篇之众，限于篇幅及论题相关性本文仅择出对后续制宪会议制定的宪法草案影响更大的“袁系宪草”进行分析。[②]

民国成立之初袁世凯为彼时中国政坛的实权人物，其政治倾向对当时民国宪法的制定存在实质的影响，因而受雇于袁世凯的外籍制宪顾问团在1913

---

① 赖骏楠编著：《宪制道路与中国命运：中国近代宪法文献选编（1840—1949）》（上卷），中央编译出版社2017年版，第460页。

② 现可查考的民初私拟宪草约有15部，按各宪草文本在民国杂志《宪法新闻》刊登顺序分别为：李庆芳宪草、王宠惠宪草、何震彝宪草、汪荣宝宪草、席聘臣宪草、康有为宪草、毕葛德宪草、古德诺宪草、巴鲁宪草、进步党宪草、王登义宪草、吴贯因宪草、彭世躬宪草、华侨宪草、姜廷荣宪草，其中毕葛德宪草、古德诺宪草、巴鲁宪草可并归为袁系宪草。应当注意的是，前列三部宪草虽为袁系宪草，却并非完全为实现袁世凯的个人政治意图而制，其中一些制宪观点甚至与袁世凯的政治主张存在较大分歧。但总体而言，此三部宪草的基本立场与以袁世凯为代表的北洋一系大体一致。

年制定的数份宪法草案对这一时期宪法制度及宪法宣誓制度的构建具有较为重要的标志意义。袁系的制宪方案在具体条款规范上虽各有特色,但将美国和法国宪法作为制定中国宪法的最重要参考来源是其共同特点。在毕葛德、古德诺和巴鲁分别拟定的三份袁系宪草中,由英国宪法学者毕葛德主拟的宪法草案在第 14 条设计了中华民国总统的宪法宣誓规范。依据该条的具体规定,作为宣誓主体的国家总统在就职时必须完成遵守宪法和履行职务的宣誓。[①] 这一法律规定无论是宣誓制度形式还是制度内涵都具有鲜明的"控权模式"特征,并且该宪草制定者在第 14 条的规定后附加的一则立法说明也特别指出,"此条裁定宣誓之词,系摹仿美国总统就任之誓词",也印证了毕葛德版宪草构建的宪法宣誓制度深受美国宪法影响。[②] 由外籍顾问主持制定的其他宪法草案同样也存在大量借鉴自美国和法国宪法的内容。例如,美国政治学者古德诺版宪法草案在对大总统地位的条款进行说明时也承认:"本草案对于大总统之地位,系兼采法美两国之制。"[③]袁世凯聘请的法籍顾问巴鲁制定的宪法草案与毕葛德、古德诺提出的版本类似,亦存在大量以美国、法国宪法规定为蓝本制定的宪法条款。最终,1913 年《中华民国宪法草案》(天坛宪草)基本采纳了毕葛德版宪草在宪法中建立宪法宣誓制度的主张,该法案对宪法宣誓制度的具体规范直接沿用《大总统选举法》中的规范方式进行规定。[④] 自此,源自美国 1787 年《美利坚合众国宪法》的"控权模式"宣誓也被正式植入中华民国的宪法制度之中。

从 1913 年《中华民国宪法草案》公布直到 1925 年《中华民国宪法草案》出台,中华民国北洋政府统治期间出现过多部宪法及修正案,尽管这一时期的宪法以及国家政制都因政局的变化而时常更替,但"控权模式"的宪法宣誓制度

---

① 根据毕葛德版宪草第 14 条,大总统就职时,须在国会宣誓,其誓词曰:"总统之职务,吾必尽忠执行之;民国之宪法,吾必竭诚守护之。谨此宣誓。"赖骏楠编:《宪制道路与中国命运:中国近代宪法文献选编(1840—1949)》(上卷),中央编译出版社 2017 年版,第 411 页。

② 赖骏楠编著:《宪制道路与中国命运:中国近代宪法文献选编(1840—1949)》(上卷),中央编译出版社 2017 年版,第 411 页。

③ 赖骏楠编著:《宪制道路与中国命运:中国近代宪法文献选编(1840—1949)》(上卷),中央编译出版社 2017 年版,第 378 页。

④ 根据 1913 年《中华民国宪法草案》第 59 条,大总统就职时,须为左列之宣誓:"余誓以至诚遵守宪法,执行大总统之职务。谨誓。"赖骏楠编著:《宪制道路与中国命运:中国近代宪法文献选编(1840—1949)》(上卷),中央编译出版社 2017 年版,第 461 页。

基本一以贯之。在1914年《修正大总统选举法》第13条、1919年《中华民国宪法草案》(八年宪法草案)第47条、1923年《中华民国宪法》(曹锟宪法)第75条中,关于宪法宣誓制度的规定大致相同:"大总统就职时,须为左列之宣誓:余誓以至诚遵守宪法,执行大总统之职务。谨誓。"[①]虽然各部宪法对宣誓制度的规范保持一致的做法显示出该制度已初步稳定,但到了民国北洋政府晚期,由于此时国家政制开始表现出强烈的联邦倾向,宪法宣誓制度又产生了一些新的变化。1923年《中华民国宪法》关于国体的规定为"中华民国永远为统一民主国",两年之后段祺瑞政府公布的《中华民国宪法草案》中宪法对中华民国国体的界定已变更为"中华民国永远为民主共和国"。比较民国十四年草案与民国十二年宪法,二者本质上"无大差异",最大的区别在于十四年宪法"联邦主义的色彩订得更为鲜明"。受当时民国政制"联邦化"的影响,中华民国的宪法宣誓制度结构也由原先的民国宪法统一规定宪法宣誓制度,开始朝国宪与省宪中的宣誓制度并存且共同构成宣誓体系的方向变化。在20世纪20年代左右兴起的省宪运动过程中许多省份制定了本省宪法或宪法草案,宪法宣誓制度出现从国宪一级向下渗透到省宪一级的情况。例如,1921年通过的《广东省宪法草案》第48条就比照民国宪法中的"控权模式"宣誓制度规范制定了该省省长的宣誓。[②] 无独有偶,1922年公布的《湖南省宪法》也以同样的方式制定了湖南省内的宪法宣誓制度。[③]

1928年北洋政府倒台后中华民国国体按国民政府于1931年公布的《中华民国训政时期约法》第3条正式恢复为"统一共和国"。在国家政治局势变化和宪法制度改换的双重作用下,北洋政府末期出现的地方制宪潮及省宪内的

---

① 其中1914年《修正大总统选举法》的宣誓规定较北洋政府时期的其他宪法中的宣誓规定稍有出入,但本质上二者仍应视为同类规范。该法第13条规定,现任大总统连任,或当选大总统继任,均应于就职时为左列之宣言:"余誓以至诚遵守宪法,执行大总统之职务。谨誓。"赖骏楠编著:《宪制道路与中国命运:中国近代宪法文献选编(1840—1949)》(上卷),中央编译出版社2017年版,第481页。

② 《广东省宪法草案》第48条:"省长就任时,须于省议会为左列之宣誓:[某某以至诚遵守省宪法及法律,执行省长职权。谨誓。]"泰东图书局编辑:《世界联邦共和国宪法》,泰东图书局1922年版,广东省宪法草案篇第11页。

③ 《湖南省宪法》第49条:"省长就任时须于省议会为左列之宣誓[某某誓以至诚遵守宪法执行省长之职权谨誓]。"沈钧儒、何基鸿编纂:《宪法要览》(下编),商务印书馆1922年版,湖南省宪法篇第8页。

宣誓制度也终告失败，与此同时，民国的宪法宣誓体系将面临再次重构。1935年5月5日，由国民政府公布的《中华民国宪法草案》（五五宪草）通过第98、99、103条的规定，进一步明确界定了省在国家政制中对中央的从属地位。由于当时社会对该宪法草案中关于省、县与中央的关系以及地方行政自治权限的规定存在一些争议，时任中华民国立法院院长的孙科在1940年的国民参政会上，针对五五宪草内容专门进行了解释："……所以省的性质，实为中央行政区，执行中央法令，监督地方自治，其性质及作用，均系代表中央政府，系中央在地方行政区内之行政机关，省实非完全地方自治之区域……"①这一围绕宪草内容的说明在明晰地方与中央结构秩序的同时，终结了民国宪法宣誓制度由国宪与省宪内宣誓制度双轨并行的制度构建尝试。

依据1935年《中华民国宪法草案》第50条的规定，中华民国国民政府时期的宪法宣誓制度应被视为已恢复至由国家宪法统一规定的单轨模式。② 解决宪法宣誓制度构建的路径这一基本问题后，分析五五宪草中宣誓主体的选择和宣誓具体内容各方面的规定，都与民国北洋时期一系列宪法选择效仿美国联邦宪法内的总统宣誓规范组织构建民国宪法宣誓制度的情况高度类似。比较北洋、国民政府的宪法宣誓规定，二者之间唯一区别在于国民政府时代宪法宣誓的誓词内容增加了宣誓者违背宣誓后将接受法律制裁的承诺。此后，民国宪法对该制度的规范方式基本保持不变，国民政府在1947年颁布的《中华民国宪法》完整继承了1935年宪法对宪法宣誓制度的规定。

---

① 杨纪、戴君旷编：《宪政要览·行政述要》，台北，文海出版社1940年版，第42页。

② 《中华民国宪法草案》第50条："总统应于就职日宣誓誓词如左[余正心诚意向国民宣誓余必遵守宪法尽忠职务增进人民福利保卫国家无负国民付托如违誓言愿受国法严厉之制裁谨誓]。"《中华民国法规大全》（第1册），商务印书馆1936年版，中华民国宪法草案篇第2页。

第四章　宪法宣誓制度中的主体与对象

现今世界宪法宣誓被越来越多的国家纳入宪法制度框架内，截至2022年3月，联合国193个成员国中178个国家的宪法规定了宪法宣誓制度，未规定该制度的国家在整个联合国成员群体中仅占不到8%的比例。考察最近10年世界范围内的宪法修改情况，排斥宪法宣誓制度的国家比例还在不断缩小。可以认为宪法宣誓制度在世界范围内不仅属于一种主流制度，而且属于一种具有持续生命力和价值的法律制度。作为一项重要的宪法制度，宪法宣誓制度与内部构成要素在将近5个世纪的发展过程中已发生了一系列变化，这些变化对理解国家政治与法律制度具有重要指引作用。因此本章将按时间的先后顺序研究宪法宣誓制度的发展、变化，围绕具体宪法文本对构成宪法宣誓制度的各个要素进行类型化梳理，以重点列举与数据统计相结合的方式，针对宪法宣誓要素的变迁进行分析。

第一节　宪法宣誓主体的变迁

由于宪法宣誓的绝大部分内容必须依托宣誓主体的实践才可能完成，因而在各个时期的宪法或宪法性文件中，宪法宣誓的相关规范都显示出鲜明的围绕宣誓主体进行宪法宣誓制度架构的法律规范特征。宪法宣誓制度作为宪法制度的组成部分，其中宣誓主体的选择显然无法游离于当时宪法的整体秩序之外，基于上述缘由，不同时期的宪法及宪法性文件处理的政治与社会核心议题，应当是决定不同时期宪法宣誓主体变化的根本原因。由此，宪法宣誓主体的变迁历程可以依据宪法自身发展的三个阶段这一时间线索进行划定：18世纪之前的宣誓主体、19世纪的宣誓主体和20世纪以来的宣誓主体。

一、以封建效忠关系为核心的宪法宣誓主体

18 世纪之前的宪法宣誓基本为英国的“王国模式”,宪法及宪法性文件对宪法宣誓主体的选择表现出较明显的服务于巩固君臣从属关系这一目的的特点。即君主和臣民以统治与被统治的社会关系为基础构建起一套宪法宣誓关系,在此关系内君主与臣民同时成为宪法宣誓关系的宣誓主体要素,并依据不同的身份通过实施宪法宣誓的行为去实现特定的宪法宣誓意义。总体而言,18 世纪之前的宣誓主体基本由英国不同历史时期的政治需求和实践所决定。

(一)英国《大宪章》中的宣誓主体

1215 年英国《大宪章》的签订加诸君主和臣民同样的宣誓主体身份,首次以法律规范的形式明确国家的君主和臣民都受到法律的约束。虽然君主权力的行使应当有一定界限以及臣民拥有一定不受权力侵扰的权利等朴素的观念在人类早期就已经出现,但英国《大宪章》对君主行为的直接干预以及法律对权力进行限制的方式无疑是一种极具超越性的制度尝试,尤其是对当时那个由君主制所主导的世界而言。但正如耶里内克在讨论英国人的古老权利观与国家历史环境的联结时所提到的:“没有任何一种理论,也没有任何一种事务,无论其可能看起来多么抽象,能够完全在历史现实领域之外对其所在的时代发生影响。”[①]英国《大宪章》对宣誓主体的规定也留下了当时英国历史现实的影响痕迹。

作为英国《大宪章》制定的重要基础,英格兰的法律传统及制度形式主要依据条顿人的原初权利观念发展而来,不同于罗马法存在的“国家全能”观念,在条顿国家的个体与群体关系框架内家庭和部落对个人的影响都明显强于国家。[②] 尽管英格兰受罗马统治的经历也使英国的法律体系中存在一定比例的罗马法元素,但相较于欧洲大陆其他国家由罗马法理论塑造的法律制度,罗马法观念对英格兰法律的影响较弱。诚然,条顿式国家与罗马式国家的差异可

---

① [德]格奥尔格·耶里内克:《〈人权与公民权利宣言〉:现代宪法史论》,李锦辉译,商务印书馆 2012 年版,第 44 页。

② [德]格奥尔格·耶里内克:《〈人权与公民权利宣言〉:现代宪法史论》,李锦辉译,商务印书馆 2012 年版,第 43 页。

以解释英国《大宪章》所蕴含的权力和权利观念与当时欧洲社会主流认识截然相左的原因,但仍然需要解释的是,既然两种法律观念的差异早已存在,是什么因素打破了英国法律规范中长期存在的权力与权利关系默契,让英国贵族阶级通过英国《大宪章》将君主列为宣誓主体,以法律规范去限制君主的权力?

与贵族阶级签订英国《大宪章》的英王约翰一世的统治时期正处在英国历史发展阶段中一个非常微妙的节点:英格兰的民族观念形成与国家独立意识崛起,以及英国在政治上与来自欧洲大陆的干涉进一步脱钩的关键时期。在约翰继承英国王位之前,英国君主的身份大致可以概括为"兼任英国国王的外国贵族"。事实上,1066 年法国诺曼底家族征服英格兰之后的较长一段时间,英国就出现了君主一边作为英国国王进行统治,而另一边也在法国或欧洲大陆的其他领地作为当地的贵族领主进行统治的特点。由于英王身具的英国君主和外国贵族的双重身份,英国国王的相当一部分统治和活动重心在欧洲大陆而非英格兰本土。[①] 这种政治现实在客观上有利于英格兰本土继续按照条顿国家的权利和法律观念延续和巩固英国既有的法律秩序,且较少受中世纪以来欧洲大陆逐步基督教化的罗马法中君权神圣观念干预。然而,由于约翰一世的继任,英国统治者身份开始从"兼职"的英国国王向"拥有欧洲领地的英国君主"的"专职"国王方向转变,来自欧洲大陆的英国国王与英国本土贵族阶层在统治方式和权利观念之间的冲突开始显现,英王约翰在失去大面积欧洲封地而不得不将统治重心转移到英格兰本土后,英格兰君主和贵族阶层的矛盾就被完全激发了。

本质上 1215 年英国《大宪章》的签订的确是英格兰条顿国家的权利传统对全能国家下君主权力神圣理论的胜利。但一直为人所忽略的一点在于,名义上的英格兰与那些从欧洲大陆远道而来的统治者们在法律观念上的差异,其实并不足以促成英格兰人在英国《大宪章》中创制出一种通过法律的规定将国王纳入宣誓主体范围进而对君权形成现实约束的制度。回顾诺曼征服到英国《大宪章》签订之间的历史,英格兰最高统治者与普通英格兰人在国家治理与权利观念上的分歧并非一夕而成,甚至仅将观察的范围限定在安茹王朝的最后两个国王理查与约翰之间,都可以发现二者对英格兰的统治原则并不存

① 在约翰一世之前英王"统而少治"的情况并不罕见,其中最典型的如安茹王朝第二任国王理查一世,其统治英格兰的时间长达 10 年,但真正在英国停留的时间只有 1 年。

在根本性差异。然而,事实却是,原本“热爱”理查一世的英国人却在短短10年之内突然激烈反抗约翰一世,反对他们前200年来一直默认、容忍的与其条顿传统极难相容的君权神圣的权力理论。既然他们已经妥协了数个世纪,那么是什么因素推翻了这一局面?英王约翰的统治与历代先王最大的不同在于,约翰一世将英格兰君主对英国的统治从“兼职”转向了“专职”,并由此触发了君主绝对权力对英格兰传统权利侵犯的政治现实。

与通常描述的英格兰社会长期形成的秩序体系,甚至英格兰人作为条顿民族的法律理念是令英国的君主在世界宪法发展史上第一个被限制权力的主体,并在英国《大宪章》中建立起宪法宣誓制度的原初模型的观点不同,政治局势的变化和社会的现实需求才是真正催化英国《大宪章》出现,并将国家君主列为宣誓主体最终形成具有法律约束君主特权意义的宪法宣誓制度的决定性因素。当然,不可否认那些植根于英格兰社会的独特要素或许最终也能达成将君主作为宣誓主体、建立制约君主权力的宪法宣誓制度这一目标,但这样的制度自发建造的历程显然会以一种更为漫长的方式实现。

君主作为宣誓主体在英国《大宪章》的约束下负担与臣民同样的宣誓责任,本质上是国家之中包括作为最高统治者的国王在内的一切主体都应当受到真实限制这一为英格兰人所坚持的普遍信念的具体体现。另外,以法律文件限制君主权力的规制方式也体现了英国传统的权利理论的突破:属于人的权利不仅来源于对传统的自然传承,也能够以法律确认的形式实现延续。

(二)至尊宣誓制度及《权利法案》后的宪法宣誓主体

在中世纪的中后期包括英国在内的欧洲国家,君主或国家权力都经历着由分散走向集中的过程,这一历史潮流导致英国《大宪章》在签订后的很长一段时间内都乏人问津,其中的宪法宣誓制度雏形也随之寂寂无闻。在英格兰历史上,君主专制统治在都铎王朝和斯图亚特王朝对英国进行统治期间登上了顶峰,英格兰的政治生态和法律制度都受到了深刻的影响。出现在都铎王朝的至尊宣誓制度异化了英国《大宪章》所确立的宪法宣誓制度,尽管在具体的法律规定中宣誓的主体仍然为君主和臣民,但原本意在以法律约束君主权力并维护臣民权利的宣誓制度被转变为君主登基程序中的必要步骤和臣民对君主负担的效忠义务。

17世纪英国资产阶级革命后的《权利法案》塑造了英国的君主立宪制度，宪法宣誓制度也回归了英国《大宪章》所确立的限制君权维护民权的制宪精神。但相较于英国《大宪章》时期宪法性文件选择君主和臣民共同作为宣誓主体的规范方式，《权利法案》之后的宪法性文件对宣誓主体的规范重点集中于国家统治者。17世纪后制定的一系列英国君主加冕法案和有关王室继承顺序的法案都存在君主宣誓的相关规定，在这些规定中明显保留了至尊宣誓制度将宪法宣誓作为君主登基程序重要步骤的传统。例如，《加冕宣誓法》规定，君主在加冕仪式过程中按照法律法案要求履行宣誓义务，同时该法案还针对哪些主体拥有英国王位继承权作出了严格限制。① 站在宪法宣誓制度规范的角度，王位继承人范围的限定也属于法律对宪法宣誓主体资格的确认。17世纪君主宣誓最重要的意义从通过宣誓行为展示君主权力的施展边界，转变为实施宣誓方可获得法律对君主统治地位合法性的正式承认。换言之，虽然13世纪到17世纪英国宪法性文件对君主作为宪法宣誓主体进行规范的选择几乎没有变化，但作为宣誓主体的君主及其宣誓行为所承载的宪法宣誓制度的意义已经发生根本性变化。

随着英国君主立宪制度的稳固，作为宣誓主体的君主实施宣誓行为的意义已发生本质的改变，而原先作为重要宣誓主体组成部分的臣民也不再受宪法的强制以宣誓行为表达对君主效忠的意思。尽管在英国本土行政系统以及军事体系内部，公职人员或者部队成员向英王宣誓效忠的行为仍然存在，但这类宣誓更多是基于对英国传统的遵从，而不是源自宪法法律的强制要求。并且随着英国历史朝现代靠近，国家公职人员宣誓的选择性和自主性都在不断增强。

（三）英属殖民地的宪法宣誓主体

由于18世纪前不同英属殖民地宪法对宣誓主体的规定并不统一。按照殖民地社会与法制的发展程度，宣誓主体的规范大致可分为两个阶段：第一阶

---

① 英国的《加冕宣誓法》及随后实行的《王位继承法》彻底斩断了英国国内及欧洲大陆信奉罗马天主教及其与罗马教会存在关联的英国王室血脉分支对英国王位的合法宣称。自此便确定了英国宪法宣誓系统内仅存在信奉英国国教的继承人才得以作为英国王位合法的继承主体和宣誓主体的地位。

段为殖民地建立初期,殖民地的宪法宣誓主体为殖民者群体,在英王政府颁发的皇室特许令限制下对英国法和英王履行效忠宣誓义务。第二阶段为殖民地巩固后,一部分殖民地继续沿用以英国法为基础的宪法宣誓制度及宣誓主体规范,另一部分完全突破英国法限制,在建立起本土政治、法律秩序过程中重塑殖民地宪法宣誓制度和宣誓主体法律规范。

第一阶段的英属殖民地宪法宣誓主体确定的主要依据为英王给殖民者颁发的皇室特许令和殖民群体内部的约定文件。首先是英国王室为开拓殖民地所颁布的多份皇室特许令。北美殖民地最早的一批特许状几乎完全剥夺了殖民地在立法和行政方面的自主权,按照特许状内的强制规定,殖民地社会管理由英国君主任命的"政务会"负责,英国王室对该"政务会"具有绝对控制权。[①]"政务会"中负责殖民地具体事务管理的官员依据皇室特许令的规定,作为宣誓主体宣誓遵从英国法律并服从英国君主敕令的指挥,这一殖民地宣誓主体的确定方式大体上可被视为英国法律中的宪法宣誓制度及宣誓主体选择模式在殖民地的延续。其次是殖民群体整体以互相约定的形式创制的共同协议,《"五月花"号公约》即北美殖民地历史中最早以群体缔约的方式形成的宪法性文件。比较该类宪法性文件与皇室特许令对宣誓主体确认的差异,《"五月花"号公约》中的宣誓主体为缔结公约的每一位个体,宣誓主体身份的获得不依赖于外部权力的许可或承认,主体资格自我赋予属于这一宣誓主体确定方式的最显著特征。

第二阶段殖民地的宣誓主体法律规范方式出现了分裂:一部分殖民地选择继续延续英国法传统中的宣誓制度;另一部分殖民地在法律规范和社会治理各方面都表现出对英国殖民政策的排斥,这些地区在宪法宣誓制度构建及宣誓主体的选择问题上也逐步转向本土化。英国对殖民地统治策略的转换是造成这一分裂的根源。17 世纪 30 年代随着新开辟殖民地局势的稳定,殖民地居民要求平等权利的呼声日益高涨,但英国当局对此的回应是逐步取消最初发放给殖民地的特许令,选择以特别委任状的形式直接任命或派遣新的总督和枢密顾问团代表王室管理殖民地的具体事宜。英国试图将殖民地的管理权直接并归于英国王国体制之下,最终达到消解殖民地独立意愿的目的。这样

---

① [美]约瑟夫·斯托里:《美国宪法评注》,毛国权译,上海三联书店 2006 年版,第 9 页。

的殖民策略确实在北美殖民地中产生了分化效果，弗吉尼亚、罗德岛等殖民地的法律和宣誓程序就基本遵循英国的宣誓制度实行，在这部分受英国王室控制较深的殖民地中宪法宣誓的主体为特别委任状所任命的殖民地行政官员。

与前述顺从英国法进行治理的殖民地不同，另一部分殖民地选择以摆脱英国干涉的方式处理本殖民地事务。这些地区拒绝英国派遣或任命管理殖民地的官员，坚持通过本土议会的选举决定管理殖民地的公职人员。马萨诸塞、康涅狄格等殖民地的社会治理和法律制度各方面都存在更多的自治因素，这类殖民地的宪法性法律和宪法宣誓制度也明确表达了抵制英国管制的观点。例如，马萨诸塞殖民地在1643年已通过议会决议，确认殖民地的行政官员作为宪法宣誓的主体实施宣誓时依据和遵守的是本地区制定的法律，同时取消了本殖民地的官员需要承担对英国君主效忠的宣誓责任。

二、三种宣誓模式内的宪法宣誓主体

伴随十八九世纪出现的制宪潮自西向东、由北往南的方向在世界范围内传播，这一时期宪法宣誓制度构建模式发生了分化，进而引发了该制度体系内部宣誓主体的规范方式频繁且剧烈的变动。比较18～19世纪的宪法法律和之前宪法及宪法性文件对宣誓主体的规定能够注意到，18～19世纪的宪法宣誓体系在保留传统的“王国模式”的同时，在“控权模式”和“双重模式”制度框架内发展出了将宪法宣誓主体的法律规定朝类别化、层次化方向调整的新特点。

18～19世纪世界范围内实行立宪君主制国家的数量及这些国家海外殖民地的范围总体呈持续上升的趋势，因此在世界宪法宣誓制度的规范领域内，君主作为宣誓主体的具体宪法规模是不断扩大的。十八九世纪选择将君主纳入宪法宣誓主体范围的最主要群体，首先来自欧洲在18～19世纪爆发的资产阶级革命运动中由传统的君主专制国转化为实行君主立宪制的国家或地区。继英国在18世纪确立君主立宪制并制定了以君主为宣誓主体的宣誓体系后，19世纪欧洲主要的大陆国家也涌现出大量将君主列为宣誓主体的法律规范。法国是欧洲大陆最早制定君主立宪宪法典的国家，法国《1791年宪法》在“王权、摄政和大臣”章节明确了君主具有宪法宣誓主体资格与其承担的法定宣誓义务。[①] 法国《1791 年宪法》中出现的通过制定法,加诸法国君主以宪法宣誓主体资格并将其置于宪法约束之下的宪法宣誓规范方式,开辟了一条能为欧洲大陆的君主立宪制国家普遍接受的、确立君主在宪法中的宣誓主体地位并以此为核心构建欧洲大陆国家宪法宣誓制度体系的路径。

相较于英国通过不同时代颁布的一道道以宣誓为核心的法案,反复确定君主的宣誓主体身份最终形成宪法宣誓“王国模式”的制度轮廓的法律规范特征,欧洲大陆国家的宪法中通行着另一套直接而便宜的规则:在一定期间制定并颁行一部完整的宪法典,将宪法宣誓制度纳入整个宪法制度秩序之中。欧洲西部的德意志地区巴维利亚、瓦尔敦巴尔、萨克森等公国的宪法,北欧丹麦、挪威王国以及南欧希腊、撒丁王国等君主国都制定出了整部包含多项规则的成文宪法,而以君主为主体的宪法宣誓制度则属于宪法复杂的制度系统中的组成模块。[②]

18 ~ 19 世纪发生在世界范围内的资产阶级革命推动了以限制绝对权力为目标的国家权力分化理论的发展,权力分化理论渗透到现实的国家政治实践中,不仅使国家职能机关的结构出现了新的形式,也令宪法对宣誓主体的规范呈现出越发显著的精细化和类型化的特征。这一时期部分国家宪法宣誓制度针对宣誓主体的规范,已经出现严格按照不同宣誓者职务权力属性进行区分的特征。世界第一部成文宪法 1787 年《美利坚合众国宪法》对宣誓主体的规定即存在将总统、联邦或州的其他公职人员进行区别规范的趋势,这一趋势在后来的宪法宣誓制度中表现得更加清晰。例如,1857 年制定的《墨西哥宪法》所规定的宣誓主体即按照行政、司法部门拥有权力的不同性质,在 3 条与宣誓相关的规定中分别确定了国家总统和司法审判员、公职人员作为宣誓主体时所必须遵行的宣誓责任。在以分权理论为基础而制定的宪法秩序内,除了行使行政权与司法权的主体成为宪法规定的宣誓主体,掌握国家立法权的议会、

---

① 法国《1791 年宪法》第二章第 4 条:国王在登基时或者达到成年时须在立法院面前向国家宣誓……《法兰西宪法典全译》,周威译,法律出版社 2016 年版,第 19 页。

② 1814 年《挪威王国宪法》第 9 条、1818 年《巴维利亚宪法》第 22 条、1819 年《瓦尔敦巴尔宪法》第 10 条、1831 年《萨克森宪法》第 138 条、1848 年《撒丁王国宪法》(意大利)第 22 条、1864 年《希腊宪法》第 64 条、1866 年《丹麦王国宪法》第 7 条。前列宪法具体条目分别引自《世界现行宪法》商务印书馆 1916 年版和《世界现行宪法续编》商务印书馆 1913 年版。

国会成员也属于宪法宣誓规范中出现频率极高的宣誓主体，如土耳其、阿根廷、丹麦等国宪法中就出现了专门针对议员等行使立法权的主体的宣誓规定。[1]

三、强调控权与权利的宪法宣誓主体

进入20世纪后，宣誓制度被越来越多的国家纳入宪法制度框架内，依据20世纪后世界各国现行宪法内宪法宣誓的相关条文统计，宪法宣誓制度中宣誓主体大致可归纳为下列6个大类：国家元首、政府成员、国会或议会成员、司法审判人员、审计人员、军队成员。

（一）国家元首

截至2018年，在宪法中要求国家首脑进行宣誓的联合国成员国总计178个，不考虑国家间政治体制差异而形成的“国家元首”的称谓区别，“国家元首”属于宪法宣誓主体中数量最多也极受重视的一个类别。作为宪法宣誓主体的国家元首基于国家政治体制出现两种重要分支：君主立宪制国家元首，以及议会制、共和制国家元首。

20世纪以来欧洲、亚洲、大洋洲等诸多君主立宪制国家宪法或宪法性文件普遍建立起君主的宪法宣誓制度，比较现存于世的君主制国家宪法对宣誓的相关法律规定，其主要特征是将实施宪法宣誓作为君主王位继承的必要条件，以及君主依法实施宣誓包含服从宪法、法律的行为意义。例如，《比利时宪法》对国王继位条件的规定为：“国王只有在完全召集的议会两院面前庄严宣誓才可取得王位。”[2]同样，丹麦君主登基仪式中的君主宣誓要素也具有法定程序的意义，从“国王在登基前在国务委员会前书面庄严宣誓”[3]这一规定能够分析出，宣誓行为实施的事实与王位合法继承之间存在高度关联性。与此类似的

---

① 1860年《阿根廷宪法》第59条、1866年《丹麦王国宪法》第55条、1876年《土耳其宪法》第46条。《世界现行宪法》，商务印书馆编译所译，商务印书馆1916年版，阿根廷宪法篇第15页，丹麦宪法篇第11页，土耳其宪法篇第9页。

② 《比利时宪法》第91条。《世界各国宪法》编辑委员会编译：《世界各国宪法（欧洲卷）》，中国检察出版社2012年版，第129页。

③ 《丹麦宪法》第8条。《世界各国宪法》编辑委员会编译：《世界各国宪法（欧洲卷）》，中国检察出版社2012年版，第170页。

情形也出现在亚洲的君主立宪国宪法宣誓制度中。《科威特宪法》第 60 条规定:“埃米尔就职前应在国民议会的特定会期作如下宣誓……”①《约旦王国宪法》则规定,国王应当参加由议院议长主持和见证的宣誓仪式,并按照规范宣誓作为君主将要保护宪法和国民。②

18 ~ 19 世纪实行君主立宪制国家的数量经历了爆发式增长,并因世界殖民体系成型而出现极短暂的巅峰期之后,20 世纪君主立宪制国家的控制范围与影响力又进入了急剧萎缩阶段。随着两次世界大战爆发及亚洲、非洲的反殖民独立运动的兴起,世界范围内实行议会制、共和制的国家数量完全超越了君主立宪国,因此 20 世纪以来以总统为典型的国家元首就成为宪法宣誓主体规范的重点。178 个确立宪法宣誓制度的联合国成员国将总统或主席列为宣誓主体,一部分国家将总统与其他宣誓主体在宪法中并列规定,以宣誓主体集群的方式营造出整体的宪法宣誓体系。例如,博茨瓦纳的宪法宣誓制度就分别在其宪法第 37、45、71、98、102 条列举了涵盖立法、行政、司法权力体系内的宣誓主体,国家总统作为宣誓主体的规定仅为其一。③ 也有部分国家的宪法宣誓制度仅规定了总统的宣誓内容,以一种极简的宣誓规范策略对掌权者必须在法律制度内运行权力的宪法宣誓制度内涵进行表达、传递。《韩国宪法》即为此类,整部宪法仅存在一条与宪法宣誓制度相关的规范,即以总统为宣誓主体的第 69 条。④

(二)政府成员

要求政府成员实施宪法宣誓的法律在各国宪法宣誓规范中出现的频率较国家元首稍低,在联合国成员国中,绝大多数国家的宪法对政府官员的宣誓进

---

① 《科威特宪法》第 60 条。《世界各国宪法》编辑委员会编译:《世界各国宪法(亚洲卷)》,中国检察出版社 2012 年版,第 282 页。

② 《约旦王国宪法》第 29 条。《世界各国宪法》编辑委员会编译:《世界各国宪法(亚洲卷)》,中国检察出版社 2012 年版,第 903 页。

③ 《博茨瓦纳宪法》第 37、45、71、80、98、102 条。《世界各国宪法》编辑委员会编译:《世界各国宪法(非洲卷)》,中国检察出版社 2012 年版,第 74、75、79、81、83、84 页。

④ 根据《韩国宪法》第 69 条,总统就职时宣誓如下:“我庄严地向国民宣誓,我将忠实地履行总统的职责,遵守宪法,保卫国家,为祖国的和平统一、增进国民的自由和福利、繁荣民族文化而努力。”《世界各国宪法》编辑委员会编译:《世界各国宪法(亚洲卷)》,中国检察出版社 2012 年版,第 242 页。

行了明确规定。在这一大类宣誓主体中同样可以依据不同国家的政府成员具体宣誓规范将之分为两个类别：围绕政府成员的宣誓主体资格的确定问题，一部分国家选择在宪法中对政府成员的宣誓主体资格进行严格限制的立法策略，另一部分国家则表现出在政府成员群体中广泛吸纳宣誓主体的倾向。相较于国家政制体制对国家元首宣誓主体的决定性意义，现代国家的政府组织模式差异已不明显，因此时常出现不同体制的国家宪法针对政府成员宣誓主体的规范相同的情形。

第一种类型的宪法宣誓制度表现为，仅在宪法中对政府首脑或者政府中部长级负责人的宣誓进行规定。德意志联邦共和国、荷兰王国、立陶宛共和国等国的宪法对政府成员宣誓主体规范即属于这一类型，德国宪法就对具有宣誓主体资格的政府成员进行了严格限定，联邦政府中只有总理和部长承担宣誓的责任。① 类似的限制性宣誓主体规范方式也在荷兰以及立陶宛等国的宪法中被使用，荷兰王国的政府官员中仅有部长、国务秘书需在就职时实施宣誓，而立陶宛宪法也以总理和各部的部长作为宣誓主体传递出政府成员受宪法约束的宣誓意义。② 从这一系列具体宪法条文可以看出：这些国家的政府成员群体能够被划入宪法宣誓主体的范围，以单独列举的方式被严格限制在如总理、部长等政府或者内阁的高级官员层面；同时，宪法宣誓主体资格与政府成员的具体职务相关联的宪法规范方式又从侧面对宣誓主体的群体数量作出了明确限制。由此，在具体法律规定中，突出政府官员的级别和宣誓群体的人数控制都是本类宪法宣誓主体规范的最显著特征。

第二种宪法规范类型与前述在政府成员的层级和数量两个方面有意限缩宣誓主体范围的法律规定方式相反，最大限度赋予政府成员宣誓主体资格属于该类国家制定该项宣誓规范的重要原则。以丹麦王国、美利坚合众国等国

---

① 《德国宪法》第 64 条第 2 款："联邦总理和联邦各部部长就职时，在联邦议院作第 56 条规定的宣誓。"《世界各国宪法》编辑委员会编译：《世界各国宪法（欧洲卷）》，中国检察出版社 2012 年版，第 185 页。

② 《荷兰宪法》第 49 条：部长和国务秘书就职时，应按照议会法令规定的方式，在国王面前宣誓，或作出确认和保证他们未曾做过依法可能使其丧失任职资格的任何事，并且宣誓或保证效忠宪法，忠实地履行其职责。《世界各国宪法》编辑委员会编译：《世界各国宪法（欧洲卷）》，中国检察出版社 2012 年版，第 299 页。《立陶宛宪法》第 93 条：内阁总理和部长在就职时，应当宣誓效忠于立陶宛共和国，遵守本宪法和法律。誓词文本，由《政府法》予以规定。《世界各国宪法》编辑委员会编译：《世界各国宪法（欧洲卷）》，中国检察出版社 2012 年版，第 362 页。

的宪法对政府成员宣誓的具体规范为例,《丹麦王国宪法》规定:“……国王任命的公务员,应当作出忠于宪法的宣誓。”[①]《美利坚合众国宪法》在第6条中使用“一切”“均”等词对宣誓主体进行说明,强调合众国政府和各州行政官员作为宣誓主体时其主体范围为全体。对此类具体条款进行分析可以看出,丹麦、美国等国宪法在针对政府成员宣誓主体的规范中首先避免了对宣誓主体的具体职务进行针对性列举的方式,而以“公务员”“政府成员”这一类带有模糊性及群体性的称号对宣誓群体进行规范。该方式使依据某种具体职务而产生的宣誓主体地位的独特性在本类宣誓主体的分类中被消除,直接拓宽了符合该宣誓主体资格的人员基数。

此外,宪法对本类宣誓主体称谓的规定也具有特殊意涵,可以看到,采用了诸如“公务员”“工作人员”“行政官员”等对政府中任职人员的泛称,因而在宪法宣誓的具体实践过程中会在本类宣誓主体内部暂时搁置政府公职人员体系中的层级关系,强调宣誓主体在实施宪法规定的宣誓时责任具有平等性。由此在本类型的宪法宣誓制度对政府成员宣誓主体的规范方式中,无论是从纵向还是横向的角度考量,都可以得到带有拓宽宣誓主体范围倾向的结论。

(三)国会或议会成员

宪法确定的宣誓主体中第三大类由国会、议会成员的个人或群体组成,将国会、议会成员列为宣誓主体的宪法宣誓规定数量紧随总统及行政官员的宣誓规范之后,可以看出国会或议会的成员作为一类宣誓主体也为宪法宣誓制度所重视。当然,在本宣誓主体分类中,各个国家针对国会、议会成员宣誓所作出规定的具体形式仍然表现出一定的差异。保加利亚、波兰、美国等国的宪法都存在明确针对国会或议会成员宣誓的相关规定。例如,《保加利亚宪法》要求新当选议员在国民议会首次会议上进行宣誓;[②]又如,《波兰宪法》第104条明确规定,众议员须在正式履职前前往众议院完成宣誓责任,如果在履职前

---

① 《丹麦宪法》第27条。《世界各国宪法》编辑委员会编译:《世界各国宪法(欧洲卷)》,中国检察出版社2012年版,第171页。

② 《保加利亚宪法》第76条。《世界各国宪法》编辑委员会编译:《世界各国宪法(欧洲卷)》,中国检察出版社2012年版,第113页。

拒绝宣誓将承担放弃职务的后果;[①]再如,《美利坚合众国宪法》在要求联邦参众两院议员宣誓拥护宪法之后,又对各州议会的议员作出了同样的要求。[②] 比较前述三个国家的议员宣誓规范可以分析出,该类国家的宪法宣誓制度不因议员群体中的普通议员与议会领袖的层级差异而对宣誓主体的宣誓进行差异性规定,所有议会成员都必须依据同一套宪法宣誓规范实施宣誓。

除此之外,也有部分国家将议会成员整体纳入宣誓主体,然后再按照议会成员内部的层级对普通议员与议会领袖的宣誓进行不同的规定,巴基斯坦、孟加拉国、冈比亚等国就采取了这种规范方式。在巴基斯坦实施的宪法宣誓制度框架内,议会成员都具有宣誓主体的资格,其中宪法对国民大会议长和对参议院主席的宣誓分别进行了规定,宪法通过誓言内容强调了作为宣誓主体的议长与主席的特定身份:“我……庄严宣誓:……作为国民大会议长/参议院主席……”[③]与之匹配的是在该宪法附件三中针对国民大会和参议院成员的宣誓制定了实施细则,议员的誓言中也同样存在指明宣誓主体职务身份的内容:“我……庄严宣誓:……作为一名国民大会成员/参议院成员……”[④]孟加拉国对议会成员宣誓进行规范时遵循着与巴基斯坦近似的思路,从该国宪法附录三的第3、4、5条中可以分析出,基于议员群体内部的层级差异,普通的议员群体的宣誓责任与议长或副议长等宣誓主体存在明显的区别。[⑤]

还有极少数国家对议会成员群体不作强制性宣誓要求,仅要求议会的领袖作为掌握国家立法权的议会成员整体的代表履行宪法规定的宣誓责任。在所有针对议会成员宣誓主体进行宪法规范的联合国成员国中,《尼日尔宪法》要求议会议长进行宣誓而未对议员作出同等强制,该国宪法第89条规定:“国

---

① 《波兰宪法》第104条。《世界各国宪法》编辑委员会编译:《世界各国宪法(欧洲卷)》,中国检察出版社2012年版,第151页。

② 1787年《美利坚合众国宪法》第6条:……上述参议员和众议员、各州议会议员以及合众国政府和各州一切行政、司法官员均应宣誓或郑重声明拥护本宪法;但不得以宗教信仰作为担任合众国任何官职或公职的必要资格。《世界各国宪法》编辑委员会编译:《世界各国宪法(美洲大洋洲卷)》,中国检察出版社2012年版,第618页。

③ 《巴基斯坦宪法》第53条第2款、第61条。《世界各国宪法》编辑委员会编译:《世界各国宪法(亚洲卷)》,中国检察出版社2012年版,第80~82页。

④ 《巴基斯坦宪法》第65条。《世界各国宪法》编辑委员会编译:《世界各国宪法(亚洲卷)》,中国检察出版社2012年版,第83页。

⑤ 《孟加拉国宪法》附录三。《世界各国宪法》编辑委员会编译:《世界各国宪法(亚洲卷)》,中国检察出版社2012年版,第412~413页。

民议会议长就职前,得在宪法法院就其宗教信仰的圣书发誓,誓词为……”①

(四)司法审判人员

截至2021年,联合国范围内共有45个国家在宪法中明确规定了法官的宪法宣誓,与具有国家权力象征的国家元首和负担具体行政职责的政府官员两个群体相比,将行使司法职能的法官列作宪法宣誓主体的国家数量显著下降。在将司法审判人员列为宣誓主体的宪法中,不同国家针对法官群体作出的宪法宣誓规范也存在较为明显的差别。这种差异大致由不同国家对司法审判人员宣誓主体资格确立方式所展现:第一种只将法官宣誓主体限制在最高法院内部;第二种只将宪法法院的法官列为宣誓主体;第三种不对司法审判人员的层级或者负责领域作任何限定,国家法官全体被赋予宣誓主体身份。

首先是规定最高法院的审判人员为宣誓主体的国家。规定最高法院法官进行宪法宣誓的国家中较为典型的有阿拉伯联合酋长国、冈比亚、阿富汗等。依据《阿拉伯联合酋长国宪法》规定,最高法院的主席和最高法院的法官群体都属于宣誓主体,需要在就职前履行宣誓义务。② 同样,将最高法院的法官确定为宪法宣誓主体的规则也出现在冈比亚与阿富汗等国家的宪法中。③ 该类国家的宪法宣誓制度针对司法审判人员宣誓主体资格的认定规则总体表现得极为克制,通常将宣誓主体严格限定为国家司法体系顶层机构的成员群体,甚至部分国家宪法在此基础上进一步限缩,直接将最高法院主席或者首席大法官等司法审判人员中的特殊个体作为宣誓主体。按照司法系统内部的层级确定司法审判人员宣誓主体资格,由于“最高法院”“首席大法官”的机构地位或者个人身份位于整个国家司法系统的顶端,在掌握国家司法权的头部群体中

---

① 《尼日尔宪法》第89条。《世界各国宪法》编辑委员会编译:《世界各国宪法(非洲卷)》,中国检察出版社2012年版,第752页。

② 《阿拉伯联合酋长国宪法》第98条:“联邦最高法院主席和法官在就职前,应在联邦元首和联邦司法部部长在场的情况下,进行宣誓:他们将不惧威胁和不受诱惑地公正执法,并忠诚地效忠于联邦宪法和法律。”《世界各国宪法》编辑委员会编译:《世界各国宪法(亚洲卷)》,中国检察出版社2012年版,第44页。

③ 《冈比亚宪法》第138条:……高级法院的法官在上任前应当进行宣誓。《世界各国宪法》编辑委员会编译:《世界各国宪法(非洲卷)》,中国检察出版社2012年版,第189页。《阿富汗宪法》第119条:最高法院法官就职前,应面对总统作如下宣誓……《世界各国宪法》编辑委员会编译:《世界各国宪法(亚洲卷)》,中国检察出版社2012年版,第36页。

选择宣誓主体的立法方式，本质上与国家元首或者政府首脑为宣誓主体的意义如出一辙，都是通过特殊个体所具有的象征属性和现实影响力达成将宪法宣誓的意义在整个权力系统中自上而下进行传递的目的。

其次是选择宪法法院法官作为宣誓主体的宪法规范。几内亚、加蓬以及马里等国的宪法即选择这一方式确定司法领域内的宣誓主体。根据《几内亚宪法》第103条，作为宣誓主体的宪法法院成员必须在国家总统及议会议长的见证下进行就职宣誓后方可正式履职。[①] 又如，《加蓬宪法》中也详细规定了宪法法院成员宣誓时"左手放于宪法之上""右手举于国旗之前"等宣誓行为细节。[②] 这类国家将实施宪法宣誓的司法审判人员主体限定于宪法法院成员群体内部，显示出宪法在对本类宣誓主体进行规范时更加关注法院的具体司法权限范围，也体现出将宣誓行为与宣誓主体的具体权限实现绑定的倾向。

最后一类宣誓主体为国家司法审判人员整体，法院管辖范围与法院、法官层级都不作为宣誓主体确定标准。新加坡共和国、爱尔兰共和国等国宪法就属于将国内的审判人员整体作为宣誓主体的宪法规范典型。《爱尔兰宪法》第34条规定："依宪法规定，任何人被任命为法官，应作出并签署下述声明：'在全能的上帝面前，我庄严而真诚地承诺并声明，我将忠于职守、竭尽我一切的智慧和能力完成首席法官（或视具体情况而定）的职务，无偏私、无好恶地对待任何人，并将拥护宪法和法律。愿上帝指引和护佑我。'"[③]《新加坡共和国宪法》规定首席大法官、法官和司法专员都具有宪法宣誓主体资格，并在宪法附件中的宣誓细则部分规定了针对司法审判宣誓主体集体使用的宣誓誓词。[④]

---

① 《几内亚宪法》第103条：宪法法院成员在就职前应在总统和国民议会议长面前郑重公开宣誓。《世界各国宪法》编辑委员会编译：《世界各国宪法（非洲卷）》，中国检察出版社2012年版，第238页。

② 根据《加蓬宪法》第90条，宪法法院成员以左手放于宪法之上，以右手举于国旗之前，庄严进行下列宣誓："我宣誓忠实地履行职责，严守中立和公正之义务，以为尊严和忠诚的司法官。"《世界各国宪法》编辑委员会编译：《世界各国宪法（非洲卷）》，中国检察出版社2012年版，第319页。

③ 《爱尔兰宪法》第34条。《世界各国宪法》编辑委员会编译：《世界各国宪法（欧洲卷）》，中国检察出版社2012年版，第26页。

④ 《新加坡共和国宪法》第20、27、37H、40、42、97、105条，附件一。《世界各国宪法》编辑委员会编译：《世界各国宪法（亚洲卷）》，中国检察出版社2012年版，第668～694页。

（五）审计人员

20世纪以来国家政治制度迈向现代化，国家权能体系也出现了更为精细的区分，审计人员在国家体制内获得一席之地的同时也开始引起宪法及宪法宣誓制度的关注。虽然审计人员目前还没有成为宣誓主体的规范热点，但相较于其他宣誓主体，审计人员作为20世纪新生的一类宣誓主体，对观察研究宪法宣誓主体的变迁仍然具有重要价值。

现今联合国已建立宪法宣誓制度的成员国中，仅有极少数国家宪法专门对审计人员提出了宪法宣誓的要求。立陶宛、以色列、印度、巴基斯坦四国的宪法规定了审计人员的宣誓规范，并且比起大面积赋予审计人员群体宣誓资格的法律规定方式，这些国家宪法都选择国家审计长作为宣誓主体传递出明显的审慎立法的态度。除此之外，审计人员虽然是20世纪新出现的宪法宣誓主体，但在法律规范的形式上并没有出现新的超越，相关法律规范要素都与其他宣誓主体高度一致。首先是审计人员宣誓主体的宣誓也必须在正式就职之前完成。例如，《立陶宛宪法》规定："国家审计长在就职前应当进行宣誓……"①而《印度宪法》也强调审计长的宣誓时限为"在其就任前"。② 其次，依法履行职权和遵守宪法及法律也是审计人员作为宣誓主体实施宣誓时必须明确宣示的强制性内容。例如，在《以色列基本法》中国家审计长的宣誓包括"效忠法律"和"誓以至诚行使国家审计长职权"等具体内容。同样依据《巴基斯坦宪法》第168条以及宪法附则三的规定，巴基斯坦总审计长实施宣誓时需向公众明确作出履行总审计长的职责和遵守国家宪法及法律等意思表示方可被视作合法履职。③

（六）军队成员

审计人员成为20世纪以来宪法宣誓制度内的新兴宣誓主体，与之相对的

---

① 《立陶宛宪法》第133条：国家审计长在就职前应当进行宣誓。誓词由法律予以规定。《世界各国宪法》编辑委员会编译：《世界各国宪法（欧洲卷）》，中国检察出版社2012年版，第365页。

② 《印度宪法》第148条第2款：被任命为印度总审计长者，在其就任前，应依附件三规定的形式在总统或者总统委任的代表面前作出宣誓或者发表声明。《世界各国宪法》编辑委员会编译：《世界各国宪法（亚洲卷）》，中国检察出版社2012年版，第801页。

③ 《巴基斯坦宪法》第168条、附则三。《世界各国宪法》编辑委员会编译：《世界各国宪法（亚洲卷）》，中国检察出版社2012年版，第99、133页。

也有传统的宣誓主体在新时代宪法宣誓规范体系内逐渐衰落。军队成员即20世纪衰落较为明显的一类宣誓主体,现今联合国成员国的宪法中只有《巴基斯坦宪法》制定了军队成员的宣誓规范。在18～19世纪宪法中,不同国家的法律规范军队成员宣誓主体的方式还存在一定区别。[①] 然而,由于20世纪下半叶国际局势发生巨大变化,不仅确认了军队成员具有宪法宣誓主体资格的国家数量骤减,军队成员作为宪法宣誓主体的宪法规范方式也仅留存了一种,即《巴基斯坦宪法》中将军队成员整体纳入宣誓主体范围的规定。[②] 虽然这一具体法律规定与20世纪初德国《魏玛宪法》中的军人宣誓规则较为相似,关于《巴基斯坦宪法》中的军队宣誓主体是否应当被视为同类规范的方式延续问题,笔者认为,二者的内在关联性较弱。事实上,《巴基斯坦宪法》宣誓制度中军队宣誓主体存在的原因更多来自宪法自身:在《巴基斯坦宪法》中包括军队成员在内共存在15类宣誓主体,如此庞大的宣誓主体群表现出了该国宪法强烈地接纳更多宣誓主体实施宣誓的立法倾向。

第二节 宪法宣誓对象的变迁

在宪法宣誓制度的构成要素中,相较于必然为法律所规定的宣誓主体,并不是所有国家的宪法都会以明文规定的方式确立一个具体的宣誓对象,也有部分国家的宣誓对象被隐没于宣誓主体的宣誓内容之中。但那些被宪法明确规定的具体宣誓对象,在宪法宣誓制度发展的过程中的确经历了明显的变化,并且相较于宣誓主体变迁过程中出现的既有宣誓主体逐步改良、区分和细化等变迁特征,宣誓对象的变迁过程本质上是在政治及宪法理论变化的影响下,实现的一场脱胎换骨式的重塑。

---

① 对这一时期的军队成员宣誓主体的规范主要分为两种:以军官为宣誓主体、不分军官或士兵都须进行宪法宣誓。以军官为宣誓主体的宪法规范如1814年《挪威宪法》第21条规定,"……选任各项文官、教务官及军事官,此等官吏须宣誓"。而以军官和士兵整体为宣誓主体的宪法规范如1919年《德意志国宪法》第176条规定国家的军人需要进行宣誓。

② 《巴基斯坦宪法》第244条:武装部队的每个成员应以附则三规定的方式宣誓。《世界各国宪法》编辑委员会编译:《世界各国宪法(亚洲卷)》,中国检察出版社2012年版,第119页。

一、巩固教权与威权的宪法宣誓对象

18 世纪之前宪法宣誓对象的确立主要依据为英国和英属殖民地对宪法宣誓制度的实践和需要,基于此英国《大宪章》《"五月花"号公约》以及至尊宣誓时代的一系列法案基本塑造了这一时期法律中的宣誓对象。由于早期的宪法宣誓制度本身未能与政治领域的效忠宣誓、宗教体系内的神圣宣誓甚至日常生活中使用的缔约宣誓等宣誓形式严格区分,在早期孕育及塑造宪法宣誓制度的宪法性文件中,法律对宣誓对象的规定很大程度上也与前列宣誓形式的构成元素混同。总而言之,宗教客体和君主是 18 世纪之前宪法性文件中较为重要的宣誓对象。

首先是将宗教客体作为宣誓对象的法律规范。1215 年由英国君主与臣民共同签署的英国《大宪章》既是最早出现宪法宣誓制度要素的宪法性文件,也是将宗教客体引入宪法宣誓规范的起点。就具体法律规范而言,英国《大宪章》对宣誓对象的规定较为模糊,从与宣誓直接相关的第 63 条"朕与男爵们都已宣誓"的规定中仅能明确"君主"和"男爵"同为法定的宣誓主体以及二者完成宣誓实践的状态,并不能分析出作为宣誓主体的"君主"和"男爵"向谁实施宣誓。但结合该宪章第 1 条的规定可以判定,君主通过宣誓同意英国《大宪章》中一概属于臣民的权利,都是基于其向上帝作出承诺这一形式进行表达的。[①] 与英国《大宪章》类似的宣誓对象确定方式也出现在《"五月花"号公约》的规范文本内,依据该公约,缔约人实施"上帝面前,共同缔约立誓"的实践,宗教客体作为宣誓对象的宣誓制度规范方式也经由英国的海外殖民活动实现了法律的洲际转移。宗教客体在殖民地宪法中存在了将近两个世纪,直到 1787 年《美利坚合众国宪法》所确立的宪法宣誓制度决定不再将宗教因素作为强制性规范写入法条之中。

其次是君主作为宣誓对象的法律规范。18 世纪之前英国本土与英属北美殖民地都出现了以君主为宣誓对象的法律规定,然而,本质上英国宪法性文件与英属北美殖民地法律中的宣誓制度规范及实践并不能完全等同。先是英国本土宪法性文件对君主宣誓对象的确立。臣民以君主为对象宣誓效忠是存在

---

① 英国《大宪章》第 1 条:"朕已向上帝承诺并借此特许状代表朕之千秋子嗣确认……"《大宪章》,陈国华译,商务印书馆 2016 年版,第 26 页。

于政治领域的效忠宣誓的典型特征,但这一宣誓制度实行的基础是建立在政治传统延续而非制定法律之上。由此可以认为,宪法宣誓领域内君主宣誓对象的出现,与16世纪英国至尊宣誓制度的建立具有极为密切的关系,至尊法案在确立君主在宗教与政治上最高地位的同时,通过法律赋予传统的效忠宣誓以法律制度的意义。尽管至尊宣誓在英国进入君主立宪时代后被彻底废止,但借由这一制度,英国君主的身份被塑造为精神与世俗双重领域的首脑,政治层面的效忠宣誓与宗教层面的神圣宣誓实现一定程度融合,这成了英国资产阶级革命后的立宪制宪法宣誓制度内的重要组成因素。

北美殖民地宪法及宪法性文件也以君主为宣誓对象。北美殖民地早期向英国君主宣誓的法律规定是基于英国颁发的王室特许令中不得与英国法相抵触的限制条款而制定的,当英国在北美地区开辟的殖民地在17世纪中期发展到一定规模后,各个殖民地之间关于本地的宣誓制度中是否仍应保留向英国君主宣誓规定的态度出现了明显分裂。通过对这一时期北美殖民地宪法及宪法性文件的比较可以看到,殖民地对宪法宣誓制度的规范及宣誓对象的确定方式彻底走向了两个极端,一部分殖民地持续谋求切断本地区在政治、立法等方面与英国的联系并获得地区自主权的契机,而另一部分殖民地则表现得与前者完全相反。在那些继续维持与英国的关系、接受英国方面对殖民地实行全方位统治的地区,将君主作为宣誓对象的宣誓规范被殖民地法律再次确认和巩固了。17世纪后期英国当局对殖民地表现出明显的干涉企图,英国君主通过签发"责问令状"①等措施迫使众多殖民地放弃了原本已从国王处获得的得以合法开发、管理殖民地的初始特许令,在并归英国控制的殖民地取代王室特许令的是英国君主重新签署的特别委任状。例如,新罕布什尔殖民地在1679年获得了英国王室颁发的委任状,依据该委任状的规定,拥有新罕布什尔全部行政权的行政长官应当由王室指派,并且在符合英格兰王国的法律和制定法的前提下履行职权,其中显然包括了英王委任的官员向英国君主宣誓效忠的条件。② 与新罕布什尔同样接受英国本土委任管辖的新泽西殖民地,也完

---

① 英国君主对殖民地签发的责问令状主要内容通常为质疑被告(殖民地的业主)依据什么行使职权,这是英国当局收回殖民地管理权的惯用手段,收到该责问令状的业主通常会选择放弃先前获得的王室特许令,通过向英国当局让渡殖民地的政治权利而换取其在殖民地经济利益的保障。[比]R. C. 范·卡内冈:《英国普通法的诞生》,李红海译,商务印书馆2018年版,第58~103页。

② [美]约瑟夫·斯托里:《美国宪法评注》,毛国权译,三联书店2006年版,第25~29页。

全放弃了对殖民地本土行政权力的支配。按照时任英国君主安妮女王签署的委任状，新泽西总督拥有在该殖民地组织“政务会”并实现殖民地管理的权力，而进入“政务会”的前提条件为向英国君主实施“宣誓效忠和至尊誓言”。[①]

二、寻求控权与民主的宪法宣誓对象

18～19世纪的宪法宣誓制度中出现了“控权模式”和“双重模式”，新宣誓模式在世界范围内传播的同时，宪法宣誓制度中的宣誓对象也发生了重大调整。这一时期宪法对宣誓对象的规范主要朝两个方向发展：一方面是在具体的宪法规范中对君主、宗教客体等传统的宣誓对象附以适应新时代宪制原则的限制性要素；另一方面由于社会契约、人民主权等政治理论更加深刻地融入宪法制度之中，在这些新的宪法原则引导下，宪法宣誓制度中出现了更多新的宣誓对象。

宪法对君主、宗教客体等传统宣誓对象规范中植入限制性要素。18～19世纪君主立宪制国家宪法中仍大量存在强制宣誓主体向君主实施宣誓的法律规定。例如，1848年《普鲁士宪法》规定，国家的议员及官吏负有向国王宣誓效忠的责任，[②]而与前述宪法同年制定的《撒丁王国宪法》中也对元老院和下院的议员全体作出了同样的向君主宣誓的要求。[③] 但在这一时期的宪法中君主不再是单向地接受他者宣誓的主体，宪法也为君主确定了宣誓对象，比较相关的宪法规范能够看到，“议会”显然成了最常被宪法选择的适合接受君主宣誓的对象。例如，1814年公布的《挪威王国宪法》要求国王成年后需要在国会实施宣誓方可正式登基。[④] 与《挪威王国宪法》的情况类似，1830年《比利时宪法》也规定，君主必须在代议士院和上院的集会上完成宣誓后才被视为合法获得

① ［美］约瑟夫·斯托里：《美国宪法评注》，毛国权译，三联书店2006年版，第51页。

② 《普鲁士宪法》第108条：“两议院议员及官吏。对于国王当以守忠诚从顺之道。为宣誓之词。且誓以诚意遵守宪法。军兵不宣宪法之誓。”《世界现行宪法》，商务印书馆编译所译，商务印书馆1916年版，普鲁士宪法篇第19页。

③ 《撒丁王国宪法》第49条：“两院之议员。未行其职务前。宣尽忠节于国王。确守宪法及法律。图国王于国合同利益以行其职务之誓。”《世界现行宪法》，商务印书馆编译所译，商务印书馆1916年版，意大利宪法篇第9页。

④ 《挪威王国宪法》第9条：“国王既达成年而亲政时。须在国会宣下列之誓词……在挪威王国宪法中君主仍然接受宪法规定的各类官员的宣誓，见本宪法第21条之条文。”《世界现行宪法》，商务印书馆编译所译，商务印书馆1916年版，挪威宪法篇第2页。

王位。[①] 同样的宪法规范方式还出现在撒丁王国、普鲁士等君主立宪国的宪法中。相较于18世纪前的针对君主的宣誓或者选择模糊宣誓对象或者引入宗教客体为宣誓对象的规范方式,18～19世纪的宪法宣誓对象规范方式的变化具有凸显真正意义上的君权受限、主权在民的意义。

之前时代甚至包括18世纪早期的部分宪法,在宪法宣誓制度中规定的向宗教客体实施宣誓的行为具有使宣誓者获得职位的决定性意义。[②] 然而,18～19世纪受天赋人权理论的启发而不断被强调之人的自由意志理念,促使各国在制宪时重新考虑法律是否应当干涉个人宗教信仰的问题。随着时间向后推移,宪法中向宗教客体宣誓规定的强制性被极大地削弱,越来越多国家或地区的宪法宣誓制度在是否向宗教客体实施宣誓的问题上开始给予宣誓主体更充分的自主选择权,在宪法宣誓制度规范中植入选择性条款是18～19世纪宪法针对宗教客体法律规定的普遍处理方式。例如,德意志地区的巴伐利亚公国在1818年公布实行的宪法中还存在要求议会的议员群体遵照基督教徒的规范向上帝宣誓的强制性规定。[③] 但在1848年该宪法的修正案中凸显出宗教宽容的宣誓规范修正条款就添加了"自一八四八年凡非为基督教徒之议员在其誓文中可删及其圣子数字"等内容。与之类似的规范方式不仅出现在希腊王国、荷兰王国等君主立宪的国家,在实行共和制的国家宪法中也有较多拥趸,美国宪法直接放弃在法律中植入宗教客体亦属于宗教宽容原则的立法实践。

18～19世纪出现新宣誓对象。18～19世纪以欧洲为中心并不断向整个世界扩张的资产阶级革命和发生在美洲、亚洲和非洲的殖民地独立运动使人民成为重要的政治力量,并且在现代国家概念的产生并逐渐替代传统的个人对国家的认知等多种因素的共同作用下,"人民"和"国家"等抽象概念开始成为

---

① 《比利时宪法》第80条:"……国王于两院合会之中。非依左式宣布之誓辞后。则不有其位。"《世界现行宪法》,商务印书馆编译所译,商务印书馆1916年版,比利时宪法篇第14页。

② 早期的宪法宣誓制度中存在的将宗教客体作为宣誓对象的规定具有真正的法律规范价值,英国君主继承相关的宣誓制度内就长期存在否认天主教徒拥有继承英国王位的资格及禁止天主教徒获得英国公职的规定。同样地,北美殖民地中马里兰殖民地也通过法案确立英国国教拥有正统地位,要求在本殖民地内实施的宣誓仪式与典礼都遵照英国国教规则进行,并最终在1716年通过禁止所有天主教徒担任殖民地公职的法律,再次强化殖民地统一宗教信仰的立法原则。

③ 《巴维利亚宪法》第25条:"议会之议员每人应按下列誓文宣誓文曰……维上帝及其圣子辅助吾力。克尽斯愿。"《世界现行宪法续编》,商务印书馆编译所译,商务印书馆1913年版,巴维利亚宪法篇第20页。

宣誓对象。[①] 在较短的时间内经历了君主专制、君主立宪制与共和制的政制轮换，并且尝试过当时世界主流宪法模型的法国宪法就成为观察“人民”和“国家”等新型宣誓对象发展的最佳案例。法国 10 多部宪法文本中多次出现过以“人民”或“国家”为宣誓对象的宪法规定，如 1791 年实行君主立宪制时期的法国宪法规定君主、摄政者等宣誓主体“向国家宣誓”。[②] 到了法兰西第一共和国时期，在拿破仑主导下制定的《1802 年宪法》也要求第一执政官的指定继任者要向共和国宣誓。[③] 但随着法国政治由立法权主导转向行政权主导，宪法对宣誓对象的具体规定也在政治局势的影响下发生了适应性转变。“人民”作为宣誓对象在法国宪法中出现的时间与拿破仑完成对法国政治掌控的时间基本吻合，依据拿破仑个人的政治需要及当时法国因内外局势的逼迫而涌现的，法国民众主动寻求拿破仑进行个人独裁的民意基础而制定的《共和十二年宪法》，首创了皇帝受共和政府委托而进行统治的政治体制。[④] 并且由于宪法规定法国皇帝称号为“法兰西人的皇帝”，因此在宪法宣誓制度规定中加冕为法兰西皇帝的个人的宣誓对象亦从《共和十年宪法》中的“向共和国宣誓”调整为“向法兰西人民宣誓”。[⑤]

三、20 世纪后的宣誓对象

20 世纪的两次世界大战深刻改变了原有的世界政治格局，尤其是“二战”结束后集中在亚洲、非洲的第三世界国家出现并带动的新一轮制宪潮，极大推

① 关于何为现代国家这一问题，本书拟采现代国家始自主权国家出现的理论，即由 1648 年《威斯特伐利亚和约》所缔造的相互承认主权和领土为基础的国家形式。

② 法国《1791 年宪法》第一节第 4 条、第二节第 12 条。《法兰西宪法典全译》，周威译，法律出版社 2016 年版，第 19、20 页。

③ 1802 年《共和十年热月十六日宪法》第 43 条：为继承第一执政官而被任命的公民应向共和国宣誓……《法兰西宪法典全译》，周威译，法律出版社 2016 年版，第 126 页。

④ 与通常理解的民主与独裁、共和国与皇帝等概念难以兼容的印象不同，法国的宪制过程中常会出现一些政治理论难以解释的事实，其中就包括“共和国皇帝”这一要素。在 1802 年和 1804 年，预备称帝的拿破仑曾在制定《共和十年宪法》之前和《共和十二年宪法》制定之后举行了两次公投：第一次投票表决的核心议题为“是否同意拿破仑任终身独裁”，其中赞同的人数超过 350 万，反对人数仅 8347；第二次表决为“是否同意《共和十二年宪法》”，赞同这部宪法实施的法国公民同样超过 350 万，而反对人数为 2579。两次的投票结果都显示拿破仑的统治方式获得了当时绝大多数法国公民的认同，具有充分的民意基础。

⑤ 1804 年《共和十二年宪法》第 52 条：皇帝应在登基或成年后的两年内就福音书向法兰西人民宣誓。《法兰西宪法典全译》，周威译，法律出版社 2016 年版，第 142 页。

动了宪法宣誓制度在世界范围内的扩张，尽管20世纪以后宪法宣誓制度在不同文化传统、历史背景的国家或地区构建宪法秩序时都得到了极大的重视，但包括宣誓对象在内的宪法宣誓制度构成要素在宪法中呈现的规范形式并没有出现更多改变。总体而言，20世纪至今在宪法宣誓制度中存在以人民、国家、法律为宣誓对象，以特定的机构或人员为宣誓对象以及以宗教客体为宣誓对象的宪法规范形式，基本可以被看作对18～19世纪宪法中已出现的宣誓对象要素的延续与细化。

（一）以人民、国家为宣誓对象

对世界范围内的现行宪法进行数据统计，18～19世纪宪法宣誓制度中出现的要求宣誓主体向"人民""国家"进行宣誓的法律规范方式在20世纪的宪法中得到了较好的保留。然而，即使世界各国制定宪法宣誓制度规范时普遍重视将人民、国家等要素与宪法中的宣誓对象结合，也并不意味着不同国家的宪法将"人民""国家"等概念用作法定的宣誓对象时对法律的规定就不存在区别。比较具体的宪法规定可以发现，部分国家的宣誓主体需要直接向"人民"或者"国家"等抽象概念发表宣誓，而另一部分国家却必须透过某种法定的现实的"介质"作出向人民、国家宣誓的意思表示。

向"人民""国家"等抽象概念进行宣誓的规范主要被使用在国家元首的宣誓规范中。当宪法确定"人民"为宣誓对象时，"人民"可以通过直接与间接两种方式实现宣誓对象化。韩国、哈萨克斯坦、俄罗斯等国的宪法即属于采用直接规定的方式要求宣誓主体向"人民"进行宣誓的类型，如《哈萨克斯坦宪法》规定国家总统正式就职的时间自其"向人民宣誓"起开始，同时在哈萨克斯坦总统宣誓的具体誓词中还再次强调国家总统服务的对象是"哈萨克斯坦人民"，这一强调显然又在宪法所规定的宣誓主体与对象之间构成了闭合结构。①与之类似的还有《俄罗斯联邦宪法》，依据该宪法规定，国家总统就职时须"向人民"实施宣誓，并且《俄罗斯联邦宪法》同样采取了在总统的誓词中确认人民

---

① 《哈萨克斯坦宪法》第42条，哈萨克斯坦共和国总统自向人民宣誓之时起就职。总统誓词的内容如下："我庄严宣誓：忠实地为哈萨克斯坦人民服务，严格遵守哈萨克斯坦共和国的宪法和法律，保障公民的权利和自由，认真履行我承担的哈萨克斯坦共和国总统的神圣职责。"《世界各国宪法》编辑委员会编译：《世界各国宪法（亚洲卷）》，中国检察出版社2012年版，第227页。

是国家总统的服务对象的规范方式。[1]《大韩民国宪法》则将总统向“人民”实施宣誓的行为规范与总统宣誓的誓词内容进行合并，通过誓言在宪法中固定“人民”的宣誓对象地位。[2] 比较以上规定可以清晰看到，“人民”在宪法宣誓制度中以法律直接规定的方式被确定为国家元首的宣誓对象，宪法宣誓关系大致呈现出“主体—对象”的二元结构。

用间接方式将“人民”等作为宣誓对象进行规定的宪法所构造的宣誓关系略显复杂。其具体表现形式通常为将一个“导体”置入“主体—对象”的二元结构之间，形成“主体—导体—对象”的新宣誓关系结构。对当今世界现行宪法中相关法条进行分析可以看到，通过间接方式确定宣誓对象并构建的宪法宣誓关系大体经过两个步骤。首先，宪法会预设宣誓主体的宣誓将处于某种特定的情境，以及某些具体人员或者机构之前，这种特殊的“情境”通常出现在宣誓主体由拟任某一职务的状态向担任这一职务转化的狭窄区间。具体的“人员、机构”则大多由“议长/议会/宪法委员会/宪法法院”等具有特定象征意义的主体承担。其次，当宣誓主体完成在特定的情境并且置身于特定人员或机构面前的步骤后，宪法还要强制规定宣誓主体在特定情境和特定人员、机构等“介质”中表达向“人民”宣誓的意思。

以《布基纳法索宪法》中针对总统的宣誓规定为例：“总统在就职前应在宪法委员会面前作如下宣誓：‘我在布基纳法索人民面前，以我的荣誉宣誓，我将维护、遵守、支持并捍卫宪法和法律，竭尽所能保障所有布基纳法索人民获得正义’。”[3]在这条规定中明显能够分辨出两个与宪法宣誓对象相关联的要素：第一个要素为宣誓主体直接面对的“宪法委员会”，这是一个具象的要素；第二个要素则是宣誓内容中出现的“布基纳法索人民”，其中人民为抽象的概念。尽管两个要素同时存在于一条规定中，但结合该法条所传达的实质信息，“人

① 《俄罗斯联邦宪法》第 82 条，俄罗斯联邦总统在就职时，应向人民作如下宣誓：“我宣誓：在行使俄罗斯联邦总统的权限时，尊重和维护人和公民的权利与自由，遵守和捍卫俄罗斯联邦宪法，捍卫国家的主权、独立、安全和领土完整，忠实地为人民服务。”《世界各国宪法》编辑委员会编译：《世界各国宪法（欧洲卷）》，中国检察出版社 2012 年版，第 221 页。

② 《大韩民国宪法》第 69 条，总统就职时宣誓如下：“我庄严地向国民宣誓……”《世界各国宪法》编辑委员会编译：《世界各国宪法（亚洲卷）》，中国检察出版社 2012 年版，第 242 页。

③ 《布基纳法索宪法》第 44 条。《世界各国宪法》编辑委员会编译：《世界各国宪法（非洲卷）》，中国检察出版社 2012 年版，第 93 页。

民”要素作为宣誓对象是不易被误判的。至于总统直接面对的“宪法委员会”则不宜被视为一种与“人民”并列的宣誓对象,而应当将之理解为将“人民”这一抽象概念引入现实实践中最终完成宪法宣誓制度“主体—对象”宣誓关系搭建的“中间介质”。同样的宣誓对象规范形式也出现在《多哥共和国宪法》中,该国宪法要求总统就职前要在宪法法院全体会议前进行宣誓,但在总统宣誓的具体内容中,宪法法院却并非真正的宣誓对象,“在上帝和人权主权唯一持有者——多哥人民面前……”在这种规范方式中,“宪法法院全体会议”是联系宣誓主体与宣誓对象的特定“中间介质”,是串联起总统与多哥国民整体这一要素的不可或缺的连接点。[①] 由于“中间介质”的存在,以间接方式对宣誓对象进行宪法规定的宣誓关系的结构应为“主体—导体—对象”。

“人民”作为宪法宣誓对象时可以被宪法以直接或间接的方式进行规定,但世界各国的现行宪法中仅存在以间接方式规定的宣誓主体向“国家”宣誓。以索马里的宪法规定为例,总统在就职时须“在国会前对国家进行下列宣誓……”[②]在上述的具体宪法条文中,“国会”显然是被用作宣誓主体与宣誓对象之间的中间介质,就宣誓关系的结构外观分析,“国家”作为法定的宣誓对象并不能真实出现在宣誓情境之中,因此“国家”与国家总统之间难以直接形成“主体—对象”二元宣誓结构,而“国会”这一现实存在的机构就起到了将具象的总统个人与抽象的国家进行联结的作用,实现了不同维度的事物融合进同一个宣誓实践的现实情境。由宪法选择某个现实实在的个体或机构作为接引抽象概念进入宣誓实践的导体,已经成为现代宪法将“国家”作为宣誓对象较常使用的一种立法技术。例如,《卢旺达共和国宪法》在第 61 条对所有宣誓主体进行了总括式规范,要求宣誓主体在就职前“向国家宣誓”,同时该宪法还分别在第 65、123 条中规定了议员、总统、政府官员等具体宣誓主体,有向国家总

---

① 《多哥共和国宪法》第 64 条。《世界各国宪法》编辑委员会编译:《世界各国宪法(非洲卷)》,中国检察出版社 2012 年版,第 127 页。

② 《索马里联邦共和国宪法》第 70 条:总统宣布就职时,应在国会面前向国家进行下列宣誓……《世界各国宪法》编辑委员会编译,《世界各国宪法(非洲卷)》,中国检察出版社 2012 年版,第 978 页。

统、最高法院院长进行宣誓的责任。① 笔者认为,这样的宣誓对象规范方式不应理解为宪法规定宣誓主体需向两个并列的宣誓对象进行宣誓,而应理解为通过国家总统、最高法院院长等机构完成向“国家”宣誓。

(二)以特定的机关或人员为宣誓对象

除将抽象的“人民”“国家”作为宣誓对象的宣誓制度规范外,宪法也存在将具体的机构或人员作为宣誓对象的规范方式。在具体宣誓对象这一总的分类下,不同国家对宪法宣誓对象的规定大致可以归纳为以下三种:(1)以议会机构或议会中具体成员作为宣誓对象;(2)以职务的授予者作为宣誓对象;(3)以特定司法机关或其成员作为宣誓对象。

1. 议会组织或议会成员

在193个联合国成员国的现行宪法文本中,出现“向议会宣誓”或者近似规定的国家总共有20个,其中既包括议会内部的成员向议会或议长宣誓,也包括非议会成员依据宪法规定向议会或议长宣誓两种情形。首先是议会的成员向议会宣誓。科威特、乌克兰及卡塔尔等国即为典型的通过法律规定确立议会为宣誓对象的国家。在《科威特宪法》中议员的法定义务包括向议会实施宣誓,并且依据宪法的规定,宣誓行为是否完成还关系到当选的议员能否正常履职。② 按照《卡塔尔宪法》的规定,担负向议会宣誓责任的主体为协商议会的议员,但在宣誓时间与宣誓公开等宣誓的行为细节规范方面,卡塔尔与科威特显然高度一致。③《乌克兰宪法》也规定,人民代表就职的一项必要条件为完成

---

① 《卢旺达共和国宪法》第61条,宪法和其他法律要求在就职前应当宣誓的所有职位宣誓内容如下:“我……向国家庄严宣誓:忠于卢旺达共和国……”第65条:议员在就职前向共和国总统宣誓;如果共和国总统没有出席,则向最高法院院长宣誓。第123条:总理、部长、国务秘书和其他政府成员在就职前向共和国总统宣誓,议会和最高法院出席。《世界各国宪法》编辑委员会编译:《世界各国宪法(非洲卷)》,中国检察出版社2012年版,第503、504、508页。

② 《科威特宪法》第91条:国民议会议员在议会或议会委员会任职前在公开会议中向议会作如下宣誓……《世界各国宪法》编辑委员会编译:《世界各国宪法(亚洲卷)》,中国检察出版社2012年版,第284页。

③ 《卡塔尔宪法》第92条:协商议会议员就职前在公开会议中对议会宣誓如下……《世界各国宪法》编辑委员会编译:《世界各国宪法(亚洲卷)》,中国检察出版社2012年版,第276页。

向最高达拉实施宣誓。[①]

在将议会机关作为议员群体的宣誓对象的规范之外，宪法也不排斥非议会成员向立法机关或人员进行宣誓的规定，许多国家的宪法中存在国家元首、政府官员、司法官员在就职前向议会宣誓的情况。黎巴嫩、阿根廷、海地与土耳其等国宪法就将国家立法机关作为国家元首的宣誓对象，《黎巴嫩宪法》第50条规定，国家元首在就职时要宣誓忠于民族和宪法，而接受其宣誓的是议会。[②] 在宪法的制定法框架下，掌握国家行政权的行政官员也可能向立法机关宣誓，以《保加利亚共和国宪法》为例，它要求部长级的国家高级行政官员向国民议会实施宣誓。[③] 同理，宪法规范中也存在法官向立法机关宣誓的规定，《墨西哥宪法》就将参议院作为最高法院法官的宣誓对象。[④] 在宪法宣誓制度中除了将议会机关列为宣誓对象的法律规范方式，也有国家在制宪时选择议会机关中的特殊个体为宣誓对象，议会的议长通常被作为宪法宣誓对象。例如，《智利宪法》即规定，新当选总统的宣誓对象为参议院议长。[⑤]

2. 职务授予者

宪法要求宣誓主体向职务授予者宣誓的情形更多出现在宪法宣誓制度针对行政官员的规范中，这类宣誓对象的确定经常通过宪法宣誓规定与其他宪法规定组合的方式表现。例如，《苏里南宪法》规定，国务院委员以及部长等政府官员在就职时需向国家总统宣誓，而与该宣誓规范相匹配的是，该国宪法还

---

① 《乌克兰宪法》第79条：在就职前，乌克兰人民代表应当向乌克兰最高拉达作如下宣誓……《世界各国宪法》编辑委员会编译：《世界各国宪法（欧洲卷）》，中国检察出版社2012年版，第674页。

② 《黎巴嫩宪法》第50条：共和国总统就职时，应向议会宣誓对民族和宪法的忠诚。《世界各国宪法》编辑委员会编译：《世界各国宪法（亚洲卷）》，中国检察出版社2012年版，第299页。

③ 《保加利亚共和国宪法》第109条：部长会议成员应当依照第76条第2款的规定向国民议会宣誓。《世界各国宪法》编辑委员会编译：《世界各国宪法（欧洲卷）》，中国检察出版社2012年版，第116页。

④ 《墨西哥宪法》第97条：最高法院每位法官履行职务时将向参议院宣誓。《世界各国宪法》编辑委员会编译：《世界各国宪法（美洲大洋洲卷）》，中国检察出版社2012年版，第645页。

⑤ 《智利宪法》第27条：……国会应于现任总统卸任之日召开全员大会，并于当日选举审核法院宣布的总统选举决定对新总统任职进行认定。总统当选人在同一活动中，应向参议院议长宣誓……《世界各国宪法》编辑委员会编译：《世界各国宪法（美洲大洋洲卷）》，中国检察出版社2012年版，第956页。

规定总统拥有任命部长及组建部长理事会的权力。[①] 与《苏里南宪法》类似的宣誓对象确定方式在叙利亚、波兰等国的宪法中也有所体现,《阿拉伯叙利亚共和国宪法》规定,国家总统有权任命内阁总理及部长等重要政府官员,而总统拥有的职务授予权力投射到相关主体的宣誓规范后即表现为,宪法规定的政府官员就职时必须向总统进行宣誓。[②] 波兰宪法宣誓制度中针对宣誓对象的规范也存在需要联系其他宪法规定进行组合理解的情况,该国宪法第144、151、154条共同完成了总理、副总理及部长向共和国总统宣誓的规定。[③]

虽然上述的宪法宣誓制度中"总统"都为法定的宣誓对象,但决定"总统"作为具体宣誓主体的宣誓对象不是依据"总统"这一职务称谓,或者是总统在行政系统中对政府官员的优势地位,而是基于总统授予职务的职能。一旦将宪法中宣誓对象规范设置的关注点放在"职务授予"上,尝试从宪法规范整体性的角度去审视这部分特定的条文,许多围绕"总统"这一宣誓对象的宪法规范问题就迎刃而解:与大多数国家要求行政官员向"总统"宣誓的法律规范有所差别,一些国家的宪法宣誓制度中存在法官向总统宣誓的规范。例如,斯洛伐克宪法宣誓制度规定,宪法法院法官与普通法官都要向国家总统宣誓,但在具体的宪法宣誓制度规范之外,总统还依据宪法的规定拥有任命法官的权力。[④] 基于上述原因,将本类宣誓对象归纳为"具体的职务授予者",从宪法宣

---

① 《苏里南宪法》第110条:"总统还拥有以下权力:一、参考包括选举结果在内的因素,组建部长理事会……六、任命并免除部长职务。"第114条:国务委员就职时,应向总统宣誓或作出如下保证……第125条:就职时,部长和副部长应向总统宣誓……《世界各国宪法》编辑委员会编译:《世界各国宪法(美洲大洋洲卷)》,中国检察出版社2012年版,第799~800页。

② 《阿拉伯叙利亚共和国宪法》第97条:共和国总统负责任命内阁总理和副总理、任命部长和副部长,接受他们的辞呈和免除他们的职务。第120条:内阁总理、副总理和部长组建新内阁时,在就职前按照本宪法第7条的规定向共和国总统进行宪法宣誓……《世界各国宪法》编辑委员会编译:《世界各国宪法(美洲大洋洲卷)》,中国检察出版社2012年版,第703、704页。

③ 《波兰宪法》第144条:……提名和任命总理。第151条:总理、副总理及部长应向共和国总统宣誓如下……第154条:……总统应在众议院第一次会议或接受前任部长委员会辞呈的14日内,任命总理及部长委员会的其他成员,接受新任命的部长委员会成员的宣誓。《世界各国宪法》编辑委员会编译:《世界各国宪法(欧洲卷)》,中国检察出版社2012年版,第154、155页。

④ 《斯洛伐克共和国宪法》第102条:"(十八)任命和罢免宪法法院的法官、院长与副院长,听取宪法法院法官和总检察长的誓言;(十九)任命和罢免最高法院的法官、正副首席大法官,总检察长和司法委员会的三名成员,听取法官们的誓言。"第134条:"四、宪法法院法官应面向斯洛伐克共和国总统宣誓……"第145条:"四、法官应面对共和国总统宣誓……"《世界各国宪法》编辑委员会编译:《世界各国宪法(欧洲卷)》,中国检察出版社2012年版,第644、647、649页。

誓制度与宪法制度的整体逻辑关联出发对某一类宣誓对象进行分类，相较于仅从狭义的宪法宣誓规范中直接提取相似的宣誓对象进行鉴别的方式更具有合理性。

3. 司法机关及其成员

宪法宣誓制度选择“宪法法院”“宪法委员会”“最高法院院长”等司法机关或机关内部成员作为宣誓对象也属于较为普遍的法律规范方式。在世界现行宪法的规定中，依法向司法机关及其成员宣誓的宣誓主体既来自司法系统内部，也可能来自其他权力系统。宪法宣誓制度对同样来自司法体系内的宣誓主体与宣誓对象的规范。墨西哥、海地等国的宪法将司法机关确定为宣誓对象。根据墨西哥宪法宣誓制度的规定，地区法官与巡回法院的法官需要向最高法院和联邦司法委员会宣誓。① 这一宣誓对象的法律确定方式与《海地宪法》较为相似，《海地宪法》规定，负责审计、行政案件的高等法庭法官在就职时应当向最高法院的相关分庭宣誓。②

宪法宣誓制度中也存在宣誓主体与作为宣誓对象的司法机关及其成员来自不同权力体系的规范类型。在科特迪瓦、刚果（金）、卢旺达等国的宪法中司法机关及其成员即为重要的宣誓对象。例如，《科特迪瓦宪法》规定，宪法委员会应当接受新当选总统的宣誓；③而刚果（金）总统在就职时，应当完成宣誓的对象为宪法法院。④ 卢旺达宪法宣誓制度则在司法系统中选择一个特定成员代表司法机关成为宣誓对象，按照该国宪法的规定，卢旺达总统的就职宣誓需向宪法法院的院长作出。⑤

---

① 《墨西哥宪法》第 97 条：……巡回裁判官和地区法官应向最高法院和联邦司法委员会宣誓。《世界各国宪法》编辑委员会编译：《世界各国宪法（美洲大洋洲卷）》，中国检察出版社 2012 年版，第 645 页。

② 《海地宪法》第 202 条：审计和行政争诉高等法庭法官在就职以前须向最高法院的某个分庭宣读以下誓词……《世界各国宪法》编辑委员会编译：《世界各国宪法（美洲大洋洲卷）》，中国检察出版社 2012 年版，第 559 页。

③ 《科特迪瓦宪法》第 39 条：……在选举结果最终宣告后 48 小时内，当选的总统得向宪法委员会全体会议庄严宣誓。《世界各国宪法》编辑委员会编译：《世界各国宪法（非洲卷）》，中国检察出版社 2012 年版，第 392 页，

④ 《刚果（金）宪法》第 74 条：……共和国总统在就职前应向宪法法院宣誓。《世界各国宪法》编辑委员会编译：《世界各国宪法（非洲卷）》，中国检察出版社 2012 年版，第 221 页。

⑤ 《卢旺达宪法》第 104 条：共和国总统在就职前向最高法院院长宣誓……《世界各国宪法》编辑委员会编译：《世界各国宪法（非洲卷）》，中国检察出版社 2012 年版，第 507 页。

(三)以宗教客体为宣誓对象

20世纪以后世界各国的宪法宣誓制度中还保留着大量以宗教客体为宣誓对象的规定,但比较现行宪法与之前数个世纪宪法中针对宗教信仰问题作出的宣誓规范,延续宗教客体宣誓对象的国家中只有少部分国家仍然坚持在规定有宗教客体为宣誓对象的法律中加入严格的准入、许可价值,绝大多数国家的宪法宣誓制度已经形成将宗教因素的意义限定于文化范畴,并容许宣誓主体就是否向宗教客体进行宣誓自主选择的共识。

首先是坚持将准入、许可等宣誓制度价值与宗教信仰相绑定的宪法规范。这一宣誓对象在宪法制度中的规范方式与之前介绍的"职务授予者"的规范方式基本一致,宣誓对象严格的宪法意义都需要借助宪法宣誓相关法律之外的宪法规定才能完整反映。以毛里塔尼亚宪法为例,该国宪法宣誓制度规定总统履职前应"向真主安拉宣誓",同时宪法中还存在总统必须信仰伊斯兰教的限制性条款。[①] 与之类似的以制定法形式赋予宣誓对象准入、许可价值的规定也在《伊拉克共和国宪法》中有所体现,按照《伊拉克共和国宪法》的规定,议员、总统及其他行政官员都要向真主宣誓,并且宪法也确定伊斯兰教为伊拉克国教,国内的任何法律都必须遵照伊斯兰教的教义进行制定。[②] 从前述国家宪法对宗教客体宣誓对象的"组合式"规范方式可以分析出,特定的宗教信仰对宣誓主体是否具有获得国家公共职务的资格有决定性意义,而宪法宣誓制度中以宗教客体为宣誓对象的规定也因该前提而共享了严格的限制性价值。

其次是在宪法宣誓制度中以非强制的方式纳入宗教客体。与上述规定宗教客体的方式不同,虽然宣誓制度中存在宗教客体的内容,但宪法坚持宗教自由的立法原则,既未规定某一宗教为国教,也不将特定的宗教信仰作为个人获

---

① 《毛里塔尼亚伊斯兰共和国宪法》第23条:总统是国家元首,须信仰伊斯兰教。第29条:"……总统在其履行职务前应进行宣誓,誓词如下:'我向真主安拉宣誓……'"《世界各国宪法》编辑委员会编译:《世界各国宪法(非洲卷)》,中国检察出版社2012年版,第608页。

② 《伊拉克共和国宪法》第2条:伊斯兰教为国教,是立法的基本渊源;不得制定任何与伊斯兰教教规相抵触的法律……第50条:"议会议员就职前必须进行如下宣誓:'我向至高至大的真主起誓……'"第71条:总统以本宪法第50条规定的形式在议会前进行宪法宣誓。第79条:总理和内阁成员以本宪法第50条规定的形式在议会前进行宪法宣誓。《世界各国宪法》编辑委员会编译:《世界各国宪法(亚洲卷)》,中国检察出版社2012年版,第731、735、737页。

得国家公职的必要条件。例如,德国宪法宣誓制度允许总统、总理及政府官员的宣誓以非宗教的方式作出。同样在《巴拿马宪法》中,总统、副总统在就职时应向"上帝和祖国"宣誓,但宪法也承认没有宗教信仰的宣誓主体向"祖国"宣誓也同样能够顺利获得职务。①

① 《巴拿马宪法》第181条:"共和国总统和副总统在大选后的7月1日,在国民大会宣誓就职。其誓言如下:'我向上帝和祖国宣誓,忠实履行共和国宪法和法律。'没有宗教信仰的公民在誓言中可以不提上帝。"《世界各国宪法》编辑委员会编译:《世界各国宪法(美洲大洋洲卷)》,中国检察出版社2012年版,第141页。

第五章 宪法宣誓的誓言内容分析

誓言是宪法宣誓制度内除宣誓主体、宣誓对象以及监誓者外的又一项重要内容，如果将宪法宣誓的结构要素看作支撑该制度的骨骼，那么誓言就应当被看作宪法宣誓的灵魂。分析当今世界范围内的宪法宣誓的誓言文本可以发现，各国宪法规定的誓言内容基本以复合的形式进行组织。宪法为不同宣誓主体所规定的誓言内容虽各有侧重，但就誓言内容整体而言，宣誓主体对职务责任的明确、对社会的基本道德的遵循、对国家法律制度的服从，甚至在部分国家对宗教信仰的虔信等要素，都属于宪法宣誓誓词的常见内容。值得注意的是，现代宪法宣誓的誓词具备了较为固定且复杂的结构，但誓词内容中的层次划分并非一日而成，不同的时代潮流和当时的社会背景都深刻影响着誓言的塑造。因此，本章将以时间为线索对誓言内容的演变进行研究，以英国《大宪章》及英属北美洲殖民地的宪法性文件中出现的早期誓言内容为起点，分析18~20世纪率先自欧洲以及美洲地区兴起而后在整个世界范围内逐渐扩张的立宪潮流中宪法宣誓誓言内容发生的变化，并对20世纪以后各国宪法中宪法宣誓誓言内容的分类进行梳理。

第一节 早期宪法性文件中的誓言内容

早期的宪法宣誓制度诞生于君主与臣民间的“契约”，由于中世纪的宪法宣誓尚未实现与传统效忠宣誓的严格切割，誓言的内容表现出极为强烈的“交换”特征。同时，英国独有的政治传统、法律实践的环境又使国家的权力逐渐从君主向臣民一方倾斜，于是当英国《大宪章》签订时，尚处在萌芽状态的宪法与宪法宣誓制度都带有宣示“王在法下”的鲜明价值取向。[1] 以法律至尊的立法原则为基础，早期的宪法性文件中誓言内容基本围绕法律对君主权力的限制与依据法律而承认君主统治等进行规范。

一、英国《大宪章》中的誓言

1215 年由英王约翰与贵族签署的英国《大宪章》被认为是宪法宣誓制度的起源，该文件以协定宪法的形式明确了君主与臣民的权力和权利，并为二者设定了清晰的界限。为了确保英国《大宪章》所制定的规则不被违反，在《大宪章》起草者一方的主导下，“宣誓”被确定为强制缔约双方遵守、履行法律的保证性手段。尽管实施宣誓的行为被法律赋予了巩固制度的重要意义，但英国《大宪章》第 63 条只要求君主和男爵以宣誓服从法律，对誓言内容却没有明文规定。

1215 年签订的英国《大宪章》仅维持 10 周即被废除，其后又分别在 1216 年、1217 年和 1225 年经历被修改、被废止、被再发布，一系列流传至今的《大宪章》都是由拉丁文记录后翻译为英文的版本。英语版《大宪章》中有两版使用范围较为广泛，第一个是 1215 年由英王约翰一世签署的原初版本，在该版本中《大宪章》第 63 条的内容为：“……It is also sworn, both on our part, and on that of the Barons, that all the aforesaid shall be observed in good faith, and without any evil intention. Witnessed by the above, and many others.”[2]第二个则为 1297 年经《宪章确认书》在爱德华一世时期对部分条款进行修改后重新推出的版本，这一版第 63 条的具体内容为：“……An oath, moreover, has been taken, as well on our part as on the art of the barons, that all these conditions aforesaid shall be kept in good faith and without evil intent.”[3]至于《大宪章》的中文翻译版本，笔者找到的国内最早的全文译本为商务印书馆编译所编译，收录于 1913 年出

---

① “王在法下”亦可理解为法律至尊或法律主治，戴雪认为该法律观念属于英国政治的特殊产物与英国的法治传统和精神密不可分，“法律是最贵国宝，为君主所有，全国人民以至君主本身都须要受治于法”。[英]戴雪：《英宪精义》，雷宾南译，中国法制出版社 2017 年版，第 250～251 页。

② 第 63 条系从宾夕法尼亚大学图书馆所藏文献资料 1215 年 Magna Carta 中节选。（http://www2.hn.psu.edu/faculty/jmanis/document.htm.）

③ 1297 年版本摘自英国议会官方网站，中文翻译参考《世界各国宪法》编辑委员会编译：《世界各国宪法（欧洲卷）》，中国检察出版社 2012 年版，第 765～767 页。

版的《世界现行宪法》中。然而，此版译制时间在民国时期，当时的行文方式与现代社会标准用语存在较大差异，例如该译本中有关宪法宣誓的第63条为："……朕与诸侯誓诸神明。开诚弃嫌。谨守以上诸条。无敢违怠。"[①]现今国内使用范围与影响最大的《大宪章》译本为商务印书馆2016年出版并于2019年再印的陈国华译版本，该译本主要依据伦敦大英图书馆馆藏1215年Magna Carta抄本译制，由于翻译时间较近，该版《大宪章》的行文更符合当下用语习惯，其中第63条为："……朕与男爵们都已宣誓，将认真遵守上述所有条款，不得恶意欺骗。"[②]本书对《大宪章》中宪法宣誓制度分析的主要援引素材即源自2019年商务印书馆出版的由陈国华翻译的版本。

比较上述四个版本《大宪章》中出现的宣誓规范，誓言内容没有被法律单独描述，而是被笼统概括进具体实施宣誓的行为中。按照英国《大宪章》对宣誓内容的规范方式，如果要明确宣誓主体因誓言而承担的责任，就必须联系宪章之前的条文逐条进行分辨、判断。同时，由于宣誓主体的誓言内容与宣誓行为都被法律以概括的方式统合进统一的宣誓场域之中，仅从《大宪章》中与宣誓相关的规定很难判断英国君主与臣民宣誓的内容和行为在细节上存在何种差异。不过从记录英国中世纪宣誓实践情况的一些历史材料中仍然能够感受到，《大宪章》所确立的宣誓制度实践过程中君主与臣民的宣誓仍然被小心地区隔开。在关于早期宪法宣誓实践的历史记录中，爱德华二世于1307年登基时所作宣誓的誓言记载最为详细，而这位君主恰好是《大宪章》经过多次修改，在1297年最终确定之后进行加冕宣誓的第一位英国国王。据记载，这场宣誓是通过君主与大主教对话的形式完成的，大主教率先向爱德华二世发问："陛下，您愿意授予、维持并向您的英格兰臣民宣誓确认历代您那些公正和神圣的英格兰先王们曾授予他们的法律和习惯吗，尤其是您的先王伟大的圣爱德华国王授予教士及民众的各项法律、习惯和特权？"爱德华二世的回应为："是的，

① 《世界现行宪法》，商务印书馆编译所译，商务印书馆1916年版，英吉利宪法篇第16页。

② 《大宪章》，陈国华译，商务印书馆2016年版，第56页。

我愿意。”①

虽然英国《大宪章》以概括性方式对宣誓作出了统一的要求,但该宪法性文件本质上反映的是以英国贵族和教士为代表的国内多阶级民众对君主权力和君主行使权力行为进行限制,以及对自身自由和权利实现保障等现实诉求。因此,在英国《大宪章》的框架内,君主和臣民因所处立场的不同,各方必然存在法定责任和义务的差异,而作为这些差异直接反映的君主和臣民的誓言内容也将存在泾渭之别。

(一)誓言中限制君权的内容

英国《大宪章》对君主权力的限制主要从对君主行使权力的主动和被动两个方面进行规范,对臣民的财产权利和人身自由的维护是法律关注的核心。英国《大宪章》规定君主应主动承认臣民享有基本的自由权和其他人身权利。例如,在《大宪章》第1条中有君主承诺给予并永远保障国内臣民个人自由的规定:“对我国所有自由人……允许他们享有下文所载之所有自主权……”②第13条中有对过去民众拥有的传统权利的溯及性承认。③ 按照这类法律条文的规定,一旦君主在登基典礼上宣誓确认、维护法律,那么就意味着其作为统治者的宣誓誓言自动囊括了前述法律中关于人民自由与权利的全部内容。尽管在英国《大宪章》的字里行间臣民享有的权利和自由仍然被归结于从君主处获得,并且在双方签署协议的时代君权仍然保留了较强的优越性;但总体而言,以法律形式出现的宪法宣誓制度仍然冲击了传统的君权神授理论赋予君主对臣民拥有近乎无限的支配与剥夺的专制权力,以及君主行使其权力时拥有无限正当性的行为逻辑的根基。

除让君主主动作出给予臣民自由、权利的表示,体现出誓言对权力的限制

---

① 1215年英国《大宪章》签订后的100年里英国君主的誓言内容处于变化之中,如1215年英国《大宪章》制定后的第一位英国君主亨利三世使用的誓言仍宣称君主对民众公正判决并严格执行法律,取缔恶法与陋俗等;到了爱德华一世时期君主的誓言已转而强调君主将遵守并维护民众选择及制定的王国习惯与法律等内容。1297年版英国《大宪章》誓言内容的差异更为明显。[英]梅特兰:《英格兰宪政史:梅特兰专题讲义》,李红海译,中国政法大学出版社2010年版,第66页。

② 《大宪章》,陈国华译,商务印书馆2016年版,第27页。

③ 《大宪章》第13条:伦敦市将享受一切古已有之自主权及陆路与水路之免费通关权……《大宪章》,陈国华译,商务印书馆2016年版,第33页。

意义外,《大宪章》中还存在数量众多的对君主行使权力的行为进行限制的规定,这些针对君主权力的限制条款也需通过君主的誓言承诺而被表现及巩固。相较于君主主动承认和赋予民众自由的法定责任,禁止性规范的重点在于确保君主应当以“不作为”的方式去保障民众的各项权利的顺利实现。例如,《大宪章》在第12~16条中规定,任何人都不得在未获得普遍同意的情况下自行征税,并针对君主增加税赋的要求设置了更加复杂且确保臣民对税赋问题拥有更多话语权的协商程序,这些规定限制了专制体系内君主所拥有的对臣民的财产任意支配的权力。① 虽然按照英国《大宪章》的规定,君主仍然可以借助议会程序去激活并实现其征税的权力,但在实践中议会时常拒绝君主增税的动议,君主向臣民行使征税的权力因必须通过议会的批准变得越来越艰难。英国议会得以拒绝君主权力的权利及其合法性,仅仅是通过君主以誓言承诺将永远遵守宪章的规定即得到了充分实现。

英国《大宪章》对君权进行限制的规范当然也不会止步于维护臣民的财产领域,专制君主对臣民人身享有的绝对控制权也为英国《大宪章》所排斥。第39条明确否定了君权之中存在随意对臣民人身进行处置的权力,而君主让步之后的权力真空,《大宪章》选择法律去填补。② 在司法领域用制定法律的方式确立起法律至尊的理念,并使之逐步替换专制君主乾纲独断对臣民行使无节制权力的情形。这一类直接限制君主权力施展的规定,对君主誓言的内涵构造的影响在于君主誓言中将包含一项君主行使权力的一概行为都必须考虑民众的各项权利,故而使自身行为将依据法律保持克制的前置性许诺。如果说《大宪章》对君主主动行为的规范,使誓言中存在君主将“作”出某些特定行为的承诺性内容,那么这部分限制性规定就代表誓言同时也包括君主承诺将“不作”出某些行为的内容。

---

① 《大宪章》第12~16条严格限制了包括君主在内的统治者随意增加税赋的权力。其中第12条规定,除特殊情况外,征收代役金及摊派捐助必须经过全国广泛协商程序。第14条规定,君主因征收代役金及摊派捐助事宜而召开协商会议,必须提前40日向宪章确定的各主体发出通知诏书。第15、16条规定税金与捐助的征收标准应当合理。《大宪章》,陈国华译,商务印书馆2016年版,第33~34页。

② 《大宪章》第39条:"任何自由人将不受逮捕、监禁、没收财产、剥夺法律保护、流放或以其他任何方式伤害,朕亦不会对之施加暴力或派人对之施加暴力,除非通过其平等人士之合法裁决或通过英格兰法裁决。"《大宪章》,陈国华译,商务印书馆2016年版,第45页。

《大宪章》对君主权力的限制性规定还使君主的誓言中包含了君权不可凌驾于法律之上的意涵。在《大宪章》颁布以前，整个欧洲社会或多或少受到罗马法中专制因素的影响，而进入中世纪后教会势力对世俗政治的不断渗透又使罗马法秩序与基督教教义不断糅合形成新的君权神授等社会控制理论。[①]由于基督教的影响，在较长一段时期君主的权力被认为是来源于上帝，世俗世界的君权同精神领域的宗教及宗教神圣性挂钩，也使上帝成了君主行使权力时唯一需要负责的对象。在该权力产生及运行的逻辑盛行的时代，法律显然处于极端不利的地位：毕竟对于君主自身而言，既然君主的意志直接源自上帝的授意，那么在严格意义上君主唯一需要负责的对象是上帝，而对于世俗世界的法律，君主并不存在直接责任。换言之，在《大宪章》之前的欧洲社会封建君主与教会组织互保、几乎把持无限权力的政治制度中，君主这一特殊主体的位阶显然要高于一切世俗的法律。基于此，无论如何要求君主宣誓服从法律都是不合君权神授逻辑的。但《大宪章》却通过强制君主宣誓服从法律的规定，从根本上否定了君主地位高于所有国民，也高于法律的专制传统。君主宣誓遵从《大宪章》意味着，君主对法律制约、指引君主权力行使模式的接受。因此，为《大宪章》所规定的君主宣誓誓言中还应当包括君权不再高于法律的内涵。

（二）誓言中维护民权的内容

正如爱德华·柯克爵士在17世纪初就洞察到的，即使被誉为英国宪法的“圣经”，纯粹由英国《大宪章》创造的权利实在乏善可陈。这部法律以强制君主与臣民通过宣誓的方式宣示并强调的那部分属于人民的权利，本质上都是早已伴随英国历史经验和政治实践，通过一份份议会法案以及君主特许令的形式被逐步固定下来的那些权利。尽管《大宪章》大多围绕有利于臣民个人的权利施展这一主旨进行规定，但以男爵为代表的臣民与君主同样被《大宪章》列为宣誓主体，并且被同等严格地要求宣誓服从法律，那么就民众所处的立场

---

① “基督教”属于一类起源于巴勒斯坦地区的宗教泛称，进入中世纪后“基督教”概念在欧洲地区分裂为罗马天主教、东正教及新教三大分支，此处的“基督教”指对中世纪西欧封建国家的社会、政治、法律各领域影响最大的罗马天主教。［美］胡斯托·L.冈萨雷斯，《基督教史》（上卷），赵城艺译，上海三联书店2016年版，第259～451页。

而言,对于《大宪章》以誓言服从的是什么?

如果将《大宪章》诞生的历史过程作为观察该文件的锚点,《大宪章》的制定与英国民权的觉醒尚有一定距离,本质上属于英国贵族阶级及教士群体对君主的专制统治方式存在不满,在基本维持原有的社会秩序框架前提下,迫使统治者对统治方式进行调整的事件及结果。基于这一事实,《大宪章》在君主和臣民间的成功缔结,虽然可以从文件的字面规定解读出君主对法律的"自愿"服从以及主动对民众权利尊重的意思表示,也应当承认这份法律文件同样有利于贵族阶级借助武力为个人权利的顺利施展服务。《大宪章》的诞生经历了君主权力和民众权利的对立、冲突和妥协的整个过程,甚至这个过程得以终结的直接原因在于英王约翰一方在军事上的失利。因此,对于英国《大宪章》的理解不应仅凭借字面内容,将之认定为君主颁布的又一个行政性"敕令",而应当看作一份对民众和君主同样具有约束力的宪法性协议。这意味着,君主宣誓遵从《大宪章》的一个极重要的动机除了结束当下政治僵局的需要,还有换取臣民对自身作为君主的地位及与之相应权力的保证性回应的现实需求。因此,作为政治交换,与君主同样拥有宣誓资格的民众实施服从《大宪章》的宣誓行为,其誓言内容就应当包含维护君主权益的承诺性要素。

1. 维护民权并巩固君主制度

《大宪章》第 61 条是极为重要的一条,该条解释了在《大宪章》框架内民众对君主的承诺是什么。《大宪章》第 61 条以明文规定的方式肯定了臣民拥有的拒绝君主命令的政治权利,尽管从文本规范而言,这是一条旨在限制王权的法律,但当君主与臣民共同宣誓承认、服从《大宪章》效力的同时,第 61 条中隐含的臣民应当对君主负担拥护其统治并永远不得推翻的回馈性义务也因此被触发了。这一隐含内容既包括臣民承诺对君主本人的人身权利加以保障,也包括臣民承认君主权力及统治地位。首先是《大宪章》第 61 条对君主人身权利的保护,具体体现在法律划定了一个臣民对君主采取强制措施行为的严格边界,即臣民可以采取使君主的自由、财产等权利蒙受实质损失的方式"劝诫"君主改正其"非法"的统治策略,但君主与王室成员的人身、生命安全享受无条件保障。法律对臣民行为的强制约束,确保未来君主和臣民间发生冲突时,君主及直系王室成员的人身权不会受到暴力侵害。[①] 其次是《大宪章》在臣民的宣誓中加入了臣民将始终承认并接受君主统治的内容。同样在本法第61条，臣民对君主的“纠正”措施也由法律设置了一个强制性结束期限及恢复君主统治状态的附加条件。[②] 基于上述规范，《大宪章》一方面尽可能地通过立法赋予民众维护自身权利的权利，另一方面《大宪章》也对君主权力和制度进行了维护。这说明，臣民依法进行宣誓的内容不仅包括对自身权利的确认，还包括对维护君主制度的相关内容作出了承诺。

分析《大宪章》给予臣民针对君主采取行动的权利时格外谨慎的态度能够注意到，臣民固然能够依据法律去维护自身的部分利益，但前列《大宪章》对臣民合法“侵犯”君主私产的组合性规定，实际上是以法律的形式从源头上杜绝了，出现君主和臣民之间的争端长期无法解决的局面时，臣民对君主采取武力罢黜的行为获得法律允许的可能性。如果法律承认臣民武力推翻君主的行为合法，那么对于政权的暴力颠覆将使《大宪章》整个法律制度都变得无意义，并且即使仅就法律条文中的内容分析，《大宪章》为臣民留置君主财产作出的合法期限的规定，也会因为君主“过失已得到纠正”这一行为的永久落空而自相矛盾。综上所述，《大宪章》坚持不将推翻君主纳入臣民纠正君主行为偏差时所采取的合法方式之列，就意味着臣民罢黜君主的行为和君主侵害《大宪章》给予臣民权利的行为同样属于违法行为，因此，对于按照《大宪章》的规定而进行服从宣誓的民众而言，其誓言的内涵显然应当包括不对君主及其直系亲属的人身权利实施侵害的保证要素，以及放弃以暴力推翻君主统治的承诺要素。

2.《大宪章》对民权的再确认

虽然《大宪章》诞生的直接原因是君主与臣民双方在权力和权利的分配问题上存在矛盾，但这种矛盾在当时还未尖锐到使《大宪章》成为真正的“革命性”文件，至多使之成为一份在权力和权利关系方面具有“革新”意义的协议。事实上，贵族阶级推动《大宪章》签订的根本动机是希望通过法律文件的签订

---

① 《大宪章》第61条：“……这二十五位男爵在得到全国民众支持时，可羁押朕并以任何可能方式使朕遭受损失，包括占领朕之城堡、土地，拿走朕之财产或任何其他物品，但不得伤害朕之人身和王后以及朕之子女之人身。”《大宪章》，陈国华译，商务印书馆2016年版，第55页。

② 《大宪章》第61条：“过失一经纠正，他们便须像之前那样服从朕。”《大宪章》，陈国华译，商务印书馆2016年版，第55页。

迫使君主以一种较好的方式继续统治，而非完全推翻君主的统治。这一点也可以从约翰王于兰尼米德草场签署的《大宪章》中规范的内容大部分是围绕贵族特权的确认与巩固，而不是以法律去改造君主的统治模式得到印证。但1215年版《大宪章》在签订后又迅速被废止的经历让贵族阶级意识到，想要保证法律能长期对抗君主的权力就必须让更多的阶级参与到维护《大宪章》的行动中来，显然仅凭维护贵族权利，这一目的是难以实现的。于是，在此后数次对《大宪章》的修改过程中，贵族阶层以外群体的权利也开始在法律文件中被关注，随着时间向后推移，《大宪章》中的规定对臣民权利维护的力度和范围都在逐步增长。

《大宪章》中臣民能够以宣誓宣称的个人享有的权利可以被分为：对先前已为法律文件所确认的权利的宣示，以及《大宪章》在实践、修改过程中被法律新纳入的群体与领域的权利内容。首先是《大宪章》对臣民的既有权利的维护性规定。以第2条为例，该条的主要内容是在爵位继承人进入财产继承程序时，其继承之物可以通过缴纳一定数额税金的方式获得延续。[①]《大宪章》通过法律规范明确了臣民对财产的占有及支配的权利，能够合法从父辈处继承而来且君主权力不得对其非法干涉的法律原则。与之类似的法律规范方式也在《大宪章》第13条中得到体现，该条主要内容为确认局部地区先已存在的权利能够继续延续，并将同等的权利给予、扩大至更多的地区。[②]《大宪章》第2、13条的规定表明，法律对民众依据先前的习惯法或地区法律传统而获得的权益秉持着承认、维护的态度。

其次是《大宪章》在实践与修改过程中，推动了权利向更广泛的臣民群体与新的领域扩张。在《大宪章》制定之初，"自由民"的基本权利也获得了法律一定程度的关切，如《大宪章》第39条确认了臣民的自由权在未经法律判决之

---

① 《大宪章》第2条："任何伯爵、男爵或其他因服军役而从朕处直接获得王室封地者一旦亡故，其继承人已经成年并有义务缴纳续租费，该继承人只须按照原来的缴费标准缴纳续租费后即可继承续租权……"《大宪章》，陈国华译，商务印书馆2016年版，第28页。

② 《大宪章》第13条："伦敦市将享受其一切古已有之自主权及陆路与水路之免费通关权。朕还同意允准所有其他市、区、镇、港均享受其一切自主权与免费通关权。"《大宪章》，陈国华译，商务印书馆2016年版，第33页。

前,不得被包括君主在内的任何人随意损害的保护性原则。① 但在第一次公布的《大宪章》中,为法律所确定的"自由民"身份几乎不会被认为包括贵族阶层以外的人,此时这一条的规定很难被当作一项真正惠及平民阶层的权利条款。但 1225 年版的《大宪章》对该条进行了修改,"自由民"的概念以法定的形式实现了拓展,"人民和大众"(tam polulo quam plebi)与贵族享有同等的自由权。②针对臣民基本权利维护的法定受益人概念在 1354 年再度被定义,原先存在一定限制条件的"自由民"转变为不以身份地位及财产状况进行划分的任何人。③可以认为在发展的过程中,《大宪章》保护的阶层与利益总体呈现出不断扩大的趋势,直到人民整体都因此拥有基本的自由及不受权力肆意侵害的权利。

第 39 条对臣民的人身、自由、财产权利进行保护的法律内容,也可以被看作关联《大宪章》内大部分臣民权利性规范的核心线索。例如,第 24 条严格限制了包括执行官在内的由国王直接任命的行政官吏对刑事案件实施直接干预的权力,这一规定本质上削弱了传统君权体系下以君主为代表的行政权对司法权的干预,使君主权力得以发挥作用的空间被进一步压缩。④ 又如,《大宪章》第 32 条杜绝了君主肆意侵占的臣民财产可能,该法律规范从人身、财产等方面削弱了君主及其代理人对臣民个人权利实施直接干预的权力,个人的权利因此得到了法律更为全面的维护。⑤

总体而言,1215 年签订的《大宪章》作为英国宪法以及宪法宣誓制度的源头,对宣誓主体誓言内容唯一明确的规定为,要求君主和民众以宣誓作出遵守《大宪章》的意思表示,而这种极具概括性的誓言规范形式导致君主、臣民身份的差异成为把握不同宣誓主体誓言的真正内涵及差异的唯一线索,于是对君

---

① 《大宪章》第 39 条:"任何自由人将不受逮捕、监禁、没收财产、剥夺法律保护、流放或以其他任何方式受到伤害,朕亦不会对之施加暴力或派人对之施加暴力,除非通过其平等人士之合法裁决或通过英格兰法裁决。"《大宪章》,陈国华译,商务印书馆 2016 年版,第 45 页。

② Mcllwain, *Magna Carta and Common Law*, in Magna Carta – Commemoration Essays, in Malden ed, 1917, p. 171.

③ 马永辉、王白菊、王化雪编著:《中西方文化比较与研究》,黑龙江朝鲜民族出版社 2009 年版,第 55 页。

④ 《大宪章》第 24 条:"朕之所有郡长、骑将、护冕官,均不得受理应由朕之法官受理之法律诉讼。"《大宪章》,陈国华译,商务印书馆 2016 年版,第 38 页。

⑤ 《大宪章》第 32 条:"被判定犯有大过者,朕扣压其土地之时间不得超过一年零一日,之后该土地将还给有关封地之领主。"《大宪章》,陈国华译,商务印书馆 2016 年版,第 41 页。

主和民众具体的誓言内容的理解,需要结合《大宪章》内针对二者制定的不同权利与义务的相关规范进行。

二、北美殖民地法律文件中的誓言

北美洲殖民地早期的法律文件对誓言内容的规范,主要经历了对英国法律中宣誓内容的部分借鉴和完全构建本土化的誓言内容两个阶段。在前一个阶段,誓言主要呈现出遵循和模仿英国宪法宣誓的特点,具体誓言包括表达对英国君主的忠诚以及基督教信仰等内容。殖民地本土的现实需求虽也在誓言中有所体现,但在《"五月花"号公约》签订时期的北美殖民者群体还未产生与英国本土实现切割的政治企图,并且基于王室特许令而获得北美殖民地开拓权等因素的制约,殖民地建立之初的立法及其中的誓言规定整体上恪守与英国法律协调一致的立场,基本可以被看作英国法内的宣誓传统在北美洲殖民地的延伸。但在后一个阶段,当北美殖民地的实力得到一定程度的积累后,殖民地与殖民地之间以及殖民地与宗主国之间的矛盾在各个方面都变得复杂、尖锐起来,因此北美的部分英属殖民地开始寻求结盟,并尝试对英国政府加诸殖民地的种种桎梏进行突破。在17世纪中期位于北美洲的部分英属殖民地或修改或制定的法律明显带有摆脱英国本土干涉的倾向,这一政治发展的新动向投射到宪法性文件对誓言内容的规范上,就表现为殖民地的立法者们开始有意识地抹除本地宪法或法律中向英国国王效忠宣誓的痕迹,开始用制定法的形式在殖民地宪法宣誓体系内树立并巩固殖民地本位的誓言规范原则。

(一)效仿英国宪法宣誓的誓言

在北美洲殖民地誓言形成的第一个阶段,誓言内容规范可以《"五月花"号公约》为代表。誓约内容的构成一部分来自清教徒的宗教虔信,而另外两个部分则分别由沿袭自英国本土法律中对君主效忠的誓言传统以及维持殖民地社会基本运作的实际需要构成。这三种要素在文件中的具体表现为41位公约签署人在公约的开篇即通过誓言声明了作为英国臣民对君主的忠诚及作为基督教信徒对上帝的信仰,以及在誓约中为构筑并维系即将建立的殖民地的社会秩序而相互间作出的保证。[①] 有关《“五月花”号公约》内誓言要素的分析，首先需要关注的是宗教性内容在誓言中的出现。由于当时直接参与制定的成员基本为清教徒，并且随后在“五月花”号上参与公约签署的乘客群体都为基督徒，宗教性誓言内容应当被看作一种能够有效将分散的个体凝聚到一起，并使这份公约拥有被集体共同接受的极为必要的信念基础或者前提。

其次应当考察的是《“五月花”号公约》中出现的英属北美洲殖民地最初的誓言构造，表现出与英国本土的效忠宣誓极其近似的形式。虽然在一个世纪之后北美殖民地的命运终将同英国本土分离，但至少在“五月花”号刚刚抵达美洲的时代这批先辈移民并没有建立起一个独立国家的意图。这一点通过《“五月花”号公约》开头与最末的“大不列颠、法兰西及爱尔兰国王詹姆斯陛下”“吾王英格兰、法兰西、爱尔兰第十八世暨苏格兰第五十四世君主陛下”两段声明英国臣民身份的内容即可充分展现。当然，41 位公约缔结者在誓言中向英国君主表示忠诚的行为，除了这些来自英国的先辈移民本身深受包括誓言传统在内的英国法律传统的影响外，还有一个重要的现实因素来自殖民地建立的合法性问题，尤其是当时英属北美洲殖民地的合法地位的获得，主要基于英国君主为发展北美洲殖民地而颁布的特许令。这类特许令在给予英国移民开发并获得北美洲殖民地利益等权利的同时，还附加了禁止殖民地法律违反英国本土法律的条件，这一限制性条件意味着至少在北美洲殖民地的初期，殖民地的立法必然要考虑对英国本土法律的适应，其中自然也包括誓言内容的适应。

最后是《“五月花”号公约》的誓言内容中与殖民地命运直接相关的部分，该部分属于殖民地法律文件对宪法宣誓的全新创制，主要围绕当时北美洲先辈移民群体在殖民地实现规律且有组织的生活这一现实需求展开。这种需求投射到《“五月花”号公约》中，即表现为如何在脱离原有的阶级分明的社会模型后，依靠“五月花”号上数量不多但彼此平等的群体建立起新的社会秩序。“自治团体”成为这批先辈移民的首要选择，也为殖民地法律中的誓言形式与

---

① 《“五月花”号公约》：“以上帝的名义，阿门。吾等签署人，信仰之捍卫者，蒙上帝恩佑的大不列颠、法兰西及爱尔兰国王詹姆斯陛下的忠顺臣民……因此在上帝面前共同庄严立誓签约，自愿结为一民众自治团体。为使上述目的得以顺利进行、维持并发展……吾等全体保证遵守与服从……”赵一凡编：《美国的历史文献》，蒲隆等译，生活·读书·新知三联书店 1989 年版，第 2 页。

英国法律中的誓言模式的“分裂”埋下伏笔。总体而言,《“五月花”号公约》对誓言内容的组织,既存在与英国誓言传统牵连的部分,又出现了带有本土特征的部分,其中尽管殖民地誓言的创新并没有被公约签署者们刻意强调,但对于美洲各个殖民地的制定法甚至是后来的北美独立运动都起到了至关重要的作用。

正如前文提到的,《“五月花”号公约》的制定者在制定公约时几乎没有使之与英国的法律与控制相抗衡的意图,但事实却显示北美殖民地法律和英国本土法律之间的“裂痕”从一开始就存在了。究其原因,一方面,《“五月花”号公约》中民众“自愿结为自治团体”表明北美洲殖民地的政治组织、权力运行方式在最开始就与施行君主立宪的英国本土政治生态存在结构性差异。比较北美殖民地与英国本土的法律对权利的态度,耶里内克认为,二者出现分歧的根源在于“英国法律不希望承认一种永久的、自然的权利”,在他看来,英国法内的臣民的权利是一种能够被代代继承的事物,而法律对臣民权利的承认很大程度上是对继承制度的承认。[①] 但依据《“五月花”号公约》,被 41 个缔约者以宣誓表示服从的权利显然更贴近于一种天然权利,是一种无关继承或外部赋予的因生而为人的天性而拥有的不可分离和不可取消的权利。如果从更贴近殖民地现实的角度对《“五月花”号公约》中人民权利的相关内容进行分析,能够明显感受到,对于这批创立北美殖民地的人而言,他们针对殖民地所宣称的权利不仅不能继承,也根本无处可继承。由于英国法律传统中那种“古老的、毫无疑问的权利”观念到美洲大陆已根本失灵,于是缔结誓约以彼此间的誓言来固定权利已经是这群人作出权利宣示的极限。另一方面,“……为将来能随时制定和实施有益于本殖民地总体利益的一应公正法律、法规、条令、宪章及公职,吾等全体保证遵守与服从”。这一誓言内容的出现,显然又为将来美洲殖民地制定本土法律并同英国法律进行直接抗衡埋下了伏笔。

虽然种种迹象都表明《“五月花”号公约》对誓约的规范在最开始就已隐含着充分的殖民地“特色”,但在实践中英国式的宣誓内容在北美殖民地法律中存在的时间要比预期更持久。客观评价,至少在“五月花”号上的 41 人制定并发誓遵守这份公约的时间点,这批美洲先辈移民实施誓约的行为及誓言的内

---

① [德]格奥尔格·耶里内克:《〈人权与公民权利宣言〉:现代宪法史论》,李锦辉译,商务印书馆 2012 年版,第 21 页。

容都还局限于为顺利建立起殖民地这一目标而服务。殖民地独立的契机固然在公约订立之初就已被人们的誓言蕴含,但相较于寻求个体的独立和自由,促进殖民地扎根北美大陆这一目标对此时的殖民地政治和立法各方面的影响都呈绝对压倒的态势。于是,在来自英国的美洲移民先辈正式于普利茅斯登陆之后相当长的一段时间,拥有英王的特许令在各新建殖民地之间被公认为该殖民地获得合法地位的基础。在美国历史的早期,随着殖民地数量的增加,以英国法律为蓝本制定的殖民地法律纷纷出台,这一系列法律不仅小心翼翼地处理本地法与英国法可能出现的抵触部分,而且它们中的大多数在进行宣誓规范时存在将英国的效忠君主的宣誓内容植入本地法规中的情况。基于上述缘由,以《"五月花"号公约》为代表的法律文件中规定的誓言内容,无论是沿袭英国法律传统对君主效忠宣誓的部分,还是为殖民地自身的政治和法律实践奠定基础的部分,在誓言内容的规范及表现形式上都能够找到受英国法律传统影响的痕迹。

(二)本土化的宪法宣誓誓言

北美洲殖民地法律中的誓言本土化过程,基本与殖民地的政治发展和殖民地法律制定的重心都朝关注本土需求方向转移的过程保持一致,英国当局为抹消殖民地法律及政治中与英国本土存在的冲突而时常施以压力,但英国统治者偶尔也会借助重新给予殖民地新的特许令的方式承认那些殖民地"特有"的权利,哪怕其中的部分权利在英国本土的法律中都是不被允许的。这种统治策略通常会在殖民地与英国本土之间形成暂时的和平,但长远来看双方的争端并没有被化解,只是被暂时延后了。

17 世纪 30 年代前后随着北美殖民地的不断建立及巩固,北美殖民地无论人口数量还是领地范围都获得了较大的发展,殖民地规模的扩大和数量的增长催生了英属殖民地与荷属、法属殖民地之间,不同的英属殖民地内部之间,甚至是殖民者与美洲印第安部落之间频繁接触的状况。显然,原先以模仿英国法律的方式而各自订立的殖民地法律,已经越来越难以妥善解决发生在殖民地本土的具体问题。基于这一现实,制定更符合殖民地现实的、能为各殖民地所普遍接受的法律已属于当时殖民地的大势所趋。1643 年普利茅斯、马萨诸塞、康涅狄格、纽黑文四个殖民地建立起一个较为松散的"联盟",并通过了最初旨在促成各殖民地在安全保障方面的协同行动、互相援助,而后又拓展到对外交往方面的联盟条例。

美洲殖民地之间的联合不仅成功缓和了英属殖民地内部持续不断的冲突,并且因联盟形成而明显增强殖民地自身的实力,也为殖民地增加了与来自英国本土的压制进行斗争的筹码。更加巧合的是,在殖民地的力量蒸蒸日上之时,英国本土却经历着一场由清教徒掀起的革命,国内爆发的战争使英国当局对殖民地的控制力被极大地削弱,美洲的英属殖民地一时间成为一块英国鞭长莫及的"法外之地"。基于以上各方面的原因,自《"五月花"号公约》签订起便蕴含于誓约内部的殖民地独立、自治精神,因英国的政治乱局得到了充分发扬的机会,而殖民地本土的法律从英国法律压制下解放的时机也终于成熟。作为"新英格兰联盟"创始成员的马萨诸塞湾殖民地,在一众英属北美殖民地中,对英国本土管辖的抗争表现得尤为激进。四地联盟成立的同一年,马萨诸塞湾大议会就通过了一项投票,决议删除地方官员依法宣誓时需要作出的"你必须保持真正的信仰,忠于我们的君主兼主人查理国王"等誓言内容。①

马萨诸塞湾大议会删除殖民地官员对英国国王效忠的誓言内容这一行为,在当时并未获得英国当局的足够重视,甚至其他殖民地对马萨诸塞湾这一做法也不完全持赞成的态度,但马萨诸塞湾殖民地对法定誓言中效忠英王的宣誓内容的摒弃,确实对美洲殖民地后续的一系列自治立法产生了重要影响。从表面上看,法律仅删除了官员对英王效忠宣誓的誓言,并未使这些官员的职务范围及法定责任发生变动;但摆脱效忠宣誓桎梏的殖民地官员,由法律赋予的职务身份拥有权力的基础却发生了本质的变化,先前对英国法律带来的权力来源认同因效忠誓言不复存在,也失去了立足于殖民地法律的基础,殖民地政治权力基础也因此面临重构。至于法定誓言调整后的直接影响则表现为,马萨诸塞湾官员不再需要以英王的代理人身份即可在殖民地合法施政,因而他们也无须再对英王承担什么法律责任,殖民地官员的行为只需要对选举人即马萨诸塞湾的居民负责。以这次对英国君主效忠誓言内容的删除为标志,马萨诸塞湾殖民地无论在政治还是法律方面都更为直接地对英国的不合理政策实施抵制。

---

① [美]爱德华·钱宁:《美国历史》,徐枫、欧阳瑾译,天津社会科学院出版社2016年版,第94页。

当然，这些来自殖民地的明显自治行动最终也引起了英国的注意，英国当局不得不改变一贯只重视从殖民地攫取经济利益，而对殖民地内部包括立法、政治组织等具体事务漠不关心的态度，开始通过各种手段对殖民地事务进行干预。例如，在双方关于殖民地自行立法问题的争端上，为了阻止马萨诸塞湾议会进一步自行扩张殖民地的自主立法权，英国借口马萨诸塞湾殖民地拒绝向英王宣誓效忠的立法在事实上突破了英王特许令对殖民地立法的限制，英国议会采取了将马萨诸塞湾通过的每一项法律的颁布权收回英国议会的策略，试图通过议会的监督程序对殖民地的自治行动实现管制，但这样的提议却因遭到了殖民地的坚决抵制而收效甚微。事实上，以马萨诸塞湾殖民地通过立法的方式拒绝对英国君主誓言效忠为代表的殖民地本土独立意识觉醒的事件，在17世纪中后期越来越频繁地发生在美洲殖民地和英国本土之间。面对殖民地愈演愈烈的自治呼声，英国当局为了扭转在殖民地控制方面的颓势，出台了一系列针对殖民地的控制法案，并开始大面积撤销原先颁发的王室特许令以对殖民地施加压力，但种种迹象都表明，英国强制殖民地的本土法律不断对英国法律妥协的局面已再难恢复。

（三）1787年《美利坚合众国宪法》中的誓言

1787年《美利坚合众国宪法》对誓言内容的调整力度是前所未有的，这部宪法几乎是以一种将早已被人类社会熟知的宣誓内容大幅删改的方式重塑了宪法宣誓的誓言内容，原先存在于誓言中具有神秘、烦琐特征的元素被大量削减，务实、简明的制定法风格构成了美国宪法宣誓的誓言内容的新基调。

1. 美国宪法重塑誓言的历史背景

17世纪英国本土出现的君主专制逆流波及北美殖民地，来自苏格兰的英王詹姆士一世及其继任者查理一世对英国殖民地的专制态度使殖民地的自治空间不断被挤压，再加上英国作为宗主国对殖民地的经济利益几近苛刻的攫取方式最终导致了英属北美殖民地与其宗主国的决裂。1776年北美地区13个殖民地通过签署《独立宣言》预备组织起一个统一的政府，作为完整的国家以脱离英国的控制实现殖民地独立，在《独立宣言》通过的第二年，《邦联和永久联合条例》也得到大陆会议的通过。《独立宣言》是美国重要的立国文件，而上述联合条例则是宣布独立的英属殖民地筹建统一政府的首个宪法性文件，是公认的美国成文宪法的基石。然而,对于宣告独立后迫切需要进一步有序组织、整体联合的各殖民地而言,这两份文件都没能起到各方所期待的促进作用。《独立宣言》作为美国建国的思想纲领,本身并不具有被直接当作法律细则来使用的条件,而以《独立宣言》为指导思想起草的上述联合条例则因为自身规范的缺陷,以及耗费4年的时间才获得13个殖民地议会的全数通过的曲折历程,导致该联合条例因错失实施时机而基本宣告失败。在这样的情况下,制定一部新的宪法促使各自为政的殖民地真正朝统一的联邦迈进就成为一项迫在眉睫的任务。

1787年除罗德岛之外的12个宣布独立的殖民地派出代表,于费城制定了将要替代1777年《邦联和永久联合条例》的《联邦宪法草案》。这份草案改进了该条例因放任各殖民地拥有过度自主权而导致联邦政府无法开展有效管理的问题,依据本草案联邦获得了更充分的权力。同时,相较于没有给宪法宣誓制度的规范留下空间的《独立宣言》和《邦联和永久联合条例》,起草于费城的宪法草案对于联邦的宪法宣誓制度也进行了创造性的变革,无论是宪法宣誓的实施方式还是宣誓使用的誓言内容都发生了重大调整。可以认为,真正意义上的作用于联邦整体的宪法宣誓制度的起点应当归属于1787年于美国费城制定的《联邦宪法草案》。

在1787年宪法制定能够覆盖整个联邦的誓言规范之前,众多殖民地的宪法性文件内已存在各具特色的宣誓内容规定,于是参与制宪会议的代表们首先必须统一的问题在于是否应当在联邦宪法中建立起一种普遍适用且模式唯一的联邦宣誓制度。按照支持在联邦宪法中对宣誓制度进行强制规范的代表们的观点,在制度构建的意义方面,依据宪法而实施宣誓的行为尤其是那些占据行政、立法、司法系统要职的成员们的宣誓,体现了联邦宪法对各殖民地宣誓传统的尊重和延续,蕴含着新的联邦宪法与各殖民地自身的宪法拥有密切关联而非对抗关系的立法意义。并且为了避免出现1777年华盛顿将军因对殖民地全体成员提出了必须重新向联邦宣誓效忠的要求而引发各殖民地内部对联邦可能侵害殖民地自治权的疑虑,最终使联邦的宣誓制度陷入被州权拥护者群体猛烈抨击的尴尬局面,[①]支持构建宪法宣誓制度的一方还提出了《联邦

① [美]詹姆斯·麦迪逊:《辩论:美国制宪会议记录》,尹宣译,译林出版社2014年版,第357页。

宪法草案》对实施宪法宣誓的主体范围进行特别限定的方案。

与拥护者相对的，排斥在宪法中确立宣誓制度的声音也一直存在，但这些持不同意见的代表或者选择从其自身对誓言及宣誓制度不信任的立场出发而对整个制度大加批判，或者认为既然州宪法中已有誓言内容，联邦宪法再制定一种新誓言并试图将该宣誓的执行范围下沉至州的做法，即便不是画蛇添足，也可能存在权力僭越的嫌疑。对于前一种声音，来自宾夕法尼亚的代表詹姆斯·威尔逊在联邦大会上陈述的观点就极具代表性，他直言道："誓词不过是一种没有诚意的安全保障，一个好的政府不必依靠这一保障。"①在此之外，会场内的代表们以及会议之外的意见群体关于在联邦宪法中应当如何安排宣誓制度的争执，基本围绕联邦宪法如果纳入一项统一的宣誓制度，联邦与各州之间权力边界这一老问题展开。例如，在 1787 年 7 月 18 日的制宪会议讨论中，北卡罗来纳的代表休·威廉森就提出，应当在各邦的公职人员支持联邦条款的誓言约束中加入联邦政府的官员支持各邦政府的誓言内容。② 虽然他的提议没有获得支持，但在 1787 年宪法等待各州批准的那段时间，与威廉森同样的质疑再被提及：如果州的公职人员需要宣誓支持联邦宪法，那么为何不要求合众国的公职人员以州宪法所规定的誓言对州宪法进行宣誓。③ 总体而言，制宪会议的与会代表们刚就宪法宣誓制度建立勉强达成一致，又在宪法具体誓言内容如何规定的看法上产生了分歧。不过支持宪法宣誓制度的一方从《邦联和永久联合条例》的失利中吸取教训，改变游说策略并提出了具体改良方案，反对联邦宪法中规定宣誓内容的一方所持的观点显得有些老调重弹，因而明显无法对前者提出的誓言规范意见形成有效干预。

2. 效忠性誓言内容的删除

在制宪议会就是否建立宪法宣誓制度达成一致意见以后，摆在这些代表

---

① ［美］詹姆斯·麦迪逊：《辩论：美国制宪会议记录》，尹宣译，译林出版社 2014 年版，第 217 页。

② ［美］詹姆斯·麦迪逊：《辩论：美国制宪会议记录》，尹宣译，译林出版社 2014 年版，第 356 页。

③ 针对反宪主义者抛出的这一质疑，联邦党人以"普布利乌斯"的名义在纽约报刊上登文进行了巧妙的回应：各州的官员对联邦宪法的执行具有重要作用，但联邦官员却对各个州的宪法执行无能为力。［美］汉密尔顿、杰伊、麦迪逊：《联邦党人文集》，程逢如、在汉、舒逊译，商务印书馆 2019 年版，第 268 页。

们面前最紧要的问题就变成了如何才能使新制定的宪法宣誓誓言内容为联邦的各个成员所接受。从 1787 年宪法对誓言规范的相关成果来看，联邦宪法在誓言内容的规定上同时具有注重殖民地各州形成的宪法宣誓誓言规定，以及符合联邦宪法立法原则的誓言内容的针对性改造的特点。

联邦宪法选择遵循各州宪法摆脱英国控制的潮流，而对誓言中效忠性内容作出删除决定。联邦宪法在誓言的规范中彻底清除了对以君主为代表的特定自然人宣誓效忠的内容残留，宣誓人对自身职务责任的明确和对法律的服从声明成为誓言内容的核心要素，以此取代了传统誓言中围绕人身依附关系而构建宣誓者权利义务框架的内容。例如，在 1787 年制定的《美利坚合众国宪法》对联邦总统的宣誓誓言规定为："我谨庄严宣誓（或郑重声明），我一定忠实执行合众国总统职务，竭尽全力恪守、维护和捍卫合众国宪法。"①这一规定明确了以总统为代表的联邦行政官员不具有向任何个人宣誓效忠的义务，曾长期存在于殖民地法律文件中依托君主和臣民身份而存在的效忠性宣誓内容被正式从宪法中抹去。

这样的誓言内容并非在制定联邦宪法时才出现，事实上誓言内容去效忠宣誓化在北美殖民地的立法实践中已存在先例。除了早在 1643 年即通过本殖民地大议会否定本地区的行政官员应当向英国君主宣誓效忠的马萨诸塞殖民地，在殖民地纷纷宣布脱离英国统治的 18 世纪 70 年代，更多殖民地通过修改或制定本地法律的方式对先前向宗主国宣誓效忠的内容进行清理。例如，制定于 1776 年的《宾夕法尼亚州宪法》在序言部分直接宣称，"本州居民应当终止对英王宣誓效忠"。② 与之类似的情况在罗德岛与康涅狄格也出现过，两殖民地议会在 1776 年正式宣布殖民地法律依据特许令向英王宣誓效忠的宣誓内容无效，以此议会决议为契机确认殖民地政府及官员的权力来源归属于殖民地的人民。各州在制定本州宪法过程中删除效忠性宣誓内容的经验，最终在 1787 年《美利坚合众国宪法》中得到了较为全面的采纳和固定。

如果将《"五月花"号公约》中全体签约者以誓约对英王表达忠诚的誓言内

① 1787 年《美利坚合众国宪法》第 2 条第 1 款。《世界各国宪法》编辑委员会编译：《世界各国宪法（美洲大洋洲卷）》，中国检察出版社 2012 年版，第 617 页。

② Robert. I & Vexler, eds. , *Constitution of Pennsylvania*, *in Chronology and Documentary Handbook of The Stake of Pennsylvania*, Oceana Publications, 1978, p. 88 – 90. 转引自何元龙：《1776 年〈宾夕法尼亚州宪法〉研究》，华东政法大学 2013 年硕士学位论文，第 23 页。

容与1787年《联邦宪法草案》中对总统誓词的规范进行对比，明显能够看出两个时期的誓言无论是对内容核心要素的安排，还是在指引誓言制定的立法价值取向上都已存在巨大的差异。《"五月花"号公约》中的誓言内容基本按照英国本土为维护君主立宪制度而制定的宪法性文件的立法思路进行规范，这是因为获得英国本土的承认并以此寻求宗主国的庇护是当时殖民地立法必须首先考虑的因素，所以殖民地初期宪法性文件中的宣誓内容具备与英国本土的宣誓习惯保持一致的特征；但1787年《美利坚合众国宪法》则完全属于北美殖民地为建立一个合众国而制定的宪法，新宪法的立法基础建立在殖民地从英国独立以及确保这个新生的国家能够长期存续等诉求之上，为了实现这一新的历史目标，实现人民的自我赋权和重构社会的权力秩序成了制定联邦宪法的最重要指引。尽管同为诞生并生效于北美大陆的宪法性文件，但二者在立法的本源上已存在泾渭分明的界限。于是，《美利坚合众国宪法》第2条第1款以及第6条的誓言删除了效忠性宣誓的内容，不仅反映了制宪会议对各州独立潮流的响应，以及对大陆会议后各州分别制定的宪法性文件的尊重，而且体现了1787年《美利坚合众国宪法》本身就存在不同于英式法律框架构建的独特需求。

3.宗教性誓言内容的删除

1787年《美利坚合众国宪法》对殖民地继承自英国宣誓传统的改动远未局限于对效忠性宣誓内容的清除一项之中，宗教性誓言内容在宪法宣誓制度中的去留问题也成了宪法制定者们讨论的焦点。与1787年《美利坚合众国宪法》吸纳各州处理效忠宣誓的经验顺利制定出无效忠宣誓誓言的方式不同，联邦宪法的立法者们在几乎无先例可循且与多部州立宪法既有的誓言规范存在抵触的情况下，最终决定移除宪法宣誓对宣誓人必须作出宗教性誓言的强制性要求。这一立法选择在联邦宪法针对公职人员的任职资格的部分进行了明文规定："不得以宗教信仰测试作为担任合众国任何官职或公职的必要资格。"①如果从整个北美殖民地的宪法宣誓制度构建历程角度评价，将宗教性誓言内容从宪法宣誓中删除的重要性并不亚于马萨诸塞湾殖民地在1643年通过殖民地官员拒绝向英王作出效忠誓言的表决。

---

① 1787年《美利坚合众国宪法》第6条。《世界各国宪法》编辑委员会编译：《世界各国宪法（美洲大洋洲卷）》，中国检察出版社2012年版，第618页。

对于1787年《美利坚合众国宪法》的制定，一条宗教性誓言的删改为什么如此紧要？既然过去殖民地的宪法性文件对宗教性誓言内容的规范已蔚然成风，这些齐聚在费城的代表又有什么必要特地将宗教因素排除在联邦宪法宣誓的誓言内容之外？针对这些问题，回顾北美殖民地的建立史会发现，虽然前往北美地区的殖民者总体上由基督徒构成，但在不同时期以及不同的殖民地内部占据主体地位的基督教派别各具差异。例如，在北美殖民地早期，聚集在马萨诸塞湾的殖民者主要成分为清教徒，而弗吉尼亚的英国国教徒数量占据着绝对优势，至于宾夕法尼亚的居民则多数为以猛烈抨击清教和英国国教而著称的贵格会信徒。这一复杂的信仰杂糅状况并没有随着殖民地的开拓而逐渐清晰，除了先前提及的新教教派，甚至其他宗教也随着不断涌入的新移民在北美殖民地扎下了根，因此北美各个殖民地的宗教信仰分布情况较殖民地初创时期显然被进一步复杂化了。存在于北美各殖民地内部的宗教现实曾被凯瑟琳·鲍恩详尽地描述，"各州很早就在宗派上达到相当令人惊讶的多样化……在美洲大陆各地，我们可见各种不同宗派的教堂尖塔，各门各派信徒同居一地"。[①] 这一段记载或许在试图向我们展现出一幅北美殖民地不同的宗教、教派在殖民地和睦共处的图景，但难以否认的是，对于那些虔诚的教徒而言，因所属宗教或者教派差异而形成的隔阂意识，往往和不同族群之间因种族或者地域带来的隔阂意识同样明显。这就意味着，即使众多殖民地的宪法性文件早已规定了宗教性誓言内容，但这一类从外观上看起来极为类似的誓言规定的意涵因教义的分歧在本质上可能已相去甚远，只不过在各殖民地分而治之的时期，这一分歧基本不至于动摇殖民地之间的来往基础而一直被忽略。但是等到北美13个殖民地宣布独立，原先各自分散的殖民地必须聚拢在一起组成一个真正的国家时，这个之前一直被忽视的问题就瞬间被推到了台前。北美殖民地的宗教信仰派别林立的现实，不仅导致了制宪会议决定要在联邦宪法中建立起一个统一的去宗教因素的宣誓制度时，部分州的代表对此表现出抵触的态度，还在具体的誓言内容要如何处理宗教信仰的问题上，不断引发各州代表之间持续而激烈的争论。

尽管在宪法草案的制定过程中，参加制宪会议的代表们共同承诺应当避

---

① [美]凯瑟琳·德林克·鲍恩：《民主的奇迹：美国宪法制定的127天》，郑明萱译，新星出版社2016年版，第218页。

免让宪法的制定受到自身宗教偏见的干扰,但他们对政治和政府的理解因早已受到自身宗教信仰的影响而自带立场却是不争的事实。在1787年8月提出的详情委员会报告第20条的最初版本中,联邦及各个邦的公职人员的誓言还存在一定程度的宗教因素。① 但基于联邦13个州在宗教问题上谁也难以占据优势的状况,如果代表们继续坚持将宪法宣誓的誓言中保留宗教性内容作为制宪的底线,就不得不面对因誓言内容始终无法统一而致使宪法宣誓制度构建失败的后果,甚至还要承担宣誓制度建立失败最终可能会对联邦宪法整体制定产生负面影响的风险。因此,在经过充分的权衡后,各州代表们的意见逐渐倾向于朝彻底将宗教因素从誓言内容中删除的方案靠拢。会议首先通过了宣誓主体的宣誓能够通过受"誓言"的约束完成之外,还可以借助"保证"的形式实施宣誓。② 这一修改体现了联邦宪法在誓言内容的问题上对宗教的开明态度,但制宪者们显然不满足止步于此,南卡罗来纳参会代表查尔斯·平克尼针对第20条提出,增加一项"但是,不得要求把宗教测验作为担任联邦职务或公共信托的资格"。③

虽然费城会场内的代表们最终能够就平克尼的动议达成一致,但对于整个联邦而言,关于宪法宣誓制度建立要解决的问题并未结束。随之而来的是,删除了宗教要素的宪法宣誓誓言与放弃宗教立场的宪法宣誓制度能否为殖民地广大民众接受这一问题。毕竟最初由"五月花"号搭载的先辈移民在美洲登陆时怀揣的梦想是在新大陆建立起一个宗教国,哪怕制宪会议召开的时代已距第一个殖民地建立间隔一个多世纪,但扎根于美洲大陆的基督徒们心中试图构建起"上帝国度"的愿景很难说已经彻底消散;即使完全不考虑殖民地居民内心的宗教情感,从殖民地现实的社会治理角度观察也能意识到,宗教对于美洲殖民地的影响显然是全方位的——那些在北美大陆上具有"举足轻重"地

---

① 1787年8月拟定的详情委员会报告即宪法初稿,其中提交制宪会议讨论的第20条内容为:联邦和各邦的议员、行政官、法官,应受这部宪法的誓言约束。第10条内出现的誓言为:"我谨在此神圣宣誓……"[美]詹姆斯·麦迪逊:《辩论:美国制宪会议记录》,尹宣译,译林出版社2014年版,第404~405页。

② 据制宪会议记录,1878年8月30日制宪会议集体同意在第20条的"神圣宣誓"后增加"或保证"一词。[美]詹姆斯·麦迪逊:《辩论:美国制宪会议记录》,尹宣译,译林出版社2014年版,第584页。

③ [美]詹姆斯·麦迪逊:《辩论:美国制宪会议记录》,尹宣译,译林出版社2014年版,第584页。

位的殖民地,无论是康涅狄格还是马萨诸塞湾,宗教典籍《圣经》或者《摩西五经》都能够被直接作为当地法律的补充而使用。

与联邦宪法决定建立宪法宣誓制度时受到广泛质疑的情况类似,制宪会议删除誓言内容中的宗教元素的决定又引起了强烈反弹。譬如康涅狄格的法官威廉·威廉斯就坚持认为,即使宪法宣誓制度不愿在誓言内容中表明对神的信仰,那至少也应当在宪法的序言中加入对神圣信仰的声明性内容。① 以这位法官为代表的不满宪法宣誓删除誓言内宗教内容的观点,在 1787 年宪法草案送至各州获取批准的期间作为反宪主义者们阻止宪法在本州通过的重要理由之一而被多次提起。但就 1787 年联邦宪法草案制定后,到 1789 年由美国联邦国会宣布《美利坚合众国宪法》生效这一结果来看,宪法宣誓制度中体现的宗教宽容的立宪原则最终取得了胜利。由这种极富包容性的立宪原则指引而组织起来的宪法宣誓誓言,在美利坚合众国内部有效减少了联邦宪法因各州的宗教冲突而在通过时存在阻力的情况。同时,联邦宪法对誓言内容的全新塑造,也增强了殖民地内更多少数派宗教信徒以及其他少数族裔向合众国靠拢的凝聚力。这一点在宾夕法尼亚的犹太人乔纳斯·菲利普给制宪大会的去信中得到了充分展现,他在信中恳请各位与会代表慎重考虑在制定联邦宪法时,选择或者放任以某特定宗教(在乔纳斯·菲利普的信件中这一宗教指新教)的教义为基础的宣誓誓言继续在整个联邦宪法中存在。他还援引当时《宾夕法尼亚州宪法》中具有宗教要素的誓言内容向当时齐聚于费城的各州代表提出请求。② 在他看来,如果联邦宪法选择《宾夕法尼亚州宪法》的方式对誓言内容进行规范,明显会给犹太族群带来严重的不公,"如此宣誓绝对违反犹太人的宗教精神,也有违他的良心"。③ 同时他站在犹太教徒的立场上,还道出了在制宪时代的北美殖民地绝大多数居民对联邦宪法的整体性期待:这部宪法

---

① 威廉·威廉斯明显愿接受 1787 年联邦宪法中的誓言内容规定,不过他在给《美国信使报》针对宪法通过问题的去信中并没有直接对宪法中的誓言内容进行抨击,而是迂回地提出应对联邦宪法的序言进行修改:"吾等合众国之民,坚信唯一且真实之神的存在与完美,世界的创造者与最高主宰……"[美]凯瑟琳·德林克·鲍恩:《民主的奇迹:美国宪法制定的 127 天》,郑明萱译,新星出版社 2016 年版,第 220 页。

② 按照《宾夕法尼亚州宪法》第 10 条的规定,州议员在就职时必须遵照《新约》和《旧约》的精神进行宣誓,宣示其基督信徒的身份。

③ [美]凯瑟琳·德林克·鲍恩:《民主的奇迹:美国宪法制定的 127 天》,郑明萱译,新星出版社 2016 年版,第 219 页。

应当立足于促进和维护合众国包括宗教在内的各方面的自由和平等,"(假使)修改以上所言的誓词,并除去其中有关《新约》的字句,那么以色列众民就会欢欣鼓舞,认为自己将可以在一个各宗教立足平等的政体之下幸福生活"。①

第二节　19 世纪宪法宣誓的誓词内容

爆发于 18 世纪晚期的美国独立运动和法国大革命在世界范围内成功为资产阶级社会改革树立起榜样,扫除以君主专制为代表的封建统治势力、维护资产阶级利益并建立适宜资本主义发展的政治体制成为 19 世纪资产阶级政治革命的主流。在这一历史背景下,围绕限制专制王权、保障个人财产等资产阶级革命的核心诉求而相继制定的宪法,成为巩固资产阶级政治革命成果的利器,立宪一时间成为时代的潮流迅速席卷世界。其中,欧洲大陆诸国和拉丁美洲各国推出的新宪法则分别代表了贯穿 19 世纪宪法制定过程的两大基本诉求,为欧洲大陆国家宪法所反映的君主立宪诉求,以及为中、南美洲殖民地宪法所反映的殖民地独立诉求。《美利坚合众国宪法》重塑宪法宣誓誓言作为新时代的誓言规范的典型范例得到了多国宪法的借鉴,然而,深受美国 1787 年宪法的启发,制定于 19 世纪的宪法在立宪诉求上存在明显差异。这些差异使欧洲大陆国家的宪法与拉丁美洲从殖民地获得独立国家的宪法在具体的誓言内容规定上呈现出不同的特点。

一、欧洲大陆国家宪法中的誓词内容

19 世纪初期,以荷兰、挪威及德意志邦联中的部分邦国为代表的欧洲大陆国家已相继推出了符合资产阶级利益的新宪法,将君主和民众列为宣誓主体,平等置于宪法宣誓制度规范下,在这类宪法中较为典型的是 19 世纪 20 年代德意志邦联内诸邦国的宪法。以 1818 年 5 月公布的德意志《巴维利亚宪法》为例,该宪法将邦国内全体民众都纳为宪法宣誓主体,还针对宣誓主体不同的身份进行了针对性规范,该宪法第二章第 16 条对摄政人誓言内容的规范主要集中在要求其遵守宪法与法律、维护国家和君主利益、在君主成年后将统治权归

① ［美］凯瑟琳·德林克·鲍恩:《民主的奇迹:美国宪法制定的 127 天》,郑明萱译,新星出版社 2016 年版,第 219 页。

还君主三个方面。[①] 其后，该宪法对议会议员的誓言内容组织与上述基本一致，除了遵守法律与效忠国家、君主等普遍适用的内容，也给宣誓人针对其具体职权实施而作出的不同誓言留下了空间。[②] 该宪法不仅规定了国家公职人员的誓言，也规定了民众的誓言。[③]《巴伐利亚宪法》的宪法宣誓誓言规范形式，与同一时期德意志邦联内的其他邦国的宪法规范有较多共通之处。公布于1818年8月的德意志巴敦大公国宪法对议员的誓言规定为："吾宣誓忠诚于郡王。服从法律。遵守而且维持宪法。在议会、惟以全国大局为前提。不祖党派之利益。而惟凭吾良知投票表决所议各事。维上帝佑助吾力。"该誓言表现出清晰的"遵守宪法、法律 + 忠于国家、君主 + 履行职务、责任"结构。[④]

19世纪中叶资产阶级革命蔓延到欧洲更广阔地区，越来越多的欧洲大陆国家尤其是实行君主制的国家进行了立宪，它们中的大部分对宪法宣誓誓言的规定同先前巴伐利亚（巴维利亚）、巴敦等德意志邦国宪法中誓言的规范形式基本一致。首先，遵守、维护宪法及法律的誓言内容适用最为普遍。无论是实行民主制还是实行君主制的国家，从国家君主到公职人员都须遵守此誓。例如，1830年《比利时王国宪法》中君主的誓言包括"所誓为守我比利时国民之建国法及诸法章"，[⑤]1848年《意大利宪法》在君主与议员的誓言中分别规定有"确守宪法"的内容。[⑥] 1848年《普鲁士宪法》中君主、议员及其他公职人员

---

① 《巴维利亚宪法》（巴伐利亚）第二章第16条："……吾宣誓愿遵宪法及其他法律。治理全国。保存国家之领土。及国王之权利。俟国王亲政时。将现在受托之权交还于国王。维上帝及其圣子佑助。"《世界现行宪法续编》，商务印书馆编译所译，商务印书馆1913年版，巴维利亚宪法篇第4页。

② 《巴维利亚宪法》（巴伐利亚）第七章第25条："……吾宣誓愿忠信于国家、王。服从于法律。遵守宪法而维持之。在议事时。惟存国利之念。依吾诚意深信而议事。不执偏见为奸。维上帝及其圣子辅助吾力。克尽斯愿。"《世界现行宪法续编》，商务印书馆编译所译，商务印书馆1913年版，巴维利亚宪法篇第20页。

③ 《巴维利亚宪法》（巴伐利亚）第十章第3条："……吾宣誓愿忠信于国王。服从于法律。及遵守宪法。维上帝及其圣子辅助吾力。克尽斯愿。"《世界现行宪法续编》，商务印书馆编译所译，商务印书馆1913年版，巴维利亚宪法篇第23页。

④ 《巴敦宪法》第69条。《世界现行宪法续编》，商务印书馆编译所译，商务印书馆1913年版，巴敦宪法篇第19页。

⑤ 《比利时王国宪法》第80条规定的誓言内容与前者完全相同。《世界现行宪法》，商务印书馆编译所译，商务印书馆1916年版，比利时宪法篇第14页。

⑥ 《意大利宪法》第22条为君主宣誓的规范，其誓言内容包括"应确守宪法"。第49条为议员宣誓规定为，也包括"确守宪法及法律"。《世界现行宪法》，商务印书馆编译所译，商务印书馆1916年版，意大利宪法篇第4、9页。

等多个宣誓主体都须依法宣誓严格遵守宪法与法律行事。① 其次,宣誓忠于国家或君主的誓言内容在宪法中的规定出现一定程度的分化。在实行君主制的国家中除君主之外其他宣誓主体大多需要宣誓忠于君主,也有部分国家的宪法要求宣誓者同时宣誓忠于君主和国家。例如,实行君主立宪制的希腊与土耳其,1864 年《希腊宪法》和 1876 年《土耳其宪法》都在议员的誓言中规定了忠于国家和君主的内容。② 19 世纪欧洲大陆地区更多君主国的宪法只在誓言中规定忠于君主的内容,如《挪威宪法》规定国家官吏的誓言包括“尽忠于国王”,③而卢森堡大公国于 1868 年公布的宪法则在国家的议员及文职官员的誓言内容中规定了“予誓对大公尽忠矢诚”。④ 最后,宣誓主体承诺履行职务。进入 19 世纪后宪法宣誓制度针对宣誓主体履行职务的誓言内容最大特点为职务与职权间的对应更加清晰,同时职权来源于法律规定的意涵表达也更为明显。例如,比利时君主的誓言就包括与君主的职责紧密相关的规定。⑤ 这一特征在国家公职人员的誓言内容规范中表现得更加突出,《奥地利宪法》规定行政官员“须为职务宣誓”。⑥

如果对 19 世纪 20 年代以来出现在欧洲大陆诸国宪法中的誓言内容进行分析,可以发现这些誓言主要由效忠君主(国家)、遵守法律、履行职务与宗教元素几个部分组成,通过不同的侧面反映了当时影响欧洲大陆国家宪法制定的重要因素。除去欧陆诸国宪法宣誓誓言中最为普遍的履行自身职务的宣誓内容,效忠君主(国家)、遵守法律、宗教元素三个部分则具有更为鲜明的时代

---

① 《普鲁士宪法》第 54、58、108 条规定的国王、摄政、两院议员、官员宣誓主体誓言内容中都存在“确守王国宪法”“誓以诚意遵守宪法”等内容。《世界现行宪法》,商务印书馆编译所译,商务印书馆 1916 年版,普鲁士宪法篇第 9、19 页。

② 《希腊宪法》第 64 条:“……在兹矢誓。予誓对国对王、尽忠效劳。”《土耳其宪法》第 46 条:……当奉公忠诚于斯尔坦陛下及祖国。《世界现行宪法》,商务印书馆编译所译,商务印书馆 1916 年版,希腊宪法篇第 14 页、土耳其宪法篇第 10 页。

③ 《挪威宪法》在第 21 条中规定了国务院参事及其他文武官员等宣誓主体的誓言,包含“效忠君主”要素的誓言内容规定为:“……须宣誓。或于法律免其宣誓之时、约言服从及尽忠于宪法及国王……”《世界现行宪法》,商务印书馆编译所译,商务印书馆 1916 年版,挪威宪法篇第 4 页。

④ 《卢森堡宪法》第 57、110 条。《世界现行宪法》,商务印书馆编译所译,商务印书馆 1916 年版,卢森堡宪法篇第 13、24 页。

⑤ 《比利时宪法》第 80 条:……保有国之独立地全局之事。《世界现行宪法》,商务印书馆编译所译,商务印书馆 1916 年版,比利时宪法篇第 14 页。

⑥ 《奥地利宪法》第 13 条:“凡行政各部之官吏。须为职务宣誓、与确守宪法而不违犯之之宣誓。”《世界现行宪法》,商务印书馆编译所译,商务印书馆 1916 年版,奥地利宪法篇第 3 页。

特征。

首先,誓言保留了宣誓者对君主效忠的内容,这一规定带有明显的法律受现实影响的特点。19 世纪初资本主义在欧洲大陆国家虽有所发展,但相较于英国、荷兰等新兴资产阶级基本成型且实力也较强的老牌资本主义国家,欧洲大陆大部分国家政治上仍维持着封建君主统治的传统。此时资本主义经济虽有所发展,但总体正处于转型期,甚至欧洲大陆许多国家的资产阶级最初就是由资本主义化的封建贵族阶级转化而成,普遍存在于德意志境内的容克贵族阶级正是当时欧洲大陆半封建半资产阶级的代表。这一现实导致了欧洲大陆国家的君主即使在资本主义迅猛发展的时代依然拥有极大的权力,甚至是经过美国独立战争、法国大革命、欧洲资产阶级革命等一系列事件的冲击,大部分欧洲大陆国家的君主也尚有余力镇压国内革命。但欧洲资产阶级革命的影响也是显著的,曾长期盛行于欧洲各国的君主专制统治无法照旧维持下去,越来越多的欧洲君主接受以立宪的方式让渡权力进而缓解国内阶级冲突。当然,君主进行的“开明统治”仍然是附带条件的,获得权利的民众也必须承诺对君主永久效忠。因此,我们可以从 19 世纪欧洲大陆国家的宪法誓言中看到,对君主表示效忠的宣誓传统不但被法律明文保留了下来,还在每一类宣誓主体的誓言中被反复强调。

其次,19 世纪实行君主制的欧洲大陆国家的誓言强化了宪法及法律地位的至尊性。无论是君主、官员还是民众都同等宣誓遵守并维护宪法。这一誓言规范体现了鲜明的资本主义社会的法律特征,由于法律不再以维护封建人身的依附关系为目的,强调人的平等和权利成为法律规范的核心,民众对于法律的遵守也从单向命令式的被动服从转为双向契约式的主动接受。虽然 19 世纪的欧洲大陆保王势力在各个君主国仍然拥有实质的影响力,但总体上欧洲大陆国家的君主逐渐改变统治策略,放弃传统的专制统治,用召开议会、制定宪法等方式承认国民拥有更多的权利和自由。基于此,新的法律开始与君主的意志脱钩,当君权对国家的牵绊从实质层面实现分离后,法律制度及其影响立即填补进因专制权力抽离后留下的社会控制方面的真空。由于君主自身被置于法律规范之下,其行为、权益都需要依据法律才得以施展,宪法宣誓制度中君主的誓言也被加入依据法律治理国家的内容,基本与 19 世纪欧洲资本主义发展和资产阶级革命的时代特征相吻合。

最后，相较于启发了整个欧洲大陆的美国及法国宪法，欧洲大陆国家宪法中的誓言明显遗留了更多的宗教元素。19 世纪欧洲大陆国家在保留宪法宣誓誓言中的宗教内容这一问题上，没有发生北美独立运动中的立宪者们因宗教誓言的问题而反复争执的情况，也没有出现法国大革命过程中几乎撕裂法国社会的宗教分歧。无论是 19 世纪初的德意志邦国宪法还是 19 世纪中后期立宪的国家，在这些欧洲大陆国家的宪法文本中规定有"维上帝及其圣子佑助"①"三神尊圣，合而不分"②等具有宗教因素的誓言内容的情况较为普遍。宪法誓言中存在这一现象的原因固然包括欧洲大陆多数国家相较于北美殖民地更长久地受宗教与政治双重控制，更重要的是，这些国家大体存在一种具有绝对优势地位的主流宗教，而非多种势均力敌的宗教流派共存。由于欧洲大部分国家基本已经在其形成民族国家的历程中实现了宗教文化的统一，宪法在誓言中规定宗教性的内容不会破坏社会稳定，反而有利于誓言效力以及宪法效力的巩固。

二、拉丁美洲国家宪法中的誓词内容

自 15 世纪哥伦布发现美洲起，拉丁美洲就开始受到西班牙、葡萄牙等欧洲国家的殖民统治，19 世纪初拉丁美洲在美国独立运动与欧洲资产阶级革命的双重影响下兴起了反对殖民、民族解放的独立运动。从 1810 年委内瑞拉爆发武装起义到 1826 年西班牙军队从秘鲁撤出，这场历时 16 年的殖民地解放战争以拉丁美洲绝大多数殖民地获得独立宣告结束。在摆脱殖民地的附庸地位及废除奴隶制的拉丁美洲，一批实行共和制的新兴国家被建立起来的同时新的宪法制度也随之而来。以历史事件的发生经过为线索，拉美殖民地和北美殖民地的独立经历相仿，其国家建立及宪法制定也在相当程度上受到美国独立及 1787 年宪法的影响，这些国家的宪法制度具有明显仿照美国宪法构建的痕迹；并且出于实现殖民地独立的现实需要，拉美国家从政治制度到法律制度各方面都表现出强烈撇清与原先的宗主国政治、法律制度关联的倾向。

---

① 《巴维利亚宪法》（巴伐利亚）第二章第 16 条、第七章第 25 条、第十章第 1 条及第 3 条。《世界现行宪法续编》，商务印书馆编译所译，商务印书馆 1913 年版，巴维利亚宪法篇第 4、20、22、23 页。

② 《希腊宪法》第 43、49、64 条。《世界现行宪法续编》，商务印书馆编译所译，商务印书馆 1913 年版，希腊宪法篇第 9、10、14 页。

(一)拉丁美洲宪法对美国宪法宣誓誓言的借鉴

分析19世纪拉美国家宪法规定的誓言内容,可以看到"遵守法律""履行职务""忠于人民""宣示信仰"属于拉丁美洲各国在制定誓言内容时使用较多的表述。考虑到拉美国家宪法制定的时间及基础,美国1787年宪法对拉美宪法内誓言规范的影响力显然要高于西班牙或葡萄牙等拉美地区的传统宗主国的宪法。例如,在1829年公布的《乌拉圭宪法》中,总统宣誓的誓言内容为:"予某某谨宣誓于吾主上帝及诸圣使之前兹以受人民之付托。莅任为本共和国总统。自当尽其职守。保障国家之宗教。维持土地之安全。拥护本共和国之独立。并当自行遵守及使人遵守本宪法。"[①]又如,在1870年公布的《巴拉圭宪法》中,国家总统与副总统的誓词内容包括"务竭忠爱之诚,履行巴拉圭共和国总统(或副总统)之职务""并谨恪遵守及命令服从本共和国宪法"。[②] 同样,在1871年《哥斯德尔黎加宪法》中,总统的宣誓誓言内容也包括"愿遵守及保护共和国之宪法""实心履行职务"等内容。[③] 相较于1876年《西班牙宪法》对宣誓誓言的规定,前列三国的誓言内容明显更近似于美国1787年宪法规定。[④]

值得注意的是,拉美国家宪法中誓言结构也与美国宪法的规定基本一致,都先针对职权作出概括性规定,随后将笼统的职权拆解为具体内容要素要求宣誓者实施。例如,《乌拉圭宪法》在总统誓言中规定了"尽其职守"后,又进一步列举了总统职权中包含的"保障宗教""维持领土""确保独立"等职责细节。《巴拉圭宪法》中的法官誓言规范要求,作为宣誓主体的最高审判厅法官既须宣誓"尽忠行其职务",也须再次强调"秉公判断案件"。[⑤]

---

① 《乌拉圭宪法》第76条。《世界现行宪法续编》,商务印书馆编译所译,商务印书馆1913年版,乌拉圭宪法篇第20页。

② 《巴拉圭宪法》第93条。《世界现行宪法续编》,商务印书馆编译所译,商务印书馆1913年版,巴拉圭宪法篇第25页。

③ 《哥斯德尔黎加宪法》(哥斯达黎加)第130条。《世界现行宪法续编》,商务印书馆编译所译,商务印书馆1913年版,哥斯德尔黎加宪法篇第35页。

④ 相较于曾为殖民地的拉美国家宪法对誓言构成要素较为细致的规定,1876年《西班牙宪法》的誓言内容只存在两个要素,其一为效忠君主,其二为遵守法律。《世界现行宪法》,商务印书馆编译所译,商务印书馆1916年版,西班牙宪法篇第13、18页。

⑤ 《巴拉圭宪法》第120条。《世界现行宪法续编》,商务印书馆编译所译,商务印书馆1913年版,巴拉圭宪法篇第34页。

(二)拉丁美洲宪法誓言内的“人民”要素

“人民”是拉美国家宪法宣誓制度中誓言的重要组成要素。在誓言中对“人民”要素进行强调,是 19 世纪拉美国家宪法与美国及欧洲国家宪法在誓言内容构成上最显著的不同。虽然宪法领域的“人民主权”原则既不是由拉美殖民地率先提出,也并非在拉丁美洲的宪法中首先出现,但比较同时代其他地区宪法对誓言的规范,拉美地区各国宪法宣誓誓言对“人民”要素的偏好堪称不约而同。例如,1889 年《海地宪法》规定的总统誓词为:“文曰、予敬与上帝及国民之前。宣誓恪守、及使他人恪守海地国人民之宪法与法律。并当尊重海地国人民之权利。维持国家之独立。及其土地之完全。”①在不足百字的誓言内容中“人民”要素作为宣誓者实施宣誓的拟制对象、宪法制定的合法性基础以及宣誓者履行职务的具体指向被 3 次提及。与前例的誓言规范方式相仿,1896 年《多米尼加宪法》在宣誓主体的誓言中也有“恪守人民的宪法”“尊重人民的权利”等强调“人民”要素的内容。②

从上述具体誓言规范中可分析出立法者通过宪法誓言的内容对国家权力归属于人民的理论进行强调的意图。在拉丁美洲的宪法中出现当时世界宪法领域都显得颇为超前的誓言内容,有两方面缘由。一方面,整个拉美独立运动的进程基本是由民众自发组织的自下而上的武装革命去推动的,得到殖民地人民的坚定支持是拉丁美洲反抗西班牙、葡萄牙殖民统治的最重要保障。以 1791 年发生在海地的武装起义为例,领导并参与这场起义的主要群体正是处于社会底层的黑人奴隶,这显然与欧洲大陆乃至北美殖民地发生的一系列武装革命都存在差异。因此,获得独立的拉美国家在制定法律时必然要关注人民的意志,宪法以宣誓誓言凸显“人民”是国家权力的拥有者,显然是希望这样的誓言可以使宪法及新生的国家政权能为广大的民众所接受,以及进一步加强国家与民众的紧密联结。另一方面,构建拉丁美洲一众共和国的理论基础,无论是社会契约论还是人民主权说,对拉丁美洲殖民地而言都属舶来品,而这

---

① 《海地宪法》第 95 条。《世界现行宪法续编》,商务印书馆编译所译,商务印书馆 1913 年版,海地宪法篇第 23 页。

② 《多米尼加宪法》第 49 条:“本总统敬宣誓于上帝及圣使之前。受任以后。当躬自并使人恪守多米尼加人民之宪法与法律。尊重人民之权利与自由。维持国家之独立及土地之安全。”《世界现行宪法续编》,商务印书馆编译所译,商务印书馆 1913 年版,多米尼加宪法篇第 22 页。

些新生共和国的立法者们在进行本国的制度和法律构建时,几乎是以直接移植而不经本土化调适的方式将这些理论植入本国的宪法及法律中的。因此,这些原本诞生于欧洲的理论对于当时的欧洲社会显得过分激进而遭受阻力,最终导致这一时期欧洲国家宪法宣誓制度的誓言内容相对保守;反而在拉丁美洲国家的宪法宣誓誓言中得到了更加完整、充分的展现。

(三)拉丁美洲宪法内誓言对宗教要素的处理

19 世纪拉丁美洲国家宪法在对宣誓制度进行规范时,对誓言中宗教要素的处理方式大致可分为强制与宽容两类。宪法规定具有强制宗教信仰特征的国家,在具体的誓言规范中体现出明显的保留宗教要素的态度,这类国家的宪法普遍将罗马天主教内某一教派定为国教,其中部分国家还在宪法条文内对国教之外的其他宗教进行压制性规范。例如,秘鲁于 1860 年公布的宪法即严格禁止在公共场合中出现非宪法确定宗教的集体性活动。① 同样,1870 年《巴拉圭宪法》也指定了罗马天主教中某一特定教派为国教。② 在这类明显带有宗教倾向的宪法规定基础上,国教教义中的宗教元素也顺势进入宪法宣誓的誓言中。分解《乌拉圭宪法》及其中宪法宣誓的誓言内容后可见,宪法以制定法的形式确定了国教,总统的誓言即包括"上帝""圣使"等内容。③ 与《乌拉圭宪法》对宗教及誓言内容的处理方式相仿,哥斯达黎加制定的宪法也通过两个条款实现了宗教与宣誓誓言的融合。④

除上述对宗教信仰以严格的制定法方式进行规范的国家外,19 世纪拉丁美洲地区宪法宣誓制度中誓言的内容也存在对国民宗教信仰持宽容态度的规

---

① 《秘鲁宪法》第 4 条:"国家信仰罗马加狄力教而保护之,其他宗教之公共崇拜,不得认许之。"《世界现行宪法续编》,商务印书馆编译所译,商务印书馆 1913 年版,秘鲁宪法篇第 1 页。

② 《巴拉圭宪法》第 3 条:"本共和国以亚拍司托立克天主教 Roman Catholic Apostolic 为国教。"《世界现行宪法续编》,商务印书馆编译所译,商务印书馆 1913 年版,巴拉圭宪法篇第 1 页。

③ 《乌拉圭宪法》第 6 条:"国家以罗马教中之使徒派为国教。"第 76 条:"予某某谨宣誓于吾主上帝及诸圣使之前……"《世界现行宪法续编》,商务印书馆编译所译,商务印书馆 1913 年版,乌拉圭宪法篇第 2、20 页。

④ 《哥斯德尔黎加宪法》(哥斯达黎加)第 50 条:"以罗马加狄力教为国教,由国家加以保护……"第 130 条:"本宪法第三章第一节第 21 条所揭公共官员之宣誓。须如下式。……[汝果立誓于神明。并立约于国家。愿遵守及保护共和国之宪法。且实心履行汝之职务乎。]……[余誓如是。]……[倘汝如是。愿神明佑汝。否则神明及汝之国家。且使汝负担其责任。]"《世界现行宪法续编》,商务印书馆编译所译,商务印书馆 1913 年版,哥斯德尔黎加宪法篇第 10、35 页。

范方式。这一类型在具体宪法规范中主要表现为:宪法承认的国民拥有宗教信仰的自由属于更加完整的自由,既不强制指定某种宗教具有国教地位,也不强制宪法宣誓主体宣誓时作出包含宗教因素的誓言。例如,1879年《危地马拉宪法》就直接确认了不同宗教在国家中处于平等地位,同时规定了与该原则相适应的誓言内容。① 成立于1886年的萨尔瓦多共和国没有将宗教元素纳入誓言内容,原因在于,该国宪法本身对国民宗教信仰极为包容,只要不与社会的公序良俗相抵触,宗教信仰的选择属于国民个体全权自决的问题。② 从以上不同的宪法规定中可以看到,持绝对宽容态度的国家基本不会在誓言内容中出现宗教元素,而持相对宽容立法原则的国家,会将宗教元素作为宪法宣誓誓言内容的重要组成部分。

总体而言,拉丁美洲各国的宪法及其内部的宣誓制度都属于对美国宪法的模仿,因此各国宣誓誓言的内容在本质上差异极小,其中唯一不同的部分即体现在宪法对誓言中宗教元素的处理上。造成这一差异的根源既出现在拉美地区独立之前的时代,也来自拉美地区独立后的时代。首先,西班牙、葡萄牙作为拉美殖民地的宗主国,对于宗教问题的态度,与英国对北美殖民地宗教的态度截然不同。拉美地区的欧洲宗主国本身为传统的天主教国家,无论是教义还是教会组织体系,天主教本身都比新教更为保守,并且相较于英国当局对北美殖民地居民的宗教信仰甚少干涉的控制策略,西班牙、葡萄牙在处理拉美殖民地的宗教问题时倾向于采取更为严厉和直接的管制措施。因此,相较于北美殖民地长期以来多种宗教及宗教流派共存的状态,拉美殖民地在事实上存在一个较为清晰的主体宗教。宗教文化的差异投射到两地宪法对宣誓誓言内容规定时就分化出不同结果:对于北美各州而言,确定一种统一的宗教性誓言会助推国家的分裂;但对于拉美国家而言,统一的宗教性誓言内容反而属于

① 《危地马拉宪法》第24条:"无论何宗教,皆得于其教堂内行礼拜,政府亦不能于某教有所袒护……"第70条:"大总统于受任时应宣誓曰。吾誓愿忠诚爱国。以尽总统职守。愿遵守且使他人遵守本共和国之宪法。"《世界现行宪法续编》,商务印书馆编译所译,商务印书馆1913年版,危地马拉宪法篇第6、18页。

② 《桑萨尔瓦多耳宪法》(萨尔瓦多)第12条:"信教自由可保实行。惟不得损害道德。及扰乱治安。凡宗教上之行为。不得指作个人平时之态度。"第138条:"无论文武官吏。就职之时。须宣誓尽忠于本共和国。执行其分内各种职务。并遵守及令他人遵守本宪法逐条所载各项……"《世界现行宪法续编》,商务印书馆编译所译,商务印书馆1913年版,桑萨尔瓦多耳宪法篇第3、41页。

一种凝聚国家认同的重要因素。其次,整个拉美殖民地的独立方式与北美殖民地差异较大,拉美殖民地进行独立斗争的过程中联合因素较少,不同地区在取得独立后各自建国,并没有组织起一个统一国家的需求。这就导致了拉美国家的宪法及宪法宣誓制度构建更类似于美国各个州制定本州的宪法,只需要考虑本地区的社会、宗教及文化,而不必像联邦宪法那样在每项制度之间进行一种宏观协调。

第三节 20 世纪各国宪法宣誓中誓言的构成

进入 20 世纪后世界各大洲的联系更为紧密,宪法宣誓制度也随着世界范围内不断扩张的立宪潮出现在亚洲、非洲两个地区的多个国家的宪法中。比照美国、英国与法国宪法中的誓言构成要素组织本国的宣誓誓言是 20 世纪以后各国宪法进行誓言内容规范的主要方式。对比不同时代的誓言规范,20 世纪宪法内的誓言要素基本是对先前宪法宣誓誓言内容的延续与固定,而处于同时代的各国宪法之间对誓言内容的规定也不可避免地出现同质化趋势。

一、誓言中的职责性言辞

在 20 世纪的宪法中,宣誓主体誓言内的职责内容主要涵盖以下三个部分:遵守宪法及法律、忠于国家、履行职务。誓言规定与宣誓主体职责关联最为直接的是履行职务的内容,由于某一具体职务与某个具体宣誓主体之间存在极强的对应关系,誓言要求宣誓主体竭诚履行职务是较容易理解的,但要理解誓言内遵守宪法及法律、忠于国家两个要素与职责的关联,必须先认识到宣誓主体以职务身份与法定誓言内容相匹配的要件。按照宪法规范的习惯,“遵守宪法及法律”“忠于国家”是宪法宣誓主体和普通公民都应当承担的义务,宪法宣誓的誓言吸纳上述两要素而塑造的誓言内容,则是在普通公民身份之上对该主体的职务身份进行的针对性规定。因此,誓言内的“遵守宪法及法律”“忠于国家”两项内容并不是对个体的公民义务的重复性强调,而是对一种抽象化的职务身份提出的要求。

(一)遵守宪法及法律

宣誓主体必须遵守宪法及法律,这项誓言内容是美国、英国及法国宪法宣誓模式中都有的要素。例如,在塞尔维亚、波斯等实行君主立宪制国家的宪法中宣誓主体的誓言都存在遵循宪法及法律的内容。[①] 在20世纪的民主共和国宪法中遵守宪法、法律等要素也属于誓言内容的重要组成部分。例如,1919年《德意志宪法》规定的宣誓誓言内容为:"余以全力自效于德国国民之安泰,发达其福利,免除其危害,遵守宪法与法律,本其良心之所安,一以公道待人,此誓。"[②]又如,1920年公布的《捷克斯拉夫共和国宪法》规定总统、议员、法官及政府官员等宣誓主体都须作出包括遵守宪法及其他法律要素的誓言。[③]

由于20世纪以后亚洲、非洲的殖民与半殖民地进入民族独立运动的爆发期,新国家在亚洲与非洲建立的同时,宪法及其中各项制度也被正式确立。就政治、法律制度的构成分析,20世纪亚、非两洲的宪法本身多以北美、欧洲国家的宪法为蓝本,亚非两大洲国家的宪法中宪法宣誓的内容要素也基本沿用了前者的规范模式。以废除君主制、建立民主共和国的埃及为例,该国1971年通过的宪法中有关总统和议员的宣誓誓言包含"尊重宪法和法律"的规定。[④] 由于非洲被殖民前仅有少部分国家进入封建社会,绝大多数地区仍保留原始部落的生活方式,于是非洲大部分国家在获得独立后选择制度跨越的方式直接建立民主共和国。因此,非洲绝大部分规定有宪法宣誓制度的国家,在誓言内

---

① 公布于1903年的《塞尔维亚宪法》在第60、67、160、131、185条分别规定了国王、摄政官、议员、国务大臣与其余官员的宣誓,其中包括国王在内的每一个宣誓主体应当发出的誓言中都包括"谨守宪法、法律"。1906年制定的《波斯宪法》第39、40条中,国王与摄政的誓言中同样存在"严守波斯宪法之根本法律。按照国权议定之各种法例"的内容规范。《世界现行宪法续编》,商务印书馆编译所译,商务印书馆1913年版,塞尔维亚宪法篇第12、14、22、27、41页;波斯宪法篇第18、19页。

② 《德意志国宪法》在第42条与第167条中规定,德意志共和国总统和政府官员、海军及陆军成员都要实施该宣誓。泰东图书局编辑:《世界联邦共和国宪法》,泰东图书局1922年版,德意志宪法篇第15页。

③ 《捷克斯拉夫共和国宪法》第65条:"本共和国总统,须本其荣誉及良心,对国会宣誓(第五十八条)其将来能力图人民及国家之福利,并遵守宪法及各种法律。"第73条:各国务员均须本其荣誉及良心,对总统宣誓其将矢志公忠于其职务,并遵守宪法与各种法律。泰东图书局编辑:《世界联邦共和国宪法》,泰东图书局1922年版,捷克斯拉夫共和国宪法篇第22、23页。

④ 《埃及宪法》第30、42条。《世界各国宪法》编辑委员会编译:《世界各国宪法(非洲卷)》,中国检察出版社2012年版,第13、14页。

容的组织方式上同埃及的情况较为相似。即使非洲在进入 20 世纪后保留君主制的国家比重已极大缩减,但非洲仍存在两个实行君主立宪制的国家:摩洛哥王国和莱索托王国。其中莱索托王国的宪法确立了宪法宣誓制度,在相关誓言规范内也能找到宣誓主体必须遵守法律的规定。莱索托王国宪法分别对国王、国会议员、内阁官员及法官的登基或就职宣誓进行了规定,包括国王在内的宣誓主体的誓言中都包括“本人郑重宣誓我将遵守本宪法和莱索托的法律”的内容。[①]

在亚洲各国的宪法中,针对宣誓主体遵守宪法、法律进行誓言内容规范的情况也极为普遍。其中实行君主立宪制的部分国家如马来西亚、巴林等国,在宪法中对包括君主或国家元首在内的宣誓主体遵守国家宪法、法律的义务以誓言形式进行了规范。例如,公布于 1957 年的《马来西亚联合邦宪法》即将遵守宪法与法律等内容纳入联合邦最高元首的誓言内容中。[②]《巴林王国宪法》也在君主等宣誓主体的誓言中规定了遵循宪法、法律的内容要素。[③] 亚洲还有部分立宪制国家如泰国、文莱,在宪法中虽未对君主作强制性宣誓要求,但规定了国家公职人员就职时需对宪法和法律以宣誓的形式声明遵守。例如,《泰王国宪法》第 123、175、201 条规定议员、政府官员及法官等法定宣誓者就职时须宣誓遵守法律。[④] 除上述实行君主立宪制的国家外,选择共和政体的亚洲国

---

① 《莱索托王国宪法》第 51、71、94、122 条。《世界各国宪法》编辑委员会编译:《世界各国宪法(非洲卷)》,中国检察出版社 2012 年版,第 483 页。

② 《马来西亚联合邦宪法》附件四第一章最高元首誓词:“……依此誓词庄严宣告,本人当遵守所制定和未来随时制定的法律和宪法……”《世界各国宪法》编辑委员会编译:《世界各国宪法(亚洲卷)》,中国检察出版社 2012 年版,第 370 页。

③ 《巴林王国宪法》第 33 条:国王继位时在国民议会的特别会议中宣誓如下:“我以伟大真主的名义起誓,我尊重宪法和国家法律,保护人民的自由、利益和财产,保护国家独立和领土完整。”第 78 条,协商议会和众议院的每位议员就职前应在公开会议中宣誓如下:“我以伟大真主的名义起誓:我将忠诚于祖国和国王,尊重宪法和国家法律,保卫人民的自由、利益和财产,以忠诚和真诚履行我的职责。”《世界各国宪法》编辑委员会编译:《世界各国宪法(亚洲卷)》,中国检察出版社 2012 年版,第 141、144 页。

④ 《泰王国宪法》第 123 条规定,众议员和参议员在就职时必须分别在众议院和参议院庄严宣誓如下:“我(宣誓者名字),庄严宣誓……在各个方面维护和遵守泰王国宪法。”第 175 条规定,内阁部长于就任前须于国王面前庄严宣誓如下:“我(宣誓者名字),庄严宣誓……我将在各个方面维护和遵守泰王国宪法。”第 201 条规定,就职前,法官应在国王面前庄严宣誓如下:“我(宣誓者名字),庄严宣誓……我将坚持和遵守君主立宪政体、泰王国宪法和法律。”《世界各国宪法》编辑委员会编译:《世界各国宪法(亚洲卷)》,中国检察出版社 2012 年版,第 575、581、583 页。

家要求宣誓主体遵守法律的相关规定在宪法中同样普遍存在,伊朗、土耳其、韩国等国宪法宣誓制度的誓言内容中都存在相关要素。

(二)忠于国家

相较于18、19世纪的宪法宣誓规范较多保留对君主个人效忠的誓言要素,20世纪的宪法更倾向于通过誓言内容强调宣誓主体须对国家保持忠诚。例如,《巴基斯坦伊斯兰共和国宪法》就将"我真的信仰、忠诚于巴基斯坦"置于全部宣誓主体的誓言中。[①] 与《巴基斯坦伊斯兰共和国宪法》的规定类似,《马尔代夫宪法》确定的宣誓主体的誓言中也包括"真正地信仰与效忠马尔代夫共和国"等内容。[②] 另外,制定于20世纪的君主立宪国的宪法也并不排斥将"忠于国家"纳入誓言内容。例如,《卡塔尔宪法》第92、119条分别对议员及行政官员的宣誓进行了规范,两类宣誓主体的誓词中都包括了"我将忠于祖国"的内容。[③]

宪法宣誓的誓言规定出现了从"效忠君主"向"忠于国家"的内容变化,除了20世纪以后君主制国家数量骤降这一外部原因外,另一个重要诱因在于19世纪因欧洲资产阶级革命而兴起的民族国家概念,到20世纪时已随着各大洲殖民、半殖民地的民族独立运动实现了世界范围的大流行。新的政治理念不仅深刻改变了一定地域范围内生存的个体对自我和对族群的认知方式,还启发了民众对"民族国家"概念的接受。原先区别本国和他国而依赖的血统、种族、地域等传统国家认同形成的基础,逐渐被相近的文化、共同认可的价值及普遍接受的体制等新的要素取代,传统的社会关系中臣民因对君主的人身依附关系而形成的效忠,也变成了基于民族文化的认同而对民族国家的忠诚。

---

① 《巴基斯坦伊斯兰共和国宪法》在第42、53、91、92、102、130、132、178、194、203C、214、244条对12类宣誓主体的宣誓进行了极为细致的规定,而宪法附件三对前列不同宣誓主体的誓言都作出了忠于巴基斯坦国的规定。《世界各国宪法》编辑委员会编译:《世界各国宪法(亚洲卷)》,中国检察出版社2012年版,第72~137页。

② 依据《马尔代夫宪法》的规定,第81条中的议会成员,第114条中的总统与副总统,第126条中的总统、副总统职权代行者,第131条中的政府官员及第150条中的法官都应按照该宪法附件一中的誓言规范进行宣誓,誓言内容都包括"真正信仰与效忠于马尔代夫共和国"。《世界各国宪法》编辑委员会编译:《世界各国宪法(亚洲卷)》,中国检察出版社2012年版,第326页。

③ 《世界各国宪法》编辑委员会编译:《世界各国宪法(亚洲卷)》,中国检察出版社2012年版,第276、277页。

可以认为,正是这种新的国家意识促成了20世纪越来越多的国家宪法对誓言的规定由强调宣誓主体效忠君主向效忠国家的方向转变。

除了直接在宪法宣誓制度中引入"忠于国家"誓言内容要素的规定方式,一些国家宪法中"忠于国家"的出现更类似于渐进式渗透,而这一过程基本同"民族国家"的概念向政治领域实现的渗透同步。欧洲大陆国家中法国及德意志的部分地区宪法较早出现"忠于国家"的誓言内容,如1818年公布的《巴维利亚宪法》(巴伐利亚)较早出现了明确要求宣誓主体忠于国家的誓言规定,[①]法国《1791年宪法》及第二共和国时期制定的宪法中都存在忠于国家的誓言内容。[②] 在同一时期的欧洲其他地区,宪法誓言内容的规范仍重点强调宣誓者对君主的效忠。例如,《巴敦宪法》要求议员在就职时只需明确表达效忠君主[③]的意思,同样在1831年公布的《萨克逊宪法》中也仅存在效忠君主的誓言内容。[④]除前列按照传统的效忠君主的誓言内容制定的宪法规范外,还有部分国家宪法将君主与国家利益的概念经过混同处理后再作为宣誓的誓言内容进行规定,如在瓦尔敦巴尔王国于1819年制定的宪法中,针对议员誓言的规定为:"吾立誓愿……以国王与祖国不能分立之利益为前提……"[⑤]

---

① 《巴维利亚宪法》第七章第25条:"议会之议员每人应按下列誓文宣誓文曰[吾宣誓愿忠信于国家、王……]"《世界现行宪法续编》,商务印书馆编译所译,商务印书馆1913年版,巴维利亚宪法篇第20页。

② 《1791年宪法》第二编第5条:公民誓言的内容是:"我宣誓忠于国家……"第三编第一章第五节第6条规定,代表各自宣誓:"……完全忠于国家、法律、国王。"第二章第一节第4条规定,国王在登基时或者达到成年时须在立法院面前向国家宣誓:"忠于国家和法律……"《1848年宪法》第48条规定,共和国总统在就职前应到国民议会宣誓,内容如下:"……我宣誓忠于民主的统一的和不可分割的共和国……"《法兰西宪法典全译》,周威译,法律出版社2016年版,第12、18、19、192~193页。

③ 《巴敦宪法》第69条:"凡为新议员者。在议会开会时。宣布下列誓词。其誓文曰[吾宣誓忠诚于郡王……]"《世界现行宪法续编》,商务印书馆编译所译,商务印书馆1913年版,巴敦宪法篇第19页。

④ 《萨克逊宪法》第139条:"全国人民以及基督教会职员之誓文。除忠顺于国王与法律之明文外。尚须包含遵守宪法之志愿。"《世界现行宪法续编》,商务印书馆编译所译,商务印书馆1913年版,萨克逊宪法篇第31页。

⑤ 《瓦尔敦巴尔宪法》第163条。《世界现行宪法续编》,商务印书馆编译所译,商务印书馆1913年版,瓦尔敦巴尔宪法篇第31页。

(三)履行职务

20世纪的宪法宣誓制度对誓言中“履行职务”内容要素的规定方式与之前宪法的誓言规范差异较小,但宪法对该要素的重视程度明显加强。18、19世纪宪法对宣誓主体“履行职务”誓言内容基本以概括的形式进行规范,例如,1879年公布的《汉堡宪法》对元老院成员的宣誓誓言只笼统规定了宣誓主体应当尽责履职,而对履职的具体细节则未加说明。① 20世纪之后的宪法出现了将宣誓者应当“履职”甚至如何“履职”的具体细节进行对外宣示的普遍倾向。以韩国宪法对宣誓主体“履行职务”的规定为例,誓言内容将总统的“履职”行为拆分为促进统一、拱卫国家、维护人民权利和增进文化繁荣等四个方面。② 在格鲁吉亚、哈萨克斯坦等国的现行宪法中,宪法宣誓制度对宣誓主体职责相关的誓言内容也采取了更为详细的规范模式,格鲁吉亚总统就职时宣誓除履行职责,还须更加精确地宣誓将在总统任期内关切国民的权利、幸福,实现国家的复兴等。③ 同样,《哈萨克斯坦宪法》针对总统的誓言内容也表现出鲜明的概括与细节兼具的规范特点,“保障公民的自由、权利”“服务于人民”都是宪法通过誓言对总统的履职行为提出的具体要求。④

二、誓言中的道德性言辞

宪法宣誓制度中除了与宣誓主体职务密切绑定的誓言内容,还存在与宣誓主体个人道德联系紧密的誓言内容,与宪法宣誓制度通过职务性誓言将总

---

① 《汉堡宪法》第15条:“各元老员履任时、必须在元老院与市民议会之联合会中。宣立其尽忠于其职务之誓词。此誓文当以法律定之。”《世界现行宪法续编》,商务印书馆编译所译,商务印书馆1913年版,汉堡宪法篇第5页。

② 《大韩民国宪法》第69条:“我庄严地向国民宣誓,我将忠实地履行总统的职责,遵守宪法,保卫国家,为祖国的和平统一、增进国民的自由和福利、繁荣民族文化而努力。”《世界各国宪法》编辑委员会编译:《世界各国宪法(亚洲卷)》,中国检察出版社2012年版,第242页。

③ 《格鲁吉亚宪法》第71条:新当选的格鲁吉亚总统在就职时,得发表施政演说,并宣读下述誓词:“……认真地履行总统职责,关心我国公民的安全和幸福,关心我的人民和祖国的复兴。”《世界各国宪法》编辑委员会编译:《世界各国宪法(亚洲卷)》,中国检察出版社2012年版,第215页。

④ 《哈萨克斯坦宪法》第42条规定,哈萨克斯坦共和国总统自向人民宣誓之时起就职。总统誓词的内容如下:“我庄严宣誓:忠实地为哈萨克斯坦人民服务……保障公民的权利和自由,认真履行我承担的哈萨克斯坦共和国总统的神圣职责。”《世界各国宪法》编辑委员会编译:《世界各国宪法(亚洲卷)》,中国检察出版社2012年版,第227页。

统、议员、法官等特定的职务身份与宣誓者作为自然人的个体身份进行剥离的规范方式不同,带有道德评判属性的誓言内容规范更倾向于将法律规定的宣誓主体和现实中实施宣誓行为的特定自然人的人格进行融合。在宪法针对宣誓主体誓言的具体规定中,与个人道德存在密切联系的誓言内容主要包括“公正”“良善”“诚信”等。例如,《土耳其宪法》规定议员与总统在就职时作出有关个人的诚信及名誉等与个人道德关联的誓言。① 与《土耳其宪法》重视道德性誓言内容的情况类似,利比里亚、泰国等国的宪法宣誓制度也强调宣誓者应符合特定的社会道德。例如,利比里亚在宪法宣誓的誓言中强调国家总统、副总统、法官与其他公职人员等宣誓主体在履职过程中应当始终坚持“公平”“无私”等道德品质。②《泰王国宪法》则通过誓言特别强调作为宣誓主体的参、众两院的议员在行使权力时在依据法律的前提下应当严守个人的“良知”。③

将与道德相关的要素置于宪法宣誓的誓言内容之中的国家,在具体道德要素的筛选及法律规范的形式上也表现出各自的特点。第一种是部分国家的宪法将誓言中的道德性言辞与宣誓主体的现实职务实现绑定,这一选择在司法系统成员的誓言内容规范中表现得极其突出。在宪法制度为法官确定的抽象人格中“公平”与“正义”是最为重要的品德侧面。例如,《加纳共和国宪法》第156条规定了行使司法权主体群的宣誓,与之相应的宪法附件二对法官誓言的规定就充分展现了该国的宪法制定者们要求司法官员具有公平、公正等

---

① 《土耳其宪法》第81条规定,土耳其大国民议会议员在就职时宣誓如下:“我谨以我的名誉和诚信在伟大的土耳其民族面前宣誓……”第103条,共和国总统就职时须向土耳其大国议会宣誓如下:“我谨以共和国总统的身份,以我的名誉和忠诚在土耳其大国民议会面对历史宣誓……”《世界各国宪法》编辑委员会编译:《世界各国宪法(亚洲卷)》,中国检察出版社2012年版,第609、613页。

② 《利比里亚宪法》分别在第53、70条规定了总统与副总统、最高法院及所有下级法院法官的宣誓,同时该宪法附件规定了前列法定的宣誓主体实施宣誓的誓言:“我____,在此庄严宣誓(宣布)我决心支持、拥护、保护及捍卫宪法及利比里亚共和国的法律,对共和国真诚信仰和忠诚,并且决心忠实地、负责尽职地及公平无私地履行职责和义务,竭尽所能。祈愿上帝帮助我。”《世界各国宪法》编辑委员会编译:《世界各国宪法(非洲卷)》,中国检察出版社2012年版,第492、493页。

③ 《泰王国宪法》第123条,众议员和参议员在就职时必须分别在众议院和参议院庄严宣誓如下:“我(宣誓者名字),庄严宣誓:我将据良心指示,为国家和人民利益忠诚履职,在各个方面维护和遵守泰王国宪法。”《世界各国宪法》编辑委员会编译:《世界各国宪法(亚洲卷)》,中国检察出版社2012年版,第581页。

特定的道德性标准。[①] 当然仅凭誓言中的“不惧不偏，无袒无憎”等内容要素还不足以直接判定宪法在司法官员宣誓主体的誓言内容规范上存在特别处理，但比较同一宪法内其他宣誓主体的宣誓誓言内容，能够清晰辨别出这一特点。加纳宪法对行政官员的誓言规范明显省略了对宣誓主体个人的道德品质要求，誓言内容仅包括忠于国家、维护宪法和履行职责三个方面的要素。[②]

第二种誓言内容与宣誓者所承担的具体工作关联性较弱，如果仅对这类宣誓誓言的要素进行观察较难判别不同宣誓主体的职务类别。例如，《新加坡共和国宪法》规定的总统宣誓誓言的道德性言辞“无惧无私，无好无恶”就与总统的工作没有直接联系，而这类道德性言辞也普遍地出现在该国宪法规定的其他宣誓主体的誓言内容之中。依据新加坡宪法的规定，新加坡的国会议员、总理、法官在宣誓就职时同样要声明“无惧无私，无好无恶”。[③] 因此，在本类宪法宣誓誓言规范中，与道德相关的誓言内容要素主要受到该国的文化传统、社会道德风气的影响。换言之，宪法宣誓制度中与道德相关的誓言内容通常会按照社会以及民众对那些获得公职的宣誓主体应当具备良好道德品行的预期进行确定。

三、誓言中的宗教性言辞

从现代宪法宣誓制度在宪法制度体系中确立到 20 世纪宪法宣誓制度逐渐成为世界主流，各国宪法宣誓制度中的誓言要素开始逐渐趋同，但关于誓言

---

① 《加纳共和国宪法》第 156 条规定，国家的高级法官、省裁判所主任、低级法院或裁判所主持人、其他行使司法权职责的司法职员、人员都需要按照宪法附件二中的“法官誓词”实施宣誓，其具体内容为：“我，____被任命为（首席法官/高级法院法官/上诉法院法官/高等法院法官），（以全能的上帝的名义宣誓）（郑重声明），我将忠诚于依法成立的加纳共和国；我将维护加纳共和国的主权和统一；我将不惧不偏、无袒无憎地忠实履行职责；我将始终支持、恪守、维护和捍卫加纳共和国的宪法和法律。（上帝佑我）。”《世界各国宪法》编辑委员会编译：《世界各国宪法（非洲卷）》，中国检察出版社 2012 年版，第 288、308 页。

② 《加纳共和国宪法》附件二行政官员誓词：“我，____（以全能的上帝的名义宣誓）（郑重声明），我在____职位上将始终为加纳共和国效劳；我将支持、恪守、维护和捍卫依法成立的加纳共和国宪法。（上帝佑我）。”《世界各国宪法》编辑委员会编译：《世界各国宪法（非洲卷）》，中国检察出版社 2012 年版，第 309 页。

③ 《新加坡共和国宪法》附件一规定，总统就职誓词为：“我……已当选新加坡共和国总统，在此郑重宣誓（声明）：我将竭力尽忠职务，无惧无私，无好无恶，超越党派，对共和国竭诚效忠，并保存、维护、保卫新加坡共和国宪法。”《世界各国宪法》编辑委员会编译：《世界各国宪法（亚洲卷）》，中国检察出版社 2012 年版，第 694 页。

中宗教要素的去留、宗教自由的承认等问题始终存在两种针锋相对的意见。20世纪的宪法宣誓制度中仍然保留宗教性言辞的，大致分为以下三项：(1)誓言中明确要求宣誓主体承担宗教事务及责任；(2)宣誓主体需要通过确定的誓言内容宣示个人信仰与国家法定的主体宗教保持一致；(3)宪法对誓言中是否加入宗教性言辞许可宣誓主体自行决定。

首先是宪法在宣誓主体的誓言中加入使其承担宗教责任的内容。在三种宗教性誓言内容的具体规定中，这一种宗教内容的法律效力最强，同时以这种方式进行誓言规范的宪法，常常兼具第二种誓言规范对宗教信仰进行彰显的意义，但对第三种体现包容原则的誓言内容绝对排斥。例如，《阿尔及利亚宪法》规定伊斯兰教为国教，并将获得总统任职资格的主体限定于伊斯兰教信徒群体内，于是该宪法宣誓制度中的誓言内容即体现了第一、二种宗教性言辞在誓言中的规范原则。在具体的誓言规定中"发扬伊斯兰教"属于总统的职责，该规定与本条中"巩固民主""尊重各个机构""维护领土完整""保障公民人权"等内容享有同等重要的分量；而"谨以至仁至慈的真主之名""真主为我作证"则向全体国民充分展示了个人的信仰。[①] 与之类似的誓言内容还出现在巴基斯坦、阿富汗、马来西亚等国的宪法中。[②]

其次是以彰显国家及个人宗教信仰为目的的誓言内容。第二种誓言规范方式对宗教性言辞内容的态度依然具有强制性，但该宣誓规范的实践基础并不绝对来源于职务责任中包括某些法定的宗教性职责，更多来源于宏观的国

---

① 《阿尔及利亚宪法》第2条：伊斯兰教为国教。第73条："共和国总统候选人应具备下列条件：信仰伊斯兰教……"第76条规定，共和国总统按下列誓词进行宣誓："谨以至仁至慈的真主之名'忠实于我们虔诚的殉道者的捐躯以及永恒的11月革命的精神，我向全能的真主起誓，我将尊重并发扬伊斯兰教，捍卫宪法，不遗余力地保持国家的连续性，努力确保国家各个机构与宪法秩序正常运作所必需的条件，我将致力于巩固民主的道路，尊重人民的自由选择，尊重共和国各个机构，遵守共和国法律，维护国家领土完整、人民团结和国家统一，保护公民和个人的基本人权，至死不渝地为人民的发展和繁荣而奋斗，我将尽我之所能实现正义、自由、世界和平的伟大理念。'真主为我作证"。《世界各国宪法》编辑委员会编译：《世界各国宪法(非洲卷)》，中国检察出版社2012年版，第2、4、5页。

② 《巴基斯坦伊斯兰共和国宪法》规定各宣誓主体都须"永远为保护伊斯兰思想而奋斗"。《阿富汗宪法》要求总统、政府官员、法官等宣誓主体誓言"遵守并维护神圣的伊斯兰教"；《马来西亚宪法》确认并通过誓言内容揭示国家最高元首具有"时刻捍卫伊斯兰教"的责任。《世界各国宪法》编辑委员会编译：《世界各国宪法(亚洲卷)》，中国检察出版社2012年版，第32～36、131～134、370页。

家法律需要适应国家宗教传统的需求。例如,叙利亚宪法规定宣誓主体应当"向真主宣誓",但并不强制拥有宣誓主体身份的总统、政府官员等主体具有伊斯兰教信徒之身份。① 采取这一规范方式在誓言中安排宗教性内容的国家还包括阿拉伯联合酋长国、巴林王国、爱尔兰等国。② 相较于前列通过誓言确定宣誓主体宗教性职责的宪法规范,本类誓言中宗教性言辞内容为宣誓者个体保留一定自由选择的余地,宪法宣誓的宗教性誓言内容承载的意义不在于以特定宗教信仰对获取特定国家公职的主体进行资格限定,而主要体现为让宣誓主体对外宣示个人的信仰。

最后是宪法对誓言中的宗教内容持包容态度,给予宣誓主体个人自主选择的权利。这一誓言规范方式在三种类型中最具包容性,也更贴近涌现于20世纪的各种时代潮流,因此在世界宪法关于宗教性内容的相关规范中具有明显的数量优势。在具体的誓言规范中宣誓主体选择的权利通常被宪法以附加条款的形式赋予,如《阿尔巴尼亚宪法》规定总统的誓言为:"我宣誓,我会遵守国家的宪法和法律,我会尊重公民的权利和自由,捍卫共和国的独立,为阿尔巴尼亚人民的全局利益与进步服务。"随后,依据宣誓主体的宗教信仰状况增加一条附加性规定:"总统可以加一句:'上帝保佑我'。"③奥地利联邦的宪法宣誓制度中有关誓言的规范与前例类似,该宪法第62条与第72条分别对联邦总统和政府成员的誓言作出规范,誓言最后特别对各宣誓主体规定了"允许附加宗教宣誓"的内容。

---

① 《阿拉伯叙利亚共和国宪法》第7条:"我向伟大的真主宣誓:尊重国家的宪法、法律和共和制度,重视人民的利益和自由,保护国家的主权、独立和自由,保卫领土的完整,致力于实现社会公正和阿拉伯民族的统一。"《世界各国宪法》编辑委员会编译:《世界各国宪法(亚洲卷)》,中国检察出版社2012年版,第699页。

② 《阿拉伯联合酋长国宪法》第52、57、73条规定联邦元首和副元首、内阁成员、国民议会议员等宣誓主体在就职时道出"我以伟大真主的名义宣誓"为抬头的誓言。在《巴林王国宪法》中"我以伟大真主的名义起誓"作为全体宣誓主体誓言内容的固定组成部分。《世界各国宪法》编辑委员会编译:《世界各国宪法(亚洲卷)》,中国检察出版社2012年版,第41、43、141、144页。《爱尔兰宪法》第12、31、34条中规定了"本人在万能的上帝面前庄严而真诚地承诺并宣誓"的宗教性言辞,并且未在法律中给宣誓主体留下自主选择的余地。《世界各国宪法》编辑委员会编译:《世界各国宪法(欧洲卷)》,中国检察出版社2012年版,第18、25、26页。

③ 《阿尔巴尼亚宪法》第88条。《世界各国宪法》编辑委员会编译:《世界各国宪法(欧洲卷)》,中国检察出版社2012年版,第7页。

四、中国式的宪法宣誓誓言

中国宪法宣誓制度对誓言内容的塑造经历了三个阶段:首先是辛亥革命后以孙中山、袁世凯在就任中华民国临时大总统时使用的政治宣誓的誓言为基础制定民国宪法宣誓制度及该制度本土转化阶段。其次是中华人民共和国成立后至2014年10月23日中国共产党第十八届中央委员会第四次全体会议通过的《中共中央关于全面推进依法治国若干重大问题的决定》提出建立宪法宣誓制度,并要求法定的宣誓主体"向宪法宣誓"的预备阶段。最后是2018年3月宪法宣誓制度被正式写入宪法,贴合社会主义新时代发展主题的宪法宣誓制度的实践阶段。

(一)孙中山、袁世凯使用的政治誓言

作为中国历史上最早依据现代民主制原则进行的政治宣誓实践,孙中山与袁世凯在相近的时间以及相似的宣誓场域中分别为中国构建本土的宪法宣誓制度提供了最初的誓言内容要素。1912年孙中山就任民国临时大总统所用的宣誓誓词主要包括两个方面的内容:其一为推翻清政府统治建立民国,其二为强调人民主权实行新政。[①] 有别于中国历史上封建统治者举行的带有宣誓元素的祭典仪式,孙中山开辟的政治宣誓制度中最突出的特点为宣誓者不再是能够通过指天发誓等行为而被塑造的"超人"权力主体、符号。透过孙中山誓言中"国民公意""誓于国民"等内容可见,"人民"并非为传统的君主登基宣誓祭典中固定受君主这一"超人"主体支配的被统治者,按照民主原则构建的宣誓制度使"人民"替代了传统誓言中具有法定意义的统治者。

在孙中山就任临时大总统后不久南北议和发生,袁世凯作为孙中山的继任者在1912年3月以电报形式作出中华民国临时大总统的就职宣誓,尽管与孙中山宣誓成为中华民国临时大总统在时间上仅相隔两月,但袁世凯宣誓时使用的誓言内容已出现了新的变化。袁世凯版本宣誓誓言主要包括三个方面

---

① 孙中山就任民国临时大总统使用的誓言内容为:"倾覆满洲专制政府,巩固中华民国,图谋民生幸福,此国民之公意,文实遵之,以忠于国,为众服务。以专制政府既倒,国内无变乱,民国卓立于世界,为友邦公认,斯时文当解临时大总统之职。谨以此誓于国民。"《孙中山全集》(第2卷),中华书局2017年版,第1页。

的内容，其誓言中“维护共和”与“实现民主”两项为延续孙氏宣誓的誓言要素，而“遵循宪法”则属于宪法宣誓誓言内容中的新要素。① 首先，袁世凯宣誓“发扬共和精神”表明其忠于共和反对专制的政治态度。其次，“国民愿望”与“五大民族同臻乐利”等誓言要素蕴含着重视民权的意思表达。最后，袁氏宣誓“谨守宪法”。相较于孙中山使用的誓言版本，袁氏作出的就职誓言仍属政治宣誓范畴，但又明显离宪法宣誓制度更进一步。

(二)民国宪法宣誓的誓言内容

本书对民国时期的宪法宣誓制度进行梳理时提到，民国的宪法宣誓制度表现出强烈的“双重”“控权”模式混合的特征。基于这一特征，民国宪法宣誓的誓言内容也具有明显的宪法与行政法“复合”构成的属性。

1913 年至 1928 年在北洋政府制定的宪法及宪法草案中，与宪法宣誓制度密切相关的重要法律及草案分别为：1913 年 10 月《大总统选举法》、1913 年 11 月《中华民国宪法草案》(天坛宪草)、1914 年 12 月《修正大总统选举法》、1919 年《中华民国宪法草案》(八年宪草)以及 1923 年《中华民国宪法》(曹锟宪法)。在前列 5 部法律文件中，针对中华民国大总统宣誓的誓言内容规定基本保持了一致：“余誓以至诚遵守宪法，执行大总统之职务。谨誓。”②从前列的誓言文本可以看到，在北洋政府时期宪法对宣誓的誓言规定较为简略，仅要求宣誓者遵守法律及履行职务。

尽管宪法宣誓制度只规定了大总统的宣誓，但实质上宪法宣誓制度的施行在北洋政府时期由宪法与行政法共同构成。例如，在 1915 年 9 月 6 日北洋政府的行政文书中就出现了大总统答陆军部的部员实施宣誓的记载。③ 前列

---

① 袁世凯就任民国临时大总统使用的誓言具体内容为：“民国建设造端，百凡待治，世凯深愿竭其能力，发扬共和之精神，涤荡专制之瑕秽，谨守宪法，依国民之愿望，达国家于安全万固之域，俾五大民族同臻乐力。凡此志愿，率履勿渝。”章伯锋、李宗一主编：《北洋军阀(1912—1928)》，武汉出版社 1990 年版，第 1351 页。

② 《大总统选举法》第 4 条、《中华民国宪法草案》(天坛宪草)第 59 条、《修正大总统选举法》第 13 条、《中华民国宪法草案》(八年宪草)第 47 条、《中华民国宪法》(曹锟宪法)第 75 条。赖骏楠编著：《宪制道路与中国命运：中国近代宪法文献选编(1840—1949)》(上卷)，中央编译出版社 2017 年版，第 460、461、481、564、599 页。

③ 大总统批令：陆军部呈恭报部员宣誓礼毕附呈押册请钧鉴由呈悉册存此批。《(中华民国)政府公报》，政事堂印铸局，民国四年九月七日第一千一百九十八号。

与宣誓相关的总统批令绝非个案,同一时期政府公报中记录了大量国家级与省级公职人员尤其是军队成员的宣誓被呈报至大总统处并获得正式批复等,无一不在证明,北洋政府时期的宪法宣誓制度的实施体系之中既包括严格意义上的大总统在就职仪式上遵照宪法规定作出的宣誓,又包括其他掌握国家权力的军政官员依据行政法的规范而实施的宣誓行为。相较于宪法对总统宣誓誓言规范的极简风格,民国行政法对宣誓主体的誓言内容规范明显更为细致。以 1915 年海陆军人作出的宣誓为例,誓言要求实施宣誓的军人谨守保卫国家与人民的职责,保护驻守地区的人民生命、财产安全,身为军人除了在行为上要服从部队长官的命令,还要效法关羽、岳飞具备忠诚、信义等较高的道德品质。①

北洋政府的统治在 1928 年 6 月结束,国民政府在成为当时中国唯一的合法政府后将修改北洋时期制定及施行的宪法提上日程,而在此过程中也对宪法宣誓的誓言内容进行了调整。在 1936 年制定的《中华民国宪法草案》(五五宪草)以及 1946 年 12 月通过的《中华民国宪法》中,与宪法宣誓制度相关的条文对誓言内容的规定相较于北洋政府时期明显加入了更多要素,对宣誓主体应当履行职务的要求不再以笼统概括的形式规范,而以列举的形式将“职责”拆解,加入“增进人民福利”“维护国家利益”等内容,新加内容是国民政府时期宪法宣誓誓言与 1928 年以前的宪法宣誓制度在誓言部分规范形式上最明显的区别。②

中华民国进入国民政府统治时期后,虽然对誓言内容进行了改造,但宪法宣誓制度的具体实施仍旧维系着宪法与行政法相结合的形式,宪法规定了国家总统的宣誓,而行政法则规定了国家其他公职人员及普通国民的宣誓。例

① 陆海军人向关岳宣誓:“……(海陆军人)演说宣誓规则八条。大旨谓凡属军人。当以保国为民为天职。维持地方治安。保护防地人民声明财产为要义。毋得心怀恶意。违抗长官命令。须当效学关岳忠勇。”《圣教杂志》1915 年第 6 期,第 258 ~259 页。

② 从 1936 年的宪法草案制定到 1946 年民国宪法正式通过,其中规定的宪法宣誓在具体条目设置上有所调整,但誓言的主体内容基本保持一致。《中华民国宪法草案》(五五宪草)第 50 条:“总统应于就职日宣誓誓词如左[余正心诚意向国民宣誓余必遵守宪法尽忠职务增进人民福利保卫国家无负国民付托如违誓言愿受国法严厉之制裁谨誓]”《中华民国法规大全》(第 1 册,根本法 民法 刑法 民事诉讼法 刑事诉讼法 官制官规 内政 外交侨务),商务印书馆 1936 年版,第 2 页。《中华民国宪法》第 48 条:“总统应于就职时宣誓,誓词如左:‘余谨以至诚,向全国人民宣誓,余必遵守宪法,尽忠职务,增进人民福利,保卫国家,无负国民付托。如违誓言,愿受国家严厉之制裁。谨誓。’”

如,1930 年国民政府内政部公布的《市民宣誓登记规则》即为民国宪法宣誓体系下,由行政法规章构成的国民宣誓制度的典型,在该行政法的规定中国民的誓言主要包括忠于民国、忠于宪法、维护世界和平等原则性内容。① 同一时期的地方自治法令在制定本地的宣誓规范时也主要以内政部的行政法规为蓝本,在青岛市制定的公民权行使规则中公民的宣誓誓言即与内政部上述规则中的誓言规范一致。② 1930 年国民政府也公布了针对公职人员宣誓的《宣誓条例》,其中根据宣誓主体职务的区别专门定制了不同主体使用的突出差异性的誓言。例如,《宣誓条例》规定:文官誓言的主要内容为遵循党章及法律,全力履职并保证廉洁;武官的誓言则重点强调了宣誓主体作为军人应当恪守三民主义,服从长官,保卫国家与人民。《宣誓条例》中规定的自治职员与教职人员的誓言内容也存在明显区别。国民政府于 1947 年公布并实施的《宣誓条例》对 1930 年版《宣誓条例》中文武官员、自治职员与教职人员等宣誓主体进行了调整,也针对不同宣誓主体分别定制誓言内容的法律规定方式作出了改变。③ 按照 1947 年版《宣誓条例》的规定,除总统之外的政府及部队的官员及民意机关、公共事业单位的任职人员的宣誓行为模式与誓言内容实现了统合,将人民团体负责人作为宣誓主体同国家的公务人员宣誓主体进行并列,比较公职人员及人民团体两类宣誓群体所使用的誓言规范,法律都规定了遵守宪

---

① 《市民宣誓登记规则》附式一誓词:"正心诚意当众宣誓从此去旧更新自立为国民尽忠竭力拥护中华民国实行三民主义采用五权宪法务使政治修明人民安乐措国基于永固维世界之和平此誓。"《(中华民国)内政部内政公报》十九年九月二十五日内政部公布。

② 《青岛市公民宣誓登记暂行规则》第 14 条。《(中华民国)青岛市政府公报》1946 年第 2 卷第 3 期,第 21 页。

③ 1930 年《宣誓条例》第 2 条:"文官誓词如左:余敬宣誓,余恪遵总理遗嘱,服从党义,奉行法令,忠心及努力于本职,余决不妄费一钱,妄用一人,并决不营私舞弊,及授受贿赂。如违背誓言,愿受最严厉之处罚。此誓!"第 3 条:"军官誓词如左:余敬宣誓:余恪遵总理遗嘱,实行三民主义,服从长官令,捍卫国家,爱护人民,克尽军人天职。如违背誓言,愿受最严厉之处罚。此誓!"第 4 条:"自治职员誓词如左:余敬宣誓:余恪遵总理遗嘱,服从党义,奉行中央及上级机关法令,尊重地方人民公意,忠心及努力于本职。如违背誓言,愿受最严厉之处罚。此誓!"第 5 条:"教职员誓词如左:余敬宣誓:余恪遵总理遗嘱,服从党义,奉行法令,并遵守国民政府公布之中华民国教育宗旨及其实施方针,忠心及努力于本职。如违背誓言,愿受最严厉之处罚。此誓!"姚焕瑛编:《地方自治法规》,商务印书馆 1931 年版,第 69 ~ 70 页。

法、忠于国家、履行职务、正直廉洁等内容要素。①

(三)中华人民共和国宪法宣誓的誓言

中华人民共和国于1954年9月20日通过了《宪法》,此后这部宪法又分别在1975年、1978年与1982年经过全面修改。前列四个版本的宪法文本以及现行宪法自1988年到2004年的4版修正案中都没有出现有关宪法宣誓制度的规定。② 可以认为,宪法宣誓制度在孙中山的大力推动下,经1913年制定并通过的《大总统选举法》正式引入中国的宪法制度体系后,并非持续存在。

宪法宣誓作为一项制度在中华人民共和国被重新提出是在2014年10月23日由中国共产党第十八届中央委员会第四次全体会议通过的《中共中央关于全面推进依法治国若干重大问题的决定》内,该决定提出:"建立宪法宣誓制度,凡经人大及其常委会选举或者决定任命的国家工作人员正式就职时公开向宪法宣誓。"③2018年3月,宪法宣誓制度正式被纳入宪法法律制度内,《宪法》第27条明文规定了宪法宣誓的法定主体与基本形式。④ 2015年7月1日第十二届全国人民代表大会常务委员会第十五次会议通过的《关于实行宪法宣誓制度的决定》规定了具体的誓言内容。该决定中誓词内容大致由六个部分构成:(1)宣誓主体应遵守及维护宪法;(2)宣誓主体应对国家忠诚;(3)宣誓主体应对人民忠诚并接受人民监督;(4)宣誓主体必须履行法定职责;(5)宪法对宣誓主体存在强制性道德要求;(6)宣誓主体应树立并执行宪法提出的国

---

① 1947年《宣誓条例》第2条:"公务人员之宣词如左。余敬宣誓。余当恪遵宪法及国家法令。尽忠职守。报效国家。绝不妄费公币。滥用人员。并决不营私舞弊。接受贿赂。如违背誓言。愿受最严厉之惩罚。此誓。"第3条:"人民团体负责人之誓词如左。余敬宣誓。余当恪遵宪法及国家法令。忠勤服务。报效国家,绝不营私舞弊,妄费公款。如违背誓言。愿受最严厉之处罚。此誓。"《法令周刊》第10卷第31期,法令周刊编辑部,上海法学编译社,1930~1948年,第4~5页。

② 《中华人民共和国宪法》,中国法制出版社2018年版,第1页。

③ 最高人民法院编:《中国法院司法改革年鉴》(2014年卷),人民法院出版社2018年版,第7页。

④ 《宪法》第27条第3款:国家工作人员就职时应当依照法律规定公开进行宪法宣誓。《中华人民共和国宪法》,中国法制出版社2018年版,第19页。

家建设目标。[①] 2018 年 2 月 24 日第十二届全国人民代表大会常务委员会第三十三次会议对《关于实行宪法宣誓制度的决定》进行了修订,誓言内容更新为:"我宣誓:忠于中华人民共和国宪法,维护宪法权威,履行法定职责,忠于祖国、忠于人民,恪尽职守、廉洁奉公,接受人民监督,为建设富强民主文明和谐美丽的社会主义现代化强国努力奋斗!"[②]

分析 2018 年修订后我国宪法宣誓制度中誓言内容的六项组成要素,可以看到,前五项要素都能够在中国及世界其他国家的宪法宣誓制度的构建历史中找到相似的痕迹,而第六项"建设富强民主文明和谐美丽的社会主义现代化强国"的规定则明显属于中华人民共和国的创制,这一创制还完整反映了现行宪法及其修订与我国全面深化改革和推进依法治国理念紧密关联。宪法宣誓的誓言内容中使用的"富强民主文明和谐美丽"来自十九大报告,该誓言要素与我国新时代统筹推进经济、政治、文化、社会与生态"五位一体"总体布局,以及实现国家的现代化建设目标具有更好的适配效果。[③]

---

① 《全国人民代表大会常务委员会关于实行宪法宣誓制度的决定》:"二、宣誓誓词如下:我宣誓:忠于中华人民共和国宪法,维护宪法权威,履行法定职责,忠于祖国、忠于人民,恪尽职守、廉洁奉公,接受人民监督,为建设富强、民主、文明、和谐的社会主义国家努力奋斗!"《中华人民共和国宪法》,中国法制出版社 2018 年版,第 88 页。

② 《中华人民共和国宪法》,中国法制出版社 2018 年版,第 61 页。

③ 2017 年 10 月 18 日,习近平总书记在中国共产党第十九次全国代表大会上的报告《决胜全面建成小康社会　夺取新时代中国特色社会主义伟大胜利》中指出:全党要牢牢把握社会主义初级阶段这个基本国情,牢牢立足社会主义初级阶段这个最大实际,牢牢坚持党的基本路线这个党和国家的生命线、人民的幸福线,领导和团结全国各族人民,以经济建设为中心,坚持四项基本原则,坚持改革开放,自力更生,艰苦创业,为把我国建设成为富强民主文明和谐美丽的社会主义现代化强国而奋斗。《中国共产党第十九次全国代表大会文件汇编》,人民出版社 2017 年版,第 1 ~58 页。

第六章　宪法宣誓的效用与监督

英国《大宪章》将传统的政治宣誓引入宪法性法律，创立了宪法宣誓的制度雏形；美国在独立战争的过程中，又将宪法与宪法宣誓制度进行了现代化塑造，从此这一制度遍及世界。它之所以具有如此强大的传播性和生长能力，不仅在于它对宪法的依附性，还在于它具有其他制度无法企及的效用。

宪法宣誓制度的效用在不同时代始终是分析、探索该制度整体的重点问题。梳理先前对宪法宣誓效用的研究成果可以看到，几乎所有研究者都倾向于把历史上存在的宗教、政治宣誓的实践素材作为研究的起点，从宪法宣誓实施涉及的心理因素、神圣感知及文化传统等方面去解释宪法宣誓的效用。笔者认为，前述的观察角度无疑对宪法宣誓效用的研究极具意义。但值得注意的是，作为一项在人类社会中与政治、宗教、文化长期融合的事物，尽管宪法宣誓制度与人类社会的历史、命运紧密关联，但若以现代社会现实、科学理论的基础为前提，似乎所有对这一制度的效用进行剖析的尝试会陷入举步维艰的境地。那么随着时代往前推进，对于当下的宪法宣誓效用还可以借助什么新的角度、理论进行理解？笔者在本部分拟从宪法宣誓的仪式效用、监督与约束效用三个方面进行分析。

第一节　宪法宣誓仪式的效用

仪式部分是宪法宣誓制度内最容易被外界感知的部分，人类社会对仪式具有效力的信服直到17～18世纪围绕牛顿机械理论而重构社会秩序成型前都甚少受到真正的质疑，但正因如此，当机械论主导的社会组织、运行机制冲击着仪式活动在传统社会秩序中与“神圣”“至尊”等意义要素的联结，使宣誓仪式成了现代社会对宪法宣誓制度质疑最多的部分。即使部分学者不断强调“仪式具有神圣属性”“仪式激发人群宗教情感”，更有甚者几乎将人与社会与仪式的联系指引至神秘主义的方式对宣誓仪式效力进行解释，试图唤回仪式在人类社会 17 世纪之前所具有的“无瑕”状态，也无法消除相关质疑。

宪法宣誓制度中仪式的直接意义被忽视，而间接价值则被夸大。群体之中的每一个个体因信息接受、社会位置不平衡而对仪式意义的信赖不断下降，最终导致群体整体不相信宣誓仪式存在效用。但来自仪式系统本身及社会认知系统的双重阻碍似乎并未被真正注意，回顾国内绝大部分宪法宣誓研究中有关仪式效用的讨论似乎反复踏入同一条河流。例如，有学者通过对美国的宣誓仪式要素分析，认为其宪法规范的宣誓仪式本质上既存在强化法律的效果，又兼具强化宗教神圣属性的效果。当他们将目光转回中国的现实，发现中国自古有对“天”的信仰传统，与美国人宗教信仰很相似，只不过中国传统并没有在中国现代化的进程中被妥善保留，因此宣誓仪式的社会功能大打折扣。最终认为，应当在现代社会重新将宣誓仪式与“一种神圣信仰及敬畏感结合”，从而恢复宣誓制度的价值。①

不得不承认这种解释乍一看去甚有诱惑力，但这种对宣誓制度信心的修复方式存在一个致命的缺陷，即我们当前的社会在很大程度上已经不是一个通过“宗教性”“神圣性”就足够迅速生成对仪式及相关法律制度真实依赖的社会。从人类历史发展的角度看，当下的主流世界观与最初形成宣誓仪式以及将之引入宪法制度时代的世界观相比，已发生了根本性变化，现今为人类所普遍接受的世界观还不足 500 年的历史，却在人类社会各个方面引发了前所未有之变局。这一体系的支撑理念包括但不限于：人是具有理性的生物；自然界与人都能以科学的方式进行观察；人能运用科学技术的发展对世界实现改造等。面对如此现实，选择那些曾与人类社会过去的历史阶段完美契合，却与当下时代渐行渐远的世界观对当下所亟须回应的宪法宣誓制度内仪式效用的问题进行分析，等于是将一切又拉回到因为牛顿理论而构建的机械世界模式，使“神圣不再神圣”，进而使宣誓仪式乃至所有仪式的价值摇摇欲坠。

那么是否有我们这个时代适应的关于宪法宣誓仪式效用的解释方法？笔者认为，要探索当下的宣誓仪式效用，应当秉持审慎的科学态度而疏远神秘主义的研究方式，借助现代科学发展的成果去看待存在于当下社会、法律系统内

---

① 潘祥辉：《华夏传播新探：一种跨文化比较视角》，复旦大学出版社 2018 年版，第 138 ~ 139 页。

的仪式要素，而非生硬套用历史仪式实践的经验。基于此，笔者研究宪法宣誓效用的一个根本前提将建立在人类社会秩序内存在“熵”化的不可逆现象之上，这一现象导致包括宪法秩序在内的全部有序体系朝无序的状态滑落，而宪法宣誓制度的仪式正是延缓宪法秩序“熵化”运动的重要构成部分。①

一、宪法宣誓仪式对分散个体的聚合效力

早期人类社会实施带有宣誓仪式要素的社会活动具有一个极重要的功能，即在混沌与分散的个体集合中较为清晰地划分出“我者”与“他者”的界限，而这种划分对于人类社会早期形成一种较为清晰且稳定的族群意识具有重要意义。② 恰如前文曾描述过盛行于古希腊社会的政治宣誓仪式，那些动辄以整个城邦为单位进行的政治宣誓活动，对公元前生活于爱琴海沿岸的居民形成“希腊人”这一族群概念及其对“希腊”族群的认同起到了关键作用。这种力量伴随政治宣誓仪式与宪法法律实现融合，也传承至宪法宣誓之中。例如，英国殖民者在前往北美地区之初，《“五月花”号公约》内部蕴含的强调基督教徒身份及使用带有宗教属性的宣誓仪式的法律要素，明显起到了在古希腊城邦社会中强化族群向心力的类似作用，通过宣誓的行为实践将那些从原有的英国社会秩序中脱离而暂时处于松散、无序状态下的北美先辈移民个体重新组织到一起。

如果说早期宪法性文件对使用宣誓仪式去凝聚一个群体及培育这个群体

---

① “熵”被阿尔伯特·爱因斯坦誉为整个科学的首要定律，其概念最早由德国物理及数学家鲁道夫·克劳修斯在 1865 年提出，被认为是一种度量物理系统内混乱程度的单位。奥地利物理学家路德维希·玻尔兹曼于 1877 年对“熵”作用的原理进行了解释：“熵”通常被描述为系统中运动过程中无法再被利用的能量，按照热力学第二定律的基本概念，宇宙能量属于定量，为有效能量与无效能量的总和，而二者中只有无效能量会不断累积，与此同时有效能量会因前者的增长而不断消减。本书使用的“熵”概念来自 20 世纪 80 年代美国经济学者杰里米·里夫金和特德·霍华德将此物理概念向社会学研究领域的引入及阐释：如果没有干预的力量介入，人类社会始终会更为混乱；人类社会如果需要发展、延续，就必须对“熵”化进行干预；无论何种干预，世间万物的“熵”化的进程可能减缓但不会停止。[美]杰里米·里夫金、特德·霍华德：《熵：一种新的世界观》，吕明、袁舟译，上海译文出版社 1987 年版。

② “我者”和“他者”是历史学者许倬云分析中国历史上族群“中—外”概念变化及族群内部关系流动时使用的具有对比性的解释方法。笔者认为，将之引入以描述宣誓行为的宣示价值中存在的将原先混沌的人类群体实现族群区分的现实状态亦颇为贴切。许倬云：《我者与他者：中国历史上的内外分际》，生活·读书·新知三联书店 2010 年版。

对法律背后的社会秩序的认同感还带有鲜明的"无意识"性质,那么在现代宪法构建的过程中,宪法宣誓通过仪式去推进社群聚合的效用,则明显被突出了。以法国宪法与宪法内宣誓制度的构建为例,在法国大革命的历史背景下,将宣誓制度纳入法国宪法的最初切入口为18世纪中后期法国在宗教外衣下的政治改革,通过宣誓制度率先将"我者"与"他者"的划分作用于教士群体内部。1790年7月12日制宪议会公布的《教士公民组织法》在法国历史上首次以世俗制定法的形式对国内天主教的系统组织、经济来源与内部人员进行现实干预。从世俗与宗教关系的角度看,这一法律的出台不仅为阻断国外天主教势力干预法国政治作出了贡献,也极大推动了法国宗教的世俗化。对于宣誓制度在法国宪法内的构建而言,《教士公民组织法》可以被看作一次小范围的重要预演,充分体现了宣誓仪式在宪法制度逐渐现代化后仍然具有社会群体集合的突出效用。

虽然《教士公民组织法》在通过前经过了漫长的拉锯式讨论,还在法国宗教界积压了大量抵触情绪,但1790年7月通过时,以法国教会为代表的宗教界总体上对该法基本保持承认、接受的态度。可以认为,大革命前曾长期维持法国天主教体系运作的旧秩序虽因革命、立法、制宪等活动而不断被打破,但在《教士公民组织法》实行后一段较短的时间内,旧秩序还能勉强维持天主教体系的一致。真正将法国教士群体中引入"我者"与"他者"分化状态的是1790年11月27日法国立法议会通过了针对国内教士的宣誓办法,依据新的宣誓办法,所有教士(无论其属于反革命派,还是支持革命一派)都必须宣誓效忠宪法。① 按照法国天主教的传统,信徒不得对上帝之外的主体进行宣誓,显然这一有关宣誓的强制性规定触动了天主教会的理论体系乃至核心教义。于是一场被认为"前所未有"地席卷法国社会的大分裂开始了,在强制国内天主教士宣誓的法律推行过程中,宣誓从仪式性活动逐渐升级为天主教士维持权利或者被剥夺权利的判定标准,对于那些坚持拒绝宣誓的教士群体,法国当局采取了切断经济来源或驱逐出境等越发严厉的处理措施。② 直到法国第一部宪法典于1791年9月上旬被正式通过,按照《1791年宪法》的规定,宪法宣誓成为

---

① 马生祥:《法国现代化》(上册),河北人民出版社2004年版,第438页。

② [美]约翰·梅里曼:《巴拉聚克——历史时光中的法国小镇》,梁镝译,上海人民出版社2014年版,第49~53页。

不作教俗区分的国民义务，于是法国天主教世界就是否应当豁免宗教界人士宪法宣誓义务的争辩宣告终结。1791 年 11 月 29 日法国立法议会再次通过法律，确定了国内的天主教教士必须在一周内履行向宪法宣誓效忠的义务。至此，宣誓法令完全将法国的天主教教士群体分化为两个对立阵营：一方为接受法律规定向大革命、宪法宣誓效忠的教士群体，另一方则为坚持拒绝宣誓忠于包括国家、宪法等世俗事物的宗教人士。

由《教士公民组织法》的宣誓规范开启的宗教人士群体分化现象，很快在法国《1791 年宪法》确定宪法宣誓制度后被扩张至全体国民。在前文探讨法国宣誓模式时提到过，大革命爆发后在法国实行君主立宪制度以及进入共和国时代的不同历史阶段，宪法宣誓制度都成了分辨公民群体内部“积极公民”与“消极公民”的核心检验标准之一。难以忽略的是，这一宪法制度的施行，直接造成了《1791 年宪法》通过后的一段时期，法国公民中的绝大多数成为几乎没有政治权利的“不完全”公民，相较于之前发生在法国天主教教士群体内部的“我者”与“他者”的分化效果，发生在法国国内居民整体范畴的国民重塑活动对于法国社会结构、政治生态的颠覆显然更为剧烈。从表面上看，18 世纪末法国以宪法或其他制定法的形式强制推行的宣誓仪式是造成当时法国社会严重分化的直接原因，但从一个社会成功构建、发展与维持完整的过程看，群体性的仪式活动最终消弭了社会内部不可调和的差异，因为新的社会秩序与群体的凝聚力会在仪式的反复实践过程中被再次建立。对于社会中每一个独立的个体，实践某种统一的仪式具有“使人们在共同的行动中邂逅相知并相互融合”①的力量，宪法宣誓的仪式所带来的聚合效力也正基于此。

二、宪法宣誓仪式对群体内部张力的弥合效力

虽然类似于法国的宣誓仪式极为高效地发挥出将混沌无序状态下的单独个体组织起来的作用，但从法国大革命过程及之后的社会及宪法发展的曲折历程看，以整个集群为单位的群体很难始终保持其诞生之初的有序状态。对于这种反复出现在人类社会中的有序组织不断走向“衰变”的事实，似乎只能参考物理学中“熵”的作用原理才较容易理解：一个稳定系统中始终存在的张

① ［德］洛蕾利斯·辛格霍夫：《我们为什么需要仪式》，刘永强译，中国人民大学出版社 2009 年版，第 5 页。

力要素会使已经被统合的群体不断崩解。换言之，对于那些通过共同的宣誓仪式而被凝聚到一块的群体组织，因为“熵”在发生作用，于是群体内部的张力也在不断扩大，如果不能在群体的存续过程中引入足够延缓“熵”化的阻碍要素，那么这个群体的秩序与聚合状态最终会不可避免地重归于混沌、分离。基于此理论，宪法宣誓的仪式效用开始进入第二个层面：即使宣誓仪式对群体的聚合效用在群体诞生时就步入持续衰减的轨道，但仪式效用本身又能不断产生对抗这种衰减作用的重要力量。通过可以反复实施的宣誓仪式，将固定的行为与符号的象征意义融合，最终实现如下目标：即使群体内部每一个独立的个体都会因自然衰老、消亡而不断对整体产生“熵”的干扰，由仪式所传递的符号抽象意义也能够持续在群体中流传并保持其影响，进而再生成新的维持群体秩序及存在的能量要素。

有关宣誓仪式对特定群体发挥维系作用的方式与效果，此前也有学者在研究宪法宣誓的效力时尝试从该制度体系内仪式符号不断往外传递的某些价值追求进行分析，但先前绝大多数研究对于宣誓仪式意义的探索基本都停留在人类历史上借由仪式所延续的文化传统，及仪式具有在人际形成共通情绪的价值等能够为具体宣誓仪式的外观所表现的内容方面。[①] 本质上还是未能对人类群体始终需要仪式的缘由进行更彻底的剖析。如果从有序群体中存在“熵”运动这一角度重新审视宣誓仪式，那么仪式行为的表达显然将导致群体通过仪式抵消其内部张力的现实作用。分析存在于宣誓行为中的现实或象征要素可以看到，在宣誓仪式中被重复使用的特定动作在绝大部分身处于社会群体中个体的世界观内都已经形成了明确的意识投射，即使这些个体并未真正作出同样的动作或直接置身于宣誓仪式之中，甚至群体之下独立个体的内心深处可能并不确信宣誓仪式行为的发生会对现实产生什么真实的影响，如美国制宪会议上宾夕法尼亚代表詹姆斯·威尔逊就将宣誓形容为“一种捏着鼻子哄眼睛的保证”。[②] 即使是那些对宣誓仪式持最坚定反对态度的人也不得不承认，人类对宣誓仪式所表达的含义实在太过熟悉，对比世界范围内不同地

---

① 刘艺灵：《“宣示”——宪法宣誓制度的核心功能探讨》，载《东南学术》2017 年第 3 期；郭忠：《宪法宣誓提升宪法心理效力的作用及限度》，载《辽宁师范大学学报（社会科学版）》2019 年第 6 期。

② ［美］詹姆斯·麦迪逊：《辩论：美国制宪会议记录》，尹宣译，译林出版社 2014 年版，第 357 页。

区与文化背景下的人类社区,那些出现在历史或者现实中的宣誓仪式都在其文化范畴中留有足够深刻的印记。因此,可以判定,一个长期生存在社会中的个体甚至只要看到宣誓仪式的特定“动作”,就能够触发思维中对于特定象征符号及其特定意义的认识理解。例如,美国第44任总统奥巴马在就职宣誓仪式上作出的“抚按圣经,并举起右手”等宣誓行为,即属于典型的带有特定象征意义的宣誓符号要素。① 正是这些存在于特定群体的意识中零星但绵延不绝的同一性认识,成了受宣誓仪式影响的群体内部张力运动不断加速的有效阻碍力。

从历史事件发生的时间顺序看,美国第一任总统华盛顿在1789年宣誓就职到2021年拜登宣誓就任美国第46任总统,总统宣誓仪式所传递的信息无疑得到了较为完整的延续:在18世纪见证华盛顿成为美国总统的公民与21世纪的美国人从自然个体的角度看已无实质关联,但处在不同时代的美国民众对于总统宣誓仪式具备的象征意义之理解仍然高度一致。当然,有关宣誓仪式对群体具有弥合效用的证据不仅局限于美国、法国等最早一批制定并实行宪法宣誓制度的国家,其他国家的宪法宣誓仪式所蕴含的符号意义也都遵循着不断向社会整体及个体传递的规律。基于前述分析,宪法宣誓在发挥群体的区分及凝聚的第一层效用同时,也不断发挥着群体张力弥合的第二重效用,即便按照物理定律人类社会的秩序状态难以永恒,但宣誓制度中的仪式要件作为延缓“熵”化而被引入的“能量”,一定是人能作出的最为有效的选择。

三、宪法宣誓仪式中仪式的效力

上文一直在试图分析、理解宣誓仪式对人类族群的影响,本质上还是从“人本位”的角度去间接观察宪法宣誓制度内仪式的效用,那么宣誓仪式自身是否具有一种独特的效力,使宪法秩序在建造之时不得不选择其作为宣誓制度的构成部分?笔者认为,宣誓仪式明显是具备这种效力的,而这一效力正好完美继承自仪式体系。于是现在的问题在于,如果我们要弄清宣誓仪式的效力,那么就需要认识仪式的运作机制及效力确立基础。

---

① 根据美国总统奥巴马宣誓就职典礼的现场照片进行文字描述。照片来源:凤凰网于北京时间2013年1月21日报道,http://news.ifeng.com/photo/s/200901/0121_4728_978535_1.shtml,2020年10月1日访问。

仪式的运作机制。第一,仪式以行为作载体,但并非所有行为都满足成为仪式的条件。尽管"仪式"作为专门性词语被学界从极宽泛的人类文化范畴内抽离出来只不过经历了两个世纪左右的时间,但仪式在人类生活中实际被使用的历史远远要早于仪式被人类文字记载的历史。在公元前7000～前6000年就有一些定居于意大利的梵尔卡莫尼卡谷地的半游牧部落在岩石上以图像刻印的方式记录下大量部落居民进行祭祀、典礼等仪式的场面。① 这些场景及描绘与岩石上部落成员狩猎、采集等行为的画面区分开来,这样的区分显示出,即使在人类文明的早期,有关仪式行为和日常行为的不同就已经为人所意识。按照人类学的观点,人类的活动总体上被统括于观念、行为与物质的三大板块之中,单纯从物质和观念的角度都概括不了仪式的本质属性。② 岩画上反映了从原始人类时期就存在的仪式活动,画面的内容展现出部落人群所进行的一种集体行为,然而,这种行为却因为要与行为人的观念产生联结,才可进入能够在物质世界与精神世界产生双重作用的行为范畴,故而仪式行为无法与狩猎、捕鱼等日常生活行为划归一类。

仪式行为和日常行为在人类文明的早期就被区分开来,如果我们进一步将这种仪式行为和普通行为进行对照,就会发现二者差异的根本在于以下三点:首先,普通行为通常是设置一个确定的目标,并以此目标作为行为的指引,最终实现预定目标的行为模式,仪式的行为模式是透过行为以反射的方式展现某种预先设定好的行为意义。加拿大仪式学者罗纳德·格兰姆斯认为,仪式虽然与人在自然生活中的行动密切相关,但仪式实践过程中动作行为的实际功能性被弱化了,仪式需要着重展现并固定的是该行为被赋予的抽象意义。③ 例如,在宪法宣誓的仪式中,宣誓人将手放置于宪法之上作为该仪式流程中的固定动作而被规定,实施这个行为的目的其实并不是展示手怎样与宪法进行物理性接触这个事实,而是通过手抚宪法的行为表达宣誓人必须对宪法忠诚的意义。其次,仪式是一种超越常规的行为。众所周知,生活中的日常

---

① 翁启宇:《全球史下看中国:上古时代》(第1卷),译林出版社2016年版,第59～60页。

② Michael Howard, *Contemporary Cultural Anthropology*, 3rd *ed*, *Glenview*, Ⅲ, London: Scott, Foresman, 1989. 转引自薛艺兵:《对仪式现象的人类学解释》(上),载《广西民族研究》2003年第2期。

③ Ronald L. Grimes, *Beginnings in Ritual Studies*, Charleston: Create Space Independent Publishing Platform, 1995, p. 42.

行为包含的内容几乎不可穷尽且每时每刻都在进行，但仪式行为根据其被赋予的意义而被在严格限定在某些范围内，并且仪式具有特定的发生时间与场合，因此仪式行为与日常行为间存在难以忽视的隔阂，这种隔阂如此分明，即使单从仪式的外观，也很难将二者混淆。可以认为，仪式属于一种超越日常生活规律的行为体系。最后，仪式是一种要调动人情绪的行为。日常行为在表现行为人情感方面存在极大的随机性。例如，当某人悲伤时可以选择唱一首表达悲伤情绪的歌曲，歌唱行为所表达的正是行为人的悲伤情绪；或者一个人感觉受到侮辱，于是将手套扔向对手发出决斗邀约，扔手套的行为无疑也隐含了行为人的愤怒情绪。当然，在更多的情况下人的行为是不带有任何情绪表达的，譬如人进行呼吸或者喝掉杯中之水等维持基本生存的本能行为。与普通行为可选择情绪表达的情况相反，仪式行为并没有这种选择的可能，它被设置为激发人的某种情绪的行为模式，或者说引发仪式参与者的情绪这件事本身就应当被看作仪式行为的重要目的之一。

第二，仪式行为是被赋予意义的行为，并且这种意义能够通过仪式在人类社会的反复实践过程中被不断表达。德国社会学家马克斯·韦伯将人定义为意义性的生物，按照他的观点，人的大部分行为都在围绕"意义"打转，人正是一种"悬挂在由他们自己编织的意义之网上的动物"。[①] 仪式行为同样属于人所创造的"意义之事"，这种被人特别赋予的意义让仪式行为与日常行为区别开来。同时，许多仪式行为中蕴含的意义不必倚仗语言来进行阐释，这并不是说仪式行为排斥语言，而是仪式用行动也能充分阐释价值，特定仪式所重复的特定行动正是这种仪式内涵的载体。以日常生活中的赌咒发誓和宪法宣誓为例，赌咒发誓时发誓人常常作出向上举起右手的动作，而在宪法宣誓时宣誓主体则被要求实施右手举拳的动作。在这两个誓言仪式的情境中尽管举起右手的具体姿势可能有细微不同，但仪式实践过程中的抬手动作显然具有不言而喻的意义，并且这种共通的意义是经过宣誓仪式行为的反复实践与固定的。一旦某种行为被赋予仪式性的意义，就意味着这种意义将被长期而稳定地持续下去，直到仪式本身被废弃或者为新的意义所覆盖。

第三，仪式是一种关于行为的象征体系，由于象征，仪式行为的"行动指

---

① Barthes & Roland, *The Semiotic Challenge*, translated by Richard Howard, Hill and Wang, 2000, p. 38. 转引自薛艺兵：《对仪式现象的人类学解释》（上），载《广西民族研究》2003 年第 2 期。

意”和“实际所指”可能存在差异。尽管动物和人的活动中都可能存在仪式性的行动,但只有人的仪式具有象征属性。德国哲学家恩斯特·卡西尔认为象征符号是能够贯穿在客观实在与精神内里之间的事物,国内有学者引入了卡西尔在《人论》中的观点:“象征不只是从一个领域指示另一个领域的指示性符号,而且是参与这两个不同领域的符号,即通过外部物质世界中的符号显示内部精神世界中的符号,或从可见物质世界中的符号过渡到不可见的精神世界中的符号。”①象征的性质使仪式能够作为表意手段使用,当仪式的象征影响投射到行为上时,仪式动作的内部含义取代了行动所呈现的外部表象,象征意义成为控制仪式行为的关键。毋庸置疑,仪式的象征导致了行为的指意与现象被割裂的状态,但这样的割裂是必要的,只有这种被抽象化和符号化的仪式行动才能使仪式拥有“说”出某事即“做”出某事的能力。这个特点让一个具体行为在仪式中的含义和在生活中的指意往往处于一种被搁置的状态,这种搁置也就让仪式的功效性不再被束缚于表现现实的事物或行为上,仪式作用更多的施展空间将出现在人的精神、情绪等心理场域。与此同时,社会群体中个体与个体间原本相对封闭的情感、意识等体验将借助仪式发生联结或融合,即所谓的人与人之间的共情状态和同理知觉。这个过程正如英国人类学家埃德蒙·利奇描述的:“仪式象征具有能挑动仪式参与者情绪的效力,在他们的心理上发生某些实际的作用、仪式因而能够达成某些我们认为它所具有的功能。”②

仪式是这样一种既非绝对物质世界又非单纯精神世界的造物,不同的意义被赋给不同的仪式行为并在特定的场合发挥不同的效用,那么什么类型的仪式能够被确认为宪法宣誓制度所适用?恰似日常行为是通过不同的行动去实现不同的功效,仪式行为也存在多种分类。由于仪式具有先被赋予某种意义再通过行为宣示这种意义的特性,不同的意义除了决定仪式出现的场合外,也决定了仪式实施所追求的目的。罗纳德·格兰姆斯在其著作《仪式研究的起点》中依据参照框架、支配情绪、声音、基本活动、动机五个要件将仪式大致划分出仪式化、礼仪、典礼、巫术、礼拜、庆典六项分类。③ 在这个分类标准下,

---

① [德]恩斯特·卡西尔:《人论》,甘阳译,西苑出版社 2003 年版,第 35 ~ 71 页。转引自薛艺兵:《对仪式现象的人类学解释》(下),载《广西民族研究》2003 年第 3 期。

② 史宗主编:《20 世纪西方宗教人类学文选》,金泽等译,三联书店上海分店 1995 年版,第 114 页。

③ Ronald L. Grimes, *Beginnings in Ritual Studies*, Charleston: Create Space Independent Publishing Platform, 1995, p. 40 – 58.

一种仪式与另外一种或多种仪式并不是严格隔离的关系，仪式之间相互混合。共同作用的情况是可能发生的，并且在现实世界中人类对仪式实践过程中也有普遍的例证。尽管仪式间的边际常呈模糊状态，但按照上述六项分类，现代宪法宣誓制度的宣誓仪式应当属于典礼仪式部分。在《仪式研究起点》一书中，格兰姆斯将典礼定义为发生在群体内的大型"政治互动"。[①] 如果将"群体性""政治性"视为典礼的最显著特征，那么基于这两项特征，同群体和政治紧密关联的"权力""权威"必将是典礼行为内无法绕过的一个问题。事实上，格兰姆斯也确实认为，彰显权力应当属于人类社会中典礼的重要内容要素。因此，那些能够与典礼中所蕴含的权力内容相匹配的行为，如强制、约束、命令等都让典礼成为六种仪式形态中最具有规范性质的仪式。正因如此，如果我们能够理解"典礼"上围绕权力衍生的模式化行为对于社会化的人类群体具有确实的效力，那么也应当能够接受仪式行为在宪法宣誓制度框架内存在某种来自其自身的独特效力。

尽管通过前文的系列分析，我们已能确信仪式是人类社会的一种人工造物，我们还可以将宪法宣誓制度的仪式更为精准地归入典礼仪式的范畴中；但目前我们仍然不能解释这样一个问题——宣誓仪式是怎么对那些直接实施仪式的参与主体，以及核心仪式程序外的参与者产生作用的？以宪法宣誓为例，宣誓主体进行宣誓，然后获得特定的身份和行使有限职权的权力，这样一个兼具身份转换、权力获取的过程就好像穿过一道"帷幕"，以这道"帷幕"为绝对界限，宣誓主体的身份在进行"帷幕跨越"的瞬间完成了变化。其他参与宪法宣誓仪式的人，即使没有切身穿过那道"帷幕"，但对于那些宣誓主体实现转换的结果也似乎在同一瞬间就完成了某种从意识到心理的承认。宪法宣誓制度通过仪式营造的"帷幕"以及宣誓主体身份转化的过程，对其他参与者是否也存在真切的影响？

如果我们坚持从外部对整个宣誓仪式进行观察，仪式对宣誓主体起到的转换作用甚至无异于奇迹，哪怕含混地将仪式作为宣誓主体旧状态和新状态之间的联结物都已属对仪式作用进行解释的极限。如果从仪式的内部构造进行分析，那么仪式结构内的真实作用也将得以展现。英国学者维克多·特纳

---

① Ronald L. Grimes, *Beginnings in Ritual Studies*, Charleston: Create Space Independent Publishing Platform, 1995, p. 52.

接受并发展了阿劳德·盖尼普的“隔离、转换、整合”的仪式三阶段理论，他重点研究了仪式过程中的转换部分，特纳将事物或者某种关系从旧状态过渡到新状态之间的仪式状态命名为“阈限”。[①] 换言之，阈限就是穿过仪式“帷幕”的一瞬。被仪式这一阈限隔开的新与旧两个状态在特纳看来都是一种“相对固定或稳定的状态”，而在这两种确定的状态之间，阈限的领域却充斥着既不属于前者也不属于后者的“似是而非”的内容要素。当宣誓者进入这个阈限的领域时，旧状态的特征基本被剥离；当他离开阈限的范畴、获得新的身份及权利后，他便被要求按照新状态的规则行事。对于公开的宣誓仪式场域中的其他人，“阈限”使社会中不同的个体都具备“阈限者”的特征，原先存在的身份、地位之差异基于阈限的作用而被暂时抹去。[②] 而后通过仪式的作用去重塑社会的惯常秩序状态，实质是以粉碎秩序的方式去强调个体身份、地位的差别中蕴含的社会秩序价值。由此，从粉碎到重铸的过程就是仪式“帷幕”内的秘密。

第二节 宪法宣誓的约束效用

除了透过仪式的外观我们能够轻易把握的，被不同地理区域、族群习惯赋予仪式的各种意义及在人类社会的不同场域所发挥的仪式效用，宪法宣誓制度另一个关键效用则大体由宣誓的承诺性内容衍生。英国学者休谟将承诺阐释为在人类进入社会生活状态后，为平衡人际交互过程中存在的需求与利益错位问题而创造出的“某种语言形式”。日常生活中，承诺这一事物的存在价值在于束缚道出承诺之人去实践某种行为，并且作为针对人性中“腐败为普遍情况”这一缺点的预防措施，承诺的运行机制内还存在一项前置性惩罚后果，即承诺者一旦拒绝履行其承诺的事物或行为，那么他将不再为群体中其他人所信赖。[③] 从休谟的前列论述中我们可以窥见，那些时常发生在日常生活中的承诺所具有的约束力，主要依托于作为个体的人在社会化的生活中长期与他人磨合而习得的有关承诺的意义及背弃承诺的后果，通过反复的实践与利益

---

① ［英］维克多·特纳：《象征之林》，赵玉燕、欧阳敏、徐洪峰译，商务印书馆2006年版，第123～147页。

② ［英］维克多·特纳：《仪式过程：结构与反结构》，黄剑波、柳博赟译，中国人民大学出版社2006年版，第94～101页。

③ ［英］大卫·休谟：《人性论》，关文运译，商务印书馆2016年版，第537～544页。

衡量最终在群体的心理层面对承诺形成较为一致的"默契"。宪法宣誓中来自承诺的"约束"效力尽管在很大程度上仍旧保留着那些源于社会生活的痕迹,但宪法宣誓作为法律制度而天然具备的他律属性也显示其约束效用绝不仅仅局限在宣誓者与社会其他成员在心理层面拥有某种不言而喻的默契。透过宪法宣誓制度的形式所展现的"承诺"内容,实质上凸显的是基于作出"承诺"这一行为开启的围绕宣誓主体权力与责任相互关联而展开的,将承诺这一事物由自律转换至他律的内容。换言之,法律制度的强制力在宣誓者担任职务的正当性、职务与责任间关联的强化以及未来责任追究的依据等方面都体现出宪法宣誓在现实层面存在真实的约束效用。

一、宪法宣誓的程序性约束

宪法宣誓的程序性约束是宣誓制度效用中最容易被辨认的部分。完整实施宪法宣誓通常在宪法条文中被直接确定为具体的主体是否能正当、合法就职的一项标志。依据宪法宣誓制度的规定,宣誓主体实施宪法宣誓的行为通常被视为一种具有"终结"宣誓流程意义的行为,而这所谓的"终结"恰好完整体现了宪法宣誓所蕴含的程序性约束效力。宣誓行为的施行被认为是宣誓主体就职程序的最后环节,一旦誓言作出,就意味着此前经过法定程序而获得担任国家公共职务资格的特定主体,由"待确认"的国家公职人员正式转换为"已确认"的国家公职人员状态,与此同时,具体职务绑定的国家权力与职务责任也随之附着于特定的公职人员身上。与宣誓主体的职务身份获得法律确认相对应的是,如果正处于"待确认"状态的公职人员因主观或客观原因无法正常履行宪法宣誓的义务,那么就职的程序以及随之而来的国家权力交接就不能被认为已经完成。因宪法规定被强制附加宣誓义务,却未履行该义务的宣誓主体在职务身份上也将按程序被悬置于"待确认"的状态,并且这种"待确认"状态并不会无限期持续,当法律限定的宣誓行为执行的最终期限到来,阻碍宣誓主体实施宣誓行为的障碍还不能得到妥善解决时,即使在国家公共职务选拔阶段合法获选的人员也将失去任职由"待确认"转向"已确认"的可能。这就是我们谈论的存在于宪法宣誓制度内的程序性约束效用。

实施宪法宣誓的行为在几乎所有建立起宪法宣誓制度的国家宪法中具有特定的意义,其中绝大多数国家的宪法宣誓规定要求宣誓主体在就职之前/之时进行宣誓，这一规范方式表明，宪法制定者具有通过调控“实施宪法宣誓”这一行动在公职人员法定就职程序中出场的时间节点，达到影响现实的程序性约束的立法目的。例如，2018 年 3 月我国通过的《宪法修正案》规定，国家工作人员作为宪法宣誓的主体在就职“之时”应当实施宣誓，①与之相似的还有美国宪法的规定，国家新任总统候选人需要在就职“之前”作出宣誓。② 该类指引宪法宣誓具体实施的规范展示出凸显宣誓实践在特定主体就职“之时”或“之前”的顺序要素的宪法立法的技巧，将明显蕴含就职正当意义的强制性条件植入宣誓主体的就职程序之中。除了前例中出现的将宣誓行为同合法就职相互绑定，创造出来自宪法宣誓制度的程序约束力的法律规范形式，也有部分国家在制定宪法宣誓具体的实践范式时选择更明确的“禁止性”规定，更加清晰地传达宣誓作为官员就职程序中的一环所具有的真实约束效果。以《阿尔巴尼亚宪法》中针对议员任职合法条件的规定为例，该国宪法要求每一位新当选议员必须按法律规定的形式在正式行使职权前宣读完毕誓言，如果不践行宣誓的规范，议员个人将被停止行使职权，并且其宣誓之前已经作出的履职行为也将被视为无效。③

二、宪法宣誓对职责的强化

宪法宣誓的约束效用还体现在强化宣誓主体职责方面，通过掌权者的宣誓行为将抽象的职责转化为现实承诺，而这一承诺又能够被托付权力的人民用作监督宣誓者履行职责的方式。在实施宪法宣誓制度之前，评价公职人员的职务履行状况的唯一标准是已经实施的履职行为及其质量，于是附着于职权背后的责任对于掌权者的行为能够形成真实制约的空间极为逼仄并且在时间上总是较为滞后。从理论的角度观察传统的职务与责任相对应的评价机制，职责应当属于一种有着鲜明顺序、由抽象概念和实质行为所共同构成的复

---

① 我国《宪法》第 27 条第 3 款：国家工作人员就职时应当依照法律规定公开进行宪法宣誓。《中华人民共和国宪法》，中国法制出版社 2018 年版，第 19 页。

② 《美利坚合众国宪法》第 2 条第 1 款：总统在就职前应作如下宣誓或郑重声明……《世界各国宪法》编辑委员会编译：《世界各国宪法（美洲大洋洲卷）》，中国检察出版社 2012 年版，第 615 页。

③ 《阿尔巴尼亚宪法》第 71 条：“……二、在下列情形下，议员行使职权应予以终止或归于无效：（一）其未宣读誓言……”《世界各国宪法》编辑委员会编译：《世界各国宪法（欧洲卷）》，中国检察出版社 2012 年版，第 6 页。

合体。在极理想的状态下每一个受到“职责”约束的掌权者都能够在预设的“职务内容”导引之下使用权力，并将抽象的权力照映进现实的事物，以便将预先设计的“职务内容”实体化，以此构成权力运行的框架内职务与其责任充分对应的“职务内容→履职行为→职务责任”的顺序。然而，在现实的实践过程中，初始的“职务内容”在经过个体理解后便开始出现变形，并且在宣誓进入宪法制度内部成为国家公职人员就职的必要程序之前，“职务内容”无论是对于掌握权力的官员还是对于将权力托付给掌权者的人民都处于一种装在匣中的状态。由于官员和民众似乎都只能从自身立场对“匣中之物”进行理解，双方的认知往往只能保持一种大体平衡。尽管对于“职务内容”的理解最初可能仅仅是概念上的细微差异，但权力一旦作用于现实势必会造成现实后果，于是如果“职务内容”从一开始就处于匣子之内，那么“履职行为”的实践同“职务责任”的确定两个环节难免会招来更多的混沌。

宪法引入宣誓制度之后，按照法律的规定，公职人员实施宪法宣誓的行为使“职务内容”成为法定的承诺，使“匣中之物”曝光于公众整体面前，成为宣誓者自身或者其他民众群体能够统一认识的事物。对于宣誓者而言，宪法宣誓的作出意味着其承诺中的职责将成为现实履职行为的评价标准；与此同时，对于托付权力的民众而言，誓言中的职责性承诺又成为其督促掌权者正当履行职责的依据。可以认为，宪法宣誓制度的每一次实践，都在事实上强化了“职务内容→履职行为→职务责任”对应流程。

经过宪法宣誓强化的职责在宪法规定中通常以带有区别性的誓言内容进行表现。例如，《爱尔兰宪法》规定法官的宣誓包括公平、正义等内容，而在总统的宣誓规范中服务人民、人民的利益至上等内容又被列为每任总统履职过程中的强制性要求。① 宪法规定的誓言内容使原本概念性的“职责”进入誓言承诺的范畴，要在宣誓的场景中获得超越“职责”必须借助现实中的履职行为和行为后果，及以此为基础进行评价限制。由于承诺这一造物本身在人类社

---

① 《爱尔兰宪法》第 12 条：“总统应在议会两院议员、最高法院和高级法院法官以及其他公共知名人士出席的情况下公开宣布就职并签署如下声明：……依照宪法和法律忠实、认真地履行职责，以吾之所能服务于爱尔兰人民，谋求人民福祉……”第 34 条：“依宪法规定，任何人被任命为法官，应作出并签署下述声明：……我将忠于职守、竭尽我一切的智慧和能力完成首席法官（或视具体情况而定）的职务，无偏私、无好恶地对待任何人……”《世界各国宪法》编辑委员会编译：《世界各国宪法（欧洲卷）》，中国检察出版社 2012 年版，第 18、26 页。

会中存在真实的约束机制,即使尚未发生的行为也能够得到较确定的将会被执行的保证。因此,宪法宣誓制度将“职责”转化为承诺的立法手段,是将原先属于承诺的约束机制作为“职责”在宪法宣誓场域内的现实附着物,而将“职责”转化为承诺不仅在宣誓主体的自我意识中对“履职”进行了深刻烙印;对于其他接受这一带有承诺性质信息的社会成员,也触发了人类作为一种社会性的生物在群体生活的过程中形成的对“承诺”应当被遵守的条件反射。最终,宣誓主体经过宪法宣誓实践作出有关职责的承诺成为现实中职责实现的督促方式,无论是概念还是实质意义上的职责都因此得到了强化。

三、宪法宣誓制度的“追责”及限度

作为一项法律制度,宪法宣誓的效用中最引人关注也极容易引发分歧的部分是宪法宣誓的行为作出之后究竟要如何形成一种足以促使宣誓者自觉遵守,同时也使社会中的其他成员信赖宣誓的誓言内容会被遵守的约束力。或许是源自法学学科对社会现象与司法实践相结合的研究追求,评价一项法律制度的现实效用时总会自觉在该项制度的运行程序内寻找某种强制性的追责机制,并最终凭借该机制对一切僭越、破坏制度的行为施加的直接追究或惩罚的程度去反推出该项制度是否存在真实的效用。这一特点在宪法宣誓制度效用的研究上得到了充分的体现,比较国内对宪法宣誓制度效用的研究,能够感受到绝大多数研究者与其说是在探讨宪法宣誓的效用,毋宁说是在固定违背誓言的具体行为及描述其可能的法律后果。基于这种以法律的惩罚措施为支撑才得以体现效用的观点,国内学者关于宪法宣誓的责任追究效用的研究又分别衍生出两种表达形式:其一,寄望在宪法中植入直接的惩罚性措施,使用法律规制行为的逻辑将宣誓行为同违誓责任联系,以此应对宣誓制度实施过程中可能出现的违背誓约行为;其二,绕开基于法律惩戒效果而生的约束力,重点强调宣誓行为在人类社会的反复实践经历与社会道德、文化传统和神圣信仰各要素融合,从而对个人行动产生现实的影响、干涉作用,通过突出宪法宣誓中誓约部分自身在社会秩序维护机制中存在的约束、制衡效用的方式,塑造及强化宪法宣誓制度的效用。

(一)来自法律的约束

法律能够对宣誓者进行追责的依据在于,经过宪法宣誓流程而作出的承诺内容实际上构成了掌权者和其他所有人的“契约”关系，一旦发生违背誓言的行为，法律将启动针对宣誓者的追究机制。在宪法中相关责任追究情形触发的规范大致有用于规制宣誓现场内的宣誓行为和规制宣誓现场外的履职行为的责任追究两种。第一种是针对宣誓主体实施宣誓的行为设置的后果追究，其表现为，宣誓的主体拒绝或不按照法定标准实施宣誓，宣誓主体依据法律的规定将丧失获得职务身份及行使相应职权的资格。事实上，这一类规定对宣誓主体所施加的强制性约束的立法逻辑在于，对于宣誓主体在就职过程中的宣誓实施行为，以及发生在宣誓场域中的“阙限”转变整体都属于法律事实，其正当性、合法性自然也需要经过法律的检验。例如，捷克共和国宪法直接将宣誓行为是否得到恰当实施作为宣誓主体任职与否的确认标准，依据该国宪法的规定，宪法法院的大法官作为宣誓主体如果“拒绝或有保留”地宣誓就意味其法官的职务从未被任命。[①] 另外，在《马耳他共和国宪法》中议员的就职程序也包含与前者类似的要求，尽管不履行或未能完整履行宣誓义务的行为没有直接使议员的任职无效，但国会议员在按照规定完成宪法宣誓及相关程序前不得在国会履行职务。[②] 换言之，按照《马耳他共和国宪法》的规定，宣誓主体实施宣誓的行为实际上被法律赋予了将掌权者的职务身份与使用权力两项事实进行最终匹配的意义。

第二种宪法宣誓制度对宣誓主体实现追究将超越宣誓承诺的发生现场，直接延伸至掌权者行使职权的领域，一旦宣誓主体在未来的履职过程中出现违背宣誓承诺的情况，法律将对宣誓者进行追究。在宪法宣誓制度的具体规定中，部分国家将有关违誓行为的惩罚性条款作为誓言内容的构成要素一并写入法律。例如，在《贝宁共和国宪法》针对总统制定的宣誓规范中，总统通过宣誓作出的承诺除了以法律确定的方式正确履职的内容外，还附带宣誓者违

---

① 《捷克共和国宪法》第85条：“……三、大法官若拒绝宣誓或有保留的宣誓，则被视为没有获得任命。”《世界各国宪法》编辑委员会编译：《世界各国宪法（欧洲卷）》，中国检察出版社2012年版，第330页。

② 《马耳他共和国宪法》第68条：“……在国会宣誓并签字效忠之前，禁止任何国会议员参加国会活动。”《世界各国宪法》编辑委员会编译：《世界各国宪法（欧洲卷）》，中国检察出版社2012年版，第416页。

背誓言将受到法律惩罚的追责条款。[①] 与前一种将宣誓行为作为任职的合法条件而实现法律对宣誓主体直接约束的宪法规范形式相比，本类宪法宣誓制度追责的规范方式则更贴合通常意义下社会大众对于宣誓承诺的理解与预期，即能够以言语的承诺为基础将掌权者按照正确的方式履行职务的事实塑造为一种具有法律效力的事先担保，并在此基础上衍生出法定的事后约束。虽然本类型的宪法宣誓制度规范所使用的责任追究机制与宪法宣誓制度之外的日常生活中的誓约被遵守的逻辑顺序大致相同，都是将言语的“承诺”道出后才可能真正发生的行为当作评价宣誓者责任承担的关键依据，但二者在责任追究机制触发并形成对宣誓者真实限制的路径上却出现了本质的差异，日常状态下的“背誓”行为侵害的是维系社会、群体内部安定与平衡的道德、伦理秩序，于是针对“背誓”回之以报复式惩戒的正当理由仍旧由社会的道德体系提供，主要体现在背誓个体在其所处的群体之中评价降低以及随之而来的受到社会其他成员排斥的情形。

与顺应人类的社会化天性以及个体与群体既相互制约又相互维护的属性，而由文化、宗教、心理等多种社会性要素共同塑造的软性誓约维护机制不同，经过法律规定的宪法宣誓流程而发出的誓言明显更加依赖于法律对宣誓承诺的硬性匡扶机制：一旦宣誓者作出了违背誓言的行为，其行为破坏的就不仅仅是个人或社会、道德秩序的平衡状态，同时还侵害了正当的法律秩序，因而必将遭受法律的追责。换言之，当言语的承诺与宪法法律实现了制度的结合，以法律的方式对宣誓者施以现实、强制性的约束，就能替代传统的承诺实现时需要依靠个人的内在良知唤醒或者社会集体的道德谴责等较容易受外界干扰而发生波动的约束性要素，可对总是潜伏于人性之中诱使个体破坏誓约的恶劣天性发挥更为稳定及确定的制约效用。

（二）来自社会、道德的约束

相较于凭借宪法及法律的强制性规定对宣誓者进行约束的宪法宣誓效用体现方式，选择从社会道德及其衍生出的群体心理、神圣信仰等在人类社会拥

---

① 《贝宁共和国宪法》第53条：“共和国总统在就任以前必须作下列宣誓：……若违此誓，甘愿受法律严惩。”《世界各国宪法》编辑委员会编译：《世界各国宪法（非洲卷）》，中国检察出版社2012年版，第58页。

有悠久历史的秩序调和机制,对宣誓者违背誓言的情形进行制约的宪法宣誓效用阐释方法明显更具有“复古”气质。正如世上的道路都是被人反复走过而成,从人类在社会的共同生活中现实存在的对宣誓的承诺所提供的约束效果判断,个体对宣誓制度的信赖事实上应当被看作一种构筑于长期的宣誓行为实践和来自群体共有的认同经验之上的不言自明的感受,是由社会群体内相互独立的个体与个体彼此之间基于互助需要、回馈期待等复杂因素共同作用下形成的产物。正是由于人类社会中长久延续的誓约记忆使每一个置身于社群生活之中的个体都对于“承诺应当被实现”的概念,及其所承载的来自社会、道德、心理层面的现实压力都存在充分真切的体验,围绕宪法宣誓制度中宣誓行为的实施,在凝聚成型的社会群体中由宣誓而催生的群体性道德认同,或者基于宣誓氛围而萌生的群体性神圣情绪的共鸣都当仁不让地成为宣誓效用强有力的支撑。

宣誓行为在人类社会的反复实践中不断与一定群体的道德认同、情绪共鸣融合,导致即使是出于纯粹个人事务而作出的宣誓承诺,宣誓行为本身也不可被视为能够由个人任意处置的“私事”,而是成为一项被自动划入公共评判领域的事物。“宣誓”融入社会群体的整体记忆,意味着社会中任意个体都能够透过特定的行为外观所传递的信息而对宣誓行为的内涵产生条件反射。而正因为宣誓行为已实现与人类社会基本运行机制的深度联结,即使社群内部某独立个体的内心深处对以宣誓方式作出的承诺持怀疑、否定的态度,但由于其置身于群体之中的现实仍然会促成其尽量向群体靠拢,他也会在现实行动上保持维护宣誓承诺的秩序而非直接挑战它。换言之,无论从何种角度去强调社会层面的道德、伦理秩序对社会中具体个人行为发挥现实干涉作用回归的重要性,并从宣誓场域中基于宣誓行为由点及面对群体形成的协同感受凸显宣誓在社会秩序、道德认同、心理各方面的效用,本质上是试图从法律规范的直接惩戒效果之外去寻求支撑宪法宣誓制度的效用。

作为宪法宣誓制度构造的重要元素,在制度实践过程中不断外向显现的来自宣誓的要素也自然而然地将宣誓对个人乃至人群的感知及认识层面的驯化效用实现了迁移。这也就解释了部分国家的宪法宣誓制度规范中并未涉及任何违背誓言的行为出现后法律将要进行反制的内容,也不存在任何直接针对宣誓者施加强制性惩罚的条款,即便如此,宣誓者宣誓承诺在就职后的履职过程中是否真正兑现,及其履职的质量每时每刻会受到来自不同方面的关注、要求与评判。这些评定的依据都来源于宣誓者就职时以宣誓的形式对公众作出的承诺,因此,我们当然不会否认宪法宣誓制度存在真实效用。

(三)"追责"约束在国内宪法宣誓实践中的限度

通过本节前两部分的分析可以看到,无论是在宪法宣誓制度中加入法律追究的强制约束元素,还是将社会运行过程中形成的对宣誓的维护共识直接引入宪法宣誓使之成为该制度的强制约束力来源,本质上都是围绕着宪法宣誓制度中宣誓的承诺具有"法"(既包括制定法也包括习惯法)的强制约束效用在做文章。诚然,前列两种围绕宪法宣誓施行而形成的责任追究路径在众多国家的宪法宣誓制度实施过程中已经积累了较为丰富且具有参考价值的素材,并且凭借法定的强制条款或塑造习惯法的共同认知的方式,对宣誓主体实现警示或惩戒也颇符合法学学者研究问题时的思维习惯,然而,基于法律的"追责"机制而以一种具象方式描绘出的宣誓效用,在套入我国国内宪法宣誓制度实践的现实时显然需要更为谨慎的检验。

1. 宪法法律的追责限制

我国宪法法律不能对宪法宣誓制度提供以"责任追究"理论为基础的充分支撑,缘由在于我国宪法的实施方式具有特殊性。我国宪法宣誓制度的施行以谦抑原则为核心,意味着在我国宪法宣誓制度的实践过程中,作为宪法制度的责任追究效果也与通常理解的法律"惩戒"效果不能完美贴合。回顾中华人民共和国成立以来围绕司法实践中长期存在的"案件的裁判文书中能否直接使用宪法作为依据"的争议,以及最高人民法院在不同时期针对具体案件制定的一系列司法解释可以判断:我国的司法实践对直接依据宪法条文进行"追责”基本持回避或者否定的态度。① 正因为我国的宪法宣誓制度实践带有鲜明的中国特点，现有的宪法法律条款不应成为对违法主体及行为的直接惩罚依据，于是在分析宪法宣誓效用时选择以普通法律的“追责”功能为整个宪法宣誓制度提供效力支撑的解释方式就与国内实际发生了错位。

对此，部分学者从最初的宪法宣誓效用基于宪法法律的“追责”功能的观点，转向对宪法宣誓中有关责任追究的制度设计进行一定的本土化调整。其中一种较为主流的观点认为，应当按宪法宣誓的实践需求单独制定一部施行法，借由这部独立的施行法将一种确定的追责机制纳入宪法宣誓制度的同时，还能够确保宪法不至于直接涉入具体的司法案件审判领域。就我国宪法实践的现实而言，制定一部匹配宪法宣誓制度的施行法较在宪法中植入惩罚条款的立法方式明显更具可操作性。然而，无法否认的一点在于，即使制定一部宪法宣誓制度的施行法去塑造、巩固宣誓制度的现实效用，也在实质上将宪法宣誓制度效用中责任追究作用的发挥阵地挪移到了宪法之外。制定宪法宣誓制度的施行法不仅没有正面说清宪法宣誓制度本身到底具有什么现实的效用，反而削弱了应当存在于宪法体系内的宣誓制度的价值。

2. 道德的追责局限

一直以来社会群体中由于共同信仰而产生的群体性神圣感受被视为宣誓制度能够在人类社会中不断延续的重要力量，但随着历史向前推进，宣誓制度中源自社会道德、神圣信仰的强制约束力正不断萎缩。现代社会的科技发展、生活方式无时无刻不在侵蚀着包括中国在内的世界各国传统的社会秩序维系机制，从宪法宣誓到宣誓制度整体都因来自社会各层面的系统性压力而对社会内部成员行为的制约力度大不如前。

---

① 宪法在民事案件的审判领域中的使用状况经历了阶段性变动，在最高人民法院2001年7月24日公布的《关于以侵犯姓名权的手段侵犯宪法保护的公民受教育的基本权利是否应承担民事责任的批复》中，宪法的适用可被视为一定程度的事实性接受，而在最高人民法院2008年12月18日公布的《关于废止2007年底以前发布的有关司法解释（第七批）的决定》中主动废止了“齐玉苓案”中出现使用宪法作为裁判依据的做法。现今民事案件裁判书制定的基本依据为2016年6月28日最高人民法院发布的《人民法院民事裁判文书制作规范》。该规范要求各级法院制作民事案件裁决文书时注意：宪法中存在的原则及精神能够在裁决文书的说理部分出现，但宪法的具体条文“不得引用……作为裁判依据”。最高人民法院针对宪法在刑事案件的审判领域中的适用问题则基本保持了一贯的否定性态度，在最高人民法院于1955年7月30日发布的《关于在刑事判决中不宜援引宪法作论罪科刑的依据的复函》（已失效）中明确了“在刑事判决中，宪法不宜引为论罪科刑的依据”。

鸦片战争至今发生在中国社会的两次整体性变局,极大削弱了国人对在中国传统社会自发生成的宣誓制度的依赖。第一次变局发生在两次鸦片战争之后,作为中国传统的"盟""誓"制度基础的"天意—君主—臣民"自上而下的社会秩序结构,以及强调上天与世人之间相互影响的"天人感应"中式行事哲学无一不受到来自西方的政治、哲学思想的强烈撼动。曾作为清朝公使参赞出访欧洲的宋育仁清晰描述了西方学说对中国传统的冲击:"天为无物……则天尊地卑之说为诬……六经皆虚言,圣人为妄作……宪天法地,顺阴阳,陈五行诸大义,一扫而空……"[①]随着西方思想不断传入国内,中国历史上曾长期维系"盟""誓"效力的社会传统观念逐渐衰落,到了中华民国建立之时由孙中山确立的宣誓制度基本已与中国传统的宣誓制度发生断裂,最显著的标志为构成中国传统宣誓效力基础的"天人""纲常"要素已经完全为西方"民主""权利"所取代。

第二次变局发生在中华人民共和国成立之后,唯物主义教育的推广及与之匹配的社会共识引导,使绝大部分中国人选择以客观、唯物的态度去认识、改造世界。同时,我国宪法内有关宗教信仰自由的规定在法律文本上赋予每一个国民高度自由的选择权,在此基础上营造出一个真正平等接受国民在宗教信仰上具有自主选择权利的社会氛围。这恰好形成了在现代社会中国与其他国家对在宪法宣誓制度中引入宗教的神圣属性及该制度存在强制维护效力的最大认知分歧。中国以外的绝大多数国家对于宣誓行为中蕴含有宗教神圣意义的理念仍然保持着基础性认同,事实上从诸多国家的宪法引入宗教要素并以法律的形式强调宣誓行为的神圣属性能够看出,宣誓行为与基于信仰的神圣结合仍旧属于社会整体对宪法宣誓制度效力产生认同共识的构成部分。即便这种共识在当今世界最具宗教虔信的国家都可能不如之前数个世纪那么牢不可破,来自宗教的神圣属性也对宣誓主体具有某种不言而喻的约束效力。与上述截然不同的是,在唯物主义世界观已经确定成为现代中国最普遍的共识,并且宗教信仰被严格限制于每一个公民自身选择的私密领域的社会大环境下,再通过强调宣誓制度中存在宗教性的神圣内涵,并试图使之成为宪法宣誓制度强有力支撑的宣誓效用阐释方式并不能很好唤起中国人对宣誓行为具

---

① 宋育仁编:《采风记》(清光绪刊本 卷三 礼俗),第 9 ~ 10 页。转引自张灏:《幽暗意识与民主传统》,新星出版社 2006 年版,第 141 页。

有切实效用这一事实的强烈情绪共鸣。这不仅是由于国内的宪法宣誓制度本身是一种经过宗教元素剥离处理的制度，更是由于中华人民共和国成立后国人思维方式与世界观塑造都受到唯物主义的深刻影响。

3. 国内宪法宣誓制度的“追究”

如果宪法法律和神圣信仰都不能对我国宪法宣誓制度的实施提供具有充分“责任追究”效果的支持，那么国内宪法宣誓制度对宣誓主体及其宣誓后行为的规制效用是否真实存在？作为一项正顺利实践的法律制度，我国宪法宣誓制度拥有“追责”的效用是毋庸置疑的事实，但由于目前国内宪法宣誓制度尚未对“违誓”作出具体规定，效用在我国现阶段的宪法宣誓制度的实践过程中不能完全凭借传统司法实践过程中法律针对违法行为、违法主体进行惩治的形式进行理解。探寻宪法宣誓制度的效用固然需要关注宪法文本中宣誓规范的具体细节，在条文外以宪法整体为基础构建而成的社会政治、法制体系对宪法宣誓制度效用的发挥也提供了关键的支撑作用，比照宪法宣誓制度在中华民国时期“一边发誓一边失效”的经历，显然更能证明这一点。

比较宪法宣誓在中华民国时期与中华人民共和国在2018年后的制度设计形式，民国时期法律对宣誓制度的规定明显更加复杂。首先，当时的宪法宣誓规范明文确认了宣誓制度具有对违背誓约的宣誓者进行直接追究的力量，如在1947年《中华民国宪法》中，总统的宣誓规定包括“……如违誓言，愿受国家严厉之制裁。谨誓”的内容。其次，民国时期对宪法宣誓的重视除了体现在建立宪法宣誓制度上，还体现在以该制度为核心在整个法律体系中构建层次丰富的宣誓制度实施法上。民国时期行政法乃至地方法规还针对官员、军人与普通公民的宣誓行动规则和违誓所应当承担的责任进行了较为细致的规定。[①] 如果仅以法律制定技术对民国时期的宪法宣誓制度的规范进行评价，该制度在民国法律系统中几乎具备了立法能够给予的最高配置，然而，民国时期的政治生态证明，宣誓效用要素极尽丰富的民国法律规定并没能真正对当时法定的宣誓者群体形成一种普遍、稳定的强有力约束。尽管民国时期各项法令持

① 在国民政府于1947年公布的《宣誓条例》第2条中，法律对官员违背宣誓的责任追究规定与宪法中针对总统违誓的惩罚性规定基本一致，一旦出现破坏誓言承诺的情形宣誓者必将受到法律的严厉处罚。《法令周刊》第10卷第31期，法令周刊编辑部，上海法学编译社，1930～1948年，第4～5页。

续不断推出,但从宪法到各部门法再到地方条例规章,扩散在民国整个法制中的系统性瘫痪症状,导致当时社会宪法宣誓制度确有实践,但宣誓者作出的宣誓失信、失效的情况层出不穷。援引当时报刊登载的针对政府官员、社会名流参与宣誓活动的评论,或许有助于我们对当时社会大众对宣誓制度效用的真实看法窥得一二:"……宣誓竟有这样的效力吗？此后军阀贪官污吏土豪劣绅市僧……等,俱用不着打倒了！祇要他们宣誓吧……"①

事实证明,尽管民国时期宪法宣誓制度构造要素齐备,宪法文本内的惩罚性规定与内在道德、神圣信仰的内容组合,理论上应当充分发挥制度约束力的宣誓强制性要素却因当时社会环境欠缺法律制度正常运行的条件,而难以谈及现实效用。与之形成鲜明对照的是我国现行宪法确立的宣誓制度,该制度内构成要素较民国的宪法宣誓制度明显更为简洁,然而,每一次宣誓行为的发生都切实获得了以宪法为基础的整个法律制度的系统性支撑。由于当下社会制定法的构建基本受到宪法框架的制约,不同部门法在宪法框架内以既独立发展又相互联动的方式逐步构建起法秩序,并且从我国现阶段的社会状态判断,该秩序正处于良好、稳定的运行状态。② 既然宪法宣誓制度作为宪法乃至整个法制体系内的重要组成部分,那么针对宪法宣誓制度的现实效用的剖析显然也不应对具体宪法条文之外、来自宪法统领下的整个法制系统所提供的法的约束力视而不见。一旦意识到宪法宣誓制度正置身于一个整体性的法秩序框架内,那么面对我国宪法宣誓制度中缺失"追责"的规定与宪法实施需恪守谦抑原则的限制等现实而产生的绝大多数宣誓制度效用困扰便迎刃而解:即使严格意义上的宪法文本并未写明宪法宣誓主体的违誓责任需被追究,我们仍然能够依据宪法宣誓主体的宣誓流程是否已合法完成,以及该主体的履职行为是否符合宣誓的承诺等具体事实,从同处于宪法框架中的刑法、行政法以及民法等部门法中去提取我们需要的责任追究力量。

---

① "'宣誓'有意想不到之功效！六月十九日申报载北京电:'战会息,新委六十六县中,间有贪污者,但宣誓后,当能革洗,乃心党国',宣誓竟有这样的效力吗？此后军阀贪官污吏土豪劣绅市僧……等,俱用不着打倒了！祇要他们宣誓吧。怪不得吴稚辉先生主张全民革命!"《贯彻》1928 年第 4 期。

② 张翔:《宪法与部门法的三重关系》,载《中国法律评论》2019 年第 1 期。

第三节 宪法宣誓与监督

无论本章前两部分对宪法宣誓制度内的仪式效用与追责效用进行过多么详尽的描述，都应当承认前文针对二者的分析始终被束缚于宪法宣誓制度自身的狭小领域之内。然而，基于普遍的法律制度实践经验，即使在理论模拟中完美无瑕的法律制度，在现实的实践中若缺乏监督，也难以发挥理想的效用。因此，针对宪法宣誓制度效用的研究，显然也不应忽视与之匹配的监督机制。

一、宣誓者的自我督促

在宪法宣誓制度实践的现实场域内，依法进入宣誓就职程序的宣誓者以宣誓的形式作出承诺，该宣誓主体在因“宣誓行为”受到法律强制约束的同时，也因“宣誓承诺”而激活了属于社会道德评价体系中良好德行范畴的“践行承诺”的意识。然而，在宣誓承诺作出的那一刹那，该行为的实施主体其实并未正式迈入接受道德评价的门槛，依托宣誓承诺而诞生的自我监督机制的开启还亟待宣誓者作出一项初步决断：践行或者不践行承诺。如果宣誓者选择顺应良好道德的要求而“践行”承诺，那么宣誓者因要达成践行承诺的目的而进行自我克制、自我监督并不需要过多论证。但如果宣誓者选择“不践行”承诺，甚至干脆在宣誓之前便决定效法欧里庇得斯在《希波吕托斯》中描述的：“我的舌头发誓，但是我的心却没有发誓。”①那么是否意味着，即便承诺应当被践行的认知拥有敦促宣誓者以自我约束的方式维护宪法宣誓制度顺利实施的力量，自我监督也因面临个人选择难以捉摸的干扰也无法摆脱陷入瘫痪的危机？

正如前文提到的宣誓承诺在行为作出之时便激活了“践行承诺”的意识，宣誓者个人的、流动的主观心理状态并不会抹消这种意识在人类群体及社会秩序内的价值，相反绝大多数毁弃“承诺应当被践行”这一社会性共识的个体在切身受到来自法律系统的强制之前，就已经由于人性中对于群体存在天然

---

① 取自欧里庇得斯悲剧《希波吕托斯》内的一段诗。转引自［意］维柯：《新科学》（下册），朱光潜译，商务印书馆 2017 年版，第 532 页。

的趋近、服从的属性而针对"认知失调"的情况实现着自觉或不自觉的修正。[①]或许从具体个人和社会整体心理的角度看,以宣誓承诺这一事实为基础构建的宣誓主体的自我监督机制,对于宪法宣誓制度的实践并不如想象中那么软弱乏力。然而,尽管由承诺所引发的植根于人类意识之中、在社会道德与自然天性共同作用下生成的自我约束能够为宪法宣誓制度监督体系提供不可或缺的支持,但也不得不承认处于社群系统内的个体即使因顺应社会普遍道德、规则能够换取社群对个人的保障与庇护而具备作出正确选择的条件,也存在同等概率会受到更多的足以扭曲良善根基的诱惑而作出另一种选择。这也是基于宣誓承诺而生的道德约束确定有效,但我们仍然需要为宪法宣誓制度的实践引入更多监督要素的缘由。

二、宣誓之后的人民监督

源于自我的内省固然能够对宣誓者的行为产生在所有宪法宣誓的监督手段中最为深刻和最低成本的监督约束,但如果我们就此将宪法宣誓承诺的实现完全寄希望于宣誓者的内省,就必然面临宣誓者因人性中潜伏着普遍缺陷而导致自我监督难以始终如一地发挥监督、指引宣誓者践诺的风险。因此,人民作为一种来自宣誓者之外、更加稳定的外部力量而被引入宪法宣誓制度的监督中就显得尤为重要。

从宪法理论的角度看,人民作为国家权力的所有者,对于一切通过法定程序被挑选、被赋予权力的主体拥有不言而喻且毋庸置疑的监督权。这是一种在宪法秩序构建之初即已确定的保障机制,确保人民作为权力拥有者的地位和应当从社会、制度中享有的利益不会因掌权者具备直接调动广泛的社会资源的权能而被肆意褫夺、侵犯。从人类社会对"契约"具有普遍认知的角度看,

---

① 认知失调是指个体因认知和行为相左而产生的不愉快的状态。认知失调理论由美国社会心理学家利昂·费斯汀格提出,他认为"人类有机体试图在意见、态度、知识和价值观之间建立内在的和谐性和一致性",人的行为在通常情况下会与其认识保持一致,正如同一个人会无意识与同他所处的群体保持一致一样。在费斯汀格的基础上,阿伦森进一步剖析了认知失调对人行为的干预作用:"由于认知失调会带来不愉快,人们便会有目的地去减少它;这一过程与人们因饥渴而引起某种驱力并设法减少这种驱力的过程是大致相同的。"[美]利昂·费斯汀格:《认知失调理论》,郑全全译,浙江教育出版社1999年版,第241页;[美]E.阿伦森:《社会性动物》,邢占军译,华东师范大学出版社2007年版,第132页。

契约的缔结会自动为缔约双方赋予保证契约完成的强制约束，这种强制给予接受契约的一方通过监督等方式保障约定实现的责任。透过宪法宣誓制度中的契约框架，人民作为接受约定的一方显然也获得了“以监督确保约定实现”的权柄。

在现实的宪法宣誓制度实践过程中，来自人民的监督曾以直接抵制宣誓者就任或者继续任职这种较为激烈的方式出现。值得注意的是，直接抵制的形式所体现的人民监督的情形极为特殊，通常发生在法律制度整体运行不良的社会。尽管人民赋予和褫夺权力的决定及行为拥有天然的合理性，但由于以人民直接出场的方式进行监督，事前需要极大社会动员力量，在实施时又极为消耗社会资源，甚至在缺乏正确引导的情况下极容易滑向失序、暴力，最终对社会整体造成不可控的混乱，直接“来自人民”的这种极端的监督形式很难在宪法宣誓制度的实践过程中保持事实上的常态化。

尽管直接启动人民的监督会消耗较多的社会成本，但西方社会自英国《大宪章》时代开启了英王与群臣之间围绕君权和民权漫长的拉锯，到法国在大革命期间就有对拒绝宣誓效忠国家的教士、官员群体实施罢免及驱逐的举措。这些都表明以人民的名义成功强制宣誓者履行宣誓时的承诺确实发挥着稳定而长久的监督功能。与上述情形类似，人民的监督在中华民国宪法宣誓制度实践的历程中也有出现。以人民将宣誓纳为挫败袁世凯恢复帝制阴谋的重要推力的经历为例，1913 年袁世凯宣誓就任中华民国大总统后为恢复帝制进行了一系列破坏宪法、法律，镇压革命运动的反动活动，而自 1914 年起中华民国全国范围内即掀起连续不断的“倒袁”浪潮，这一时期出现了众多“讨袁檄文”。比较不同版本的檄文内容可发现，大部分檄文都将袁世凯宣誓就任中华民国总统之后“背信弃誓”的行为作为其重要罪状收入。譬如孙中山在三次讨伐袁世凯的檄文中分别使用“背弃前盟”①“背誓乱常”②“盖信其能服从大多数之民心……而昭守其信誓……何期袁氏逆谋终不自掩……”③等内容揭露袁世凯公然背叛誓言的行径，以此向全国民众发出国民群体应踊跃响应“讨袁”的呼吁。除孙中山在 1914 ~ 1916 年发布了三篇讨袁的檄文之外，当时在民国各省、地区

① 《孙中山全集》（第 3 卷），中华书局 2017 年版，第 90 ~ 91 页。

② 《孙中山全集》（第 3 卷），中华书局 2017 年版，第 130 页。

③ 《孙中山全集》（第 3 卷），中华书局 2017 年版，第 283 ~ 286 页。

流传较广的檄文中以唐继尧、蔡锷与李烈钧三位护国军重要人物联合署名发表的《护国军政府讨袁檄文》影响较大,在该篇檄文中袁世凯总共被列出20款罪状,其中"背誓食言"为罪状第19条。① 该檄文1915年于香港媒体首发之后旋即引发全国激烈回响,檄文发布后第二年的年中袁世凯复辟帝制的计划宣告破产。袁世凯的失败结果表明了,即便处于中华民国颇为动荡的社会背景之下,政府官员同样不具有无限度恃权弄权的可能,因为作为宣誓主体在就职时所作的宣誓承诺无论是否出自本心,都不影响人民将之作为监督凭据对具体的宣誓者进行监督的价值。

20世纪中叶以来,随着第二次世界大战的结束,世界迫切需要修复战争对全人类带来的创伤,重建一个稳定、和平的世界新秩序成为世界各国最主流的愿望。在这样的历史背景下,由人民出场针对背弃誓言的宣誓者直接采取强制措施的宣誓制度监督方式在宪法宣誓制度实施过程中被启用的比例大幅下降。

三、宣誓与监督机制的勾连

两次世界大战后世界格局发生了重大改变,世界各国尤其是第三世界国家纷纷摆脱殖民统治取得独立,由于前殖民地国家构建自身的宪法和法律的制度、秩序以及传统殖民宗主国进入一段较长时间的政治稳定期等多种因素的影响,世界绝大多数地区的政治局势整体上由以反殖民、反压迫为核心的暴力革命主流转向了和平发展、多边合作的新常态。随着人类社会大环境朝着稳定、有序的方向变化,宪法宣誓制度在当前社会的实践也更加显现出当前时代的特色。

20世纪中叶以来,世界大多数国家整体趋于稳定的政制环境让来源于政制的监督逐渐成为宪法宣誓实施的主流外力监督,针对背誓的宣誓主体进行弹劾、罢免等措施,都具有在政治基础框架内通过较为稳固的法律制度、程序监督并确保宣誓承诺实现的鲜明特征。以美国历史上的四次总统弹劾案为

---

① 易象系天,箴曰"无妄",圣学传经,谊为"存诚",故忠信笃敬,保为民彝,衍为世德,袁乃机械变诈,崇事怪诡,貌为恭谨,潜包祸谋,秘电飞词,转兴众口,涂刍引鹿,指称民意,欺世盗名,载鬼盈车,背誓食言,日月舛忤,使道德信义,全为废辞,民质国华,尽量消失,其罪十九也。《护国军政府讨袁檄文》,杜奎昌辑注:《唐继尧护国讨袁文稿》,云南人民出版社2005年版,第131页。

例，安德鲁·约翰逊、理查德·尼克松、比尔·克林顿、唐纳德·特朗普四位经过宪法宣誓程序正式就任的美国总统都在其任期内受到过弹劾。尽管从弹劾案的最终结果看，在各种因素的作用下美国建国至今还未开总统被成功弹劾的先例，但毋庸置疑的是，设置于美国政制之内的弹劾制度无疑会对每一任经过宪法宣誓程序而正式就任的总统形成稳定且持续地监督、督促其实现宣誓承诺的作用。①

2020年11月11日，第十三届全国人民代表大会常务委员会第二十三次会议通过了《关于香港特别行政区立法会议员资格问题的决定》，该决定进一步明确了《香港特别行政区基本法》中针对六类公职人员制定的“……依法宣誓拥护中华人民共和国香港特别行政区基本法，效忠中华人民共和国香港特别行政区”等宣誓内容的禁止性边界，对违背就职宣誓承诺、拒绝承认香港属于中国不可分割的一部分、接受外国势力的指示侵害国家主权等行为的宣誓主体，免去议员资格。②

① “水门事件”使理查德·尼克松成为截至目前美国历史上最接近被弹劾成功的总统，但由于其在美国众议院正式投票之前就宣布辞去总统职务，因此尼克松在任内下台的事实并不能视为美国总统被弹劾成功。

② 全国人民代表大会常务委员会《关于香港特别行政区立法会议员资格问题的决定》：“一、香港特别行政区立法会议员，因宣扬或者支持‘港独’主张、拒绝承认国家对香港拥有并行使主权、寻求外国或者境外势力干预香港特别行政区事务，或者具有其他危害国家安全等行为，不符合拥护中华人民共和国香港特别行政区基本法、效忠中华人民共和国香港特别行政区的法定要求和条件，一经依法认定，即时丧失立法会议员的资格。二、本决定适用于在原定于2020年9月6日举行的香港特别行政区第七届立法会选举提名期间，因上述情形被香港特别行政区依法裁定提名无效的第六届立法会议员。今后参选或者出任立法会议员的，如遇有上述情形，均适用本决定。三、依据上述规定丧失立法会议员资格的，由香港特别行政区政府宣布。”

第七章 宪法宣誓制度在当代中国的实践与完善

中华人民共和国成立至今分别于1954年、1975年、1978年和1982年颁布了宪法，在社会主义中国的四部宪法中前三部宪法都没有将宪法宣誓制度作为宪法制定或修改的关注对象，直到1982年版《宪法》经过第5次修改后，宪法宣誓制度方作为一项正式的宪法制度出现在当代中国的宪法制度体系中。尽管从宪法宣誓制度与中国法律制度发生碰撞的历史渊源看，宪法宣誓制度与中国的法律制度实现结合并非一种全然陌生的体验，但中华人民共和国成立后国家政治格局的变化使中国的法律从制度设计到治理理念都发生了深刻的革新，且2018年《宪法》将宪法宣誓制度正式纳入社会主义法律制度框架内时，中国和世界正经历着新一轮时代潮流变化带来的机遇与挑战。我国的宪法宣誓制度在这一时期落地与实施，无疑属于新的时代背景下我国全方位深化改革过程中深化法治改革的重要构成部分。因此，宪法宣誓制度在当代中国的融入与运行情况及该制度在现实中所面临的困境进一步成为社会公众与法学学者们关注和研究的热点。

第一节 宪法宣誓制度在当代中国的构建和实践

2014年10月23日中国共产党第十八届中央委员会第四次全体会议通过了《中共中央关于全面推进依法治国若干重大问题的决定》（以下简称2014年《决定》），2014年《决定》提出建立宪法宣誓制度。在2014年《决定》公布之前，国内对宪法宣誓制度讨论、研究的重心总体偏向对宪法宣誓制度在实践技术层面的借鉴，主要焦点集中在引入和建立我国官员就职仪式流程中的宣誓规范，人大代表的相关议案内容也主要为建立就职宣誓制度。随着2014年《决定》公布及2015年7月1日第十二届全国人民代表大会常务委员会第十五次会议通过《关于实行宪法宣誓制度的决定》(以下简称2015年《决定》),确定在我国实行宪法宣誓制度后,国内对宪法宣誓制度讨论、研究的重心从单纯的官员就职仪式流程等实践,转向构建我国宪法宣誓制度规范,并探索这一制度在我国法律制度内的本土化适应,关注其在我国宪法、法律制度整体的改革完善过程中的功能和定位。宪法宣誓制度在当代中国的发展大致分为两个阶段:首先是宪法宣誓制度正式确立之前,宪法宣誓制度中的就职宣誓部分逐步引发部分学者的关注,学界从理论研究的角度探寻如何将国外的宪法宣誓制度与国内法律实现有益结合,人大代表向全国人大建议建立就职宣誓制度以及部分地区自发举行公职人员就职宣誓活动,共同组成了宪法宣誓制度在当代中国落地的早期实践探索。其次是2015年《决定》通过后,宪法宣誓制度真正以整体的形式被我国宪法制度体系所接受,2014年《决定》与2015年《决定》对我国宣誓制度的定位和层级的提升促使学界与社会对本制度的视域进一步拓展,有关宣誓制度的研究开始更多向宪法宣誓制度落地与推行后同我国社会、法律生态的全方位融合等领域延伸。

一、《中共中央关于全面推进依法治国若干重大问题的决定》出台前我国对宣誓制度构建的探索

2014年《决定》提出建立宪法宣誓制度无疑是当代中国构建宪法宣誓制度的关键节点,但在此之前国内就是否建立宣誓制度以及以何种方式建立宣誓制度等问题已经历过较长时期的讨论,宣誓制度在部分机关、地区也已率先进行了实践。

(一)以就职宣誓为核心的宣誓制度试验

1982年《宪法》颁布后一段时间陆续有学者就宪法实施后的具体情况提出系列修改建议,其中就包括借鉴国外宪法宣誓制度的规范经验构建我国宣誓制度的意见。值得注意的是,20世纪80年代中后期主张建立宣誓制度的研究者普遍倾向以要素抽取的形式对域外的宪法宣誓制度进行借鉴,即以宣誓实施规则方便写入法律并迅速适用到人大代表或政府各级官员就职程序中为制度构建的原则,直接选取宪法宣誓制度框架中适宜本土运用的部分,快速在我国法律系统内组织起一套公职人员就职宣誓的制度。例如,学者钱卫清在

1989年呼吁建立我国的就职宣誓制度时就强调在公职人员就职时实施宣誓的行为对我国法制迈向现代化具有重要意义。他从人民代表、官员在就职时公开实施宣誓有利于人民监督、有利于增强国家政治透明度和提升公职人员为人民服务的觉悟等角度,分析了为何我国的法制体系需要接纳就职宣誓制度,并且选择以公职人员就职为核心来设计我国的宣誓制度的必要性。[①]

随着整个社会法制改革的不断深入,有关构建中国的宣誓制度的讨论逐渐从学界内部关注的学术问题开始与现实社会的发展需求重合。20世纪90年代以后全国人大代表的议案中出现了在我国建立就职宣誓制度的内容,代表议案的出现标志着就职宣誓制度由学术研究的预备阶段正式向现实立法的阶段迈进。分析这一时期代表议案中所提到的在我国建立宣誓制度的建议,绝大多数支持:将规范化与程序化的宣誓要求植入掌握权力的公职人员的就职流程之中,将实施宣誓的行为作为公职人员尊崇法律、恪尽职守的内在决心之外化表达,也为广大人民增添一个对掌握权力的公职人员进行监督的更为直观、具象的锚点。最终以宣誓者作出宣誓的行为结合该宣誓者往后的职务履行质量,从内、外两个方面对公职人员的权力使用进行约束和监督。以第九届全国人民代表大会召开期间重庆市代表刘重来提出的《关于在本次大会闭幕会上举行新当选国家和政府领导人宣誓就职仪式的建议》[②]为例,他提到实施就职宣誓的重要目的为凸显国家最高权力机关的权威,增强国家政治透明度及实现权力监督。可以看出,这一时期社会对就职宣誓制度建立的期待主要集中在发挥其作为一项程序在官员就职流程中充当关键环节的作用方面,而这与此前学界就宣誓问题格外关注就职仪式程序价值的学术研究基本一以贯之。虽然从上述提案未被大会采纳的结果上看,当时在我国法律制度体系内建立宣誓制度的条件尚未成熟,但这并不意味着在当代中国建立宣誓制度的尝试就此中断,相反就职宣誓在现实的实践中仍在不断涌现。例如,2002年8月7日原人事部就组织新上岗的中央和国家机关公务员进行就职宣誓,并将

---

① 钱卫清:《我国应建立就职宣誓制度》,载《理论讨论》1989年第1期。

② 人大代表刘重来《关于在本次大会闭幕会上举行新当选国家和政府领导人宣誓就职仪式的建议》全文内容为:"为了显示全国人民代表大会作为国家最高权力机关的权威,为了显示此次大会所选举产生的跨世纪国家、政府领导人的非常意义,为了表明我国在民主、廉政建设,增强政治透明度和监督力度的进步和决心,建议在本次大会闭幕会上举行隆重的宣誓就职仪式。"刘重来:《论公职人员"宣誓就职"制度》,载《重庆社会主义学院学报》2010年第3期。

这一宣誓活动固定为公务员培训制度中的必要环节。①

尽管学界建立就职宣誓制度的呼吁和部分地区、国家机关自发实施就职宣誓的行为,对当代中国构建宪法宣誓制度起到了重要的启发、推动作用,但从宪法宣誓制度内的宣誓仪式内容中抽取公职人员宣誓的要素,并将其作为建立公职人员宣誓制度核心内容的设想还不能完全被认定为宪法宣誓制度在我国的萌芽。事实上无论是当时的宣誓制度研究者还是拥有提案权的人大代表乃至践行过就职宣誓的公职人员,针对就职宣誓制度建立的建议、实践都倾向于将宣誓制度构建的视域限定在对我国的行政法、公务员法等部门法进行修改与补充等方面。显然,就职宣誓制度的核心目的为充实公职人员就职环节程序价值,无论在立法意图还是在法律层级上都与后来旨在推动宪法实施的宪法宣誓制度存在一定差距。

(二)从就职宣誓向宪法宣誓的转变与实践

将"忠于宪法""对宪法忠诚宣誓"等内容作为就职宣誓制度中的重要部分,是我国宣誓制度构建历程中从单纯强调建立就职宣誓制度向建立宪法宣誓制度过渡的显著标志。2000 年前后已有学者挣脱谈及我国的宣誓制度建立必言建立就职宣誓的桎梏,直接提出我国应当在宪法层面引入宣誓制度的观点。② 至此,在当代中国建立宪法宣誓制度的讨论才正式拉开帷幕,将公职人员宣誓行为的制度设计提升到宪法制度构建层面后,宣誓制度的覆盖领域及功能作用较就职宣誓的范畴显著拓宽了。从制度的方面进行审视,专注建立就职宣誓制度时期主要针对宣誓者自身的约束、监督作为宪法宣誓制度的重要内容被保留下来,而针对宣誓者之外的群众心理、社会风气的影响则作为宪法宣誓制度开辟的新领域逐渐为各界所关注。

对比学界对我国宣誓制度构建方式的研究呈现出由就职宣誓向宪法宣誓的快速转向,现实中宣誓制度的实践对此潮流跟进并未明显滞后。继上海、浙江等相继在本区域内开启宪法宣誓的实践尝试后,2003 年"两会"期间有政协

---

① 《人事部组织开展新录用公务员上岗宣誓活动》,央视国际网络北京 2002 年 8 月 7 日电,http://www.cctv.com/news/china/20020807/24.html,2021 年 1 月 7 日访问。

② 蒋伟:《论建立忠于宪法的宣誓制度》,载《法商研究(中南政法学院学报)》2000 年第 5 期。

委员就“实行对宪法的忠诚宣誓制度”向大会提出立法建议。① 相较于过去有关建立就职宣誓制度的建议注重凸显宣誓行为能够对宣誓者进行权力约束的制度价值的传统,这一阶段的提案在阐释建立宪法宣誓制度的理由时,开始强调宣誓的实施对广大群众能够起到树立宪法权威的作用。其中的逻辑为,社会大众通过观看公职人员的宣誓行为,同样能接受到仪式所蕴含的宪法权威的寓意。尽管就职宣誓与宪法宣誓从宣誓者实施宣誓的行为外观上看并无太大差异,但后者在功能定位和现实影响上有着更为丰富的内涵,宪法宣誓制度框架下人民群众不再仅仅作为宣誓者的监督者而出场,在宣誓实施的过程中也获得了更具主动性的地位。

迈入新世纪以后,伴随国内宣誓实践经验不断累积以及尊崇宪法的内容要素不断充实进就职宣誓制度之中,我国的宣誓实践进入第一轮活跃期。2000 年公职人员就职之前设置一个宣誓环节获得了越来越多的社会认同后,谁有权制定宣誓实施办法、宣誓活动中包含哪些必要内容、宣誓者究竟应当向谁宣誓等新问题又涌现出来。国内早期的宣誓实践基本由地方自行探索,造成了国内的宣誓实践呈现出宣誓与不宣誓的地区并存,规范宣誓实践的法律、法规层级较为丰富的特点。部分地区的宣誓规范在省一级制定,如四川省 2005 年制定的省公务员宣誓制度规定,省内公务员在就职前必须作出忠于国家、宪法的宣誓。② 也有部分地区省人大并未针对公职人员就职宣誓事项作出相关规定,但省级机关或省下属的县市自行决定组织并实施宣誓。例如,2003 年河南荥阳市与 2004 年黑龙江哈尔滨市分别自行组织了政府公职人员的就职宣誓。③ 这一时期国内宣誓制度规范多层次存在,不同地区就宣誓的内容、对象的规定也存在较大差异。例如,四川省公布的宣誓规定中要求宣誓者在实施宣誓时须面对国旗,而河南的宣誓办法则要求宣誓者手持《宪法》进行宣誓。

---

① 《马志伟委员:我国应建立“宪法忠诚宣誓制度”》,搜狐新闻北京 2003 年 3 月 10 日电:http://news.sohu.com/67/22/news206992267.shtml,2021 年 1 月 7 日访问。

② 四川省《认真做好新录用公务员宣誓工作的通知》要求新录用公务员宣誓时,应面对国旗,右手握拳上举,高声朗诵:“我们郑重宣誓:坚决拥护中国共产党的领导,忠于宪法,忠于国家,忠于人民;依法行政,严守纪律,保守秘密;爱岗敬业,清正廉洁,务实创新;团结协作,勤奋学习,诚实守信;全心全意为人民服务,为祖国的繁荣富强而努力奋斗!”载 http://dzb.scdaily.cn/2005/07/24/20050724357304443041.htm,2021 年 1 月 7 日访问。

③ 杨耕身:《公务员应该向宪法宣誓》,载《大河报》2004 年 11 月 18 日。

相较于大多数实施宣誓的地区在公职人员就职宣誓时面向国旗、国徽、手持宪法的规定,江苏省2004年组织的省级机关公务员宣誓形式显然较为特别。据报道,77名新录用的公务员面对周恩来铜像完成了就职宣誓。[①] 前面列举的宣誓实践素材表明,从1989年到2005年我国社会对于公职人员宣誓制度的认可程度不断上升,但与宣誓制度相关的立法不仅在地域分布上较为分散,而且不同地区的宣誓法规内容也较为驳杂,造成了当时国内宣誓制度的理论和实践积累都不断丰富,但始终难以形成合力,打通阻碍宣誓制度向全国推广的区域壁垒。

相较于国内大部分地区对宣誓制度的认识与实践大体处于早期摸索阶段的情况,分别于1997年和1999年回归的香港、澳门特别行政区则较早将适用于本区域内的宣誓制度按照宪法宣誓制度的标准进行了规范。《香港特别行政区基本法》和《澳门特别行政区基本法》作为我国宪法框架下的基本法,都明文规定了宣誓制度。《香港特别行政区基本法》第104条规定了六类公职人员在就职时须实施拥护基本法和香港特别行政区的宣誓制度,[②]《澳门特别行政区基本法》第101、102条分别规定了六类公职人员在就职时须宣誓效忠基本法和澳门特别行政区,五类公职人员还须特别宣誓效忠中华人民共和国。[③] 从立法层级上看,香港和澳门两地实施的宣誓制度符合宪法宣誓制度的规定,同时在基本法的相关规定之外香港和澳门还分别制定了具体的宣誓制度实施办法。

值得注意的是,香港、澳门的宣誓制度规范不仅包括对宣誓者宣誓行为指引的规定,还存在违反宣誓条例的惩罚性规定。例如,香港《宣誓及声明条例》

---

① 杨耕身:《国旗还是宪法,公务员就职应该向谁宣誓》,载《新京报》2004年11月18日。

② 《香港特别行政区基本法》第104条:"香港特别行政区行政长官、主要官员、行政会议成员、立法会议员、各级法院法官和其他司法人员在就职时必须依法宣誓拥护中华人民共和国香港特别行政区基本法,效忠中华人民共和国香港特别行政区。"

③ 《澳门特别行政区基本法》第101条:"澳门特别行政区行政长官、主要官员、行政会委员、立法会议员、法官和检察官,必须拥护中华人民共和国澳门特别行政区基本法,尽忠职守,廉洁奉公,效忠中华人民共和国澳门特别行政区,并依法宣誓。"第102条:"澳门特别行政区行政长官、主要官员、立法会主席、终审法院院长、检察长在就职时,除按本法第一百零一条的规定宣誓外,还必须宣誓效忠中华人民共和国。"全国人大常委会澳门基本法委员会办公室编:《中华人民共和国澳门特别行政区基本法》,中国民主法制出版社2018年版,第23页。

第21条规定了违反宣誓条例后宣誓者将失去职务的内容。[①] 澳门《就职宣誓法》也明确了宣誓者违反宣誓规定后的惩罚措施。[②] 由于前述惩罚条款的存在,香港与澳门的公职人员宣誓制度在实践过程中就获得了较为有力的制度支撑。事实证明,宣誓制度内的惩罚性条款对特别行政区宣誓制度的顺利实施确有保障作用。2016年10月香港立法大会新当选议员宣誓就任过程中,有4人严重违反《宣誓及声明条例》的规定,破坏就职宣誓程序,香港高等法院于2017年7月14日作出取消4人议员资格的裁决。

二、《关于实行宪法宣誓制度的决定》出台后我国的宪法宣誓实施

2015年《决定》的公布标志着我国宪法宣誓制度的正式确立,该决定指明了我国建立宪法宣誓制度的目的是彰显宪法权威、强化宪法实施、树立并强化国家工作人员的宪法意识,解决了过去我国宣誓制度构建在探索过程中沉积下的诸如宣誓主体不确定、宣誓内容不固定等问题。以上述决定为指引,各省、自治区、直辖市陆续启动本区域宪法宣誓制度实施办法的规制。对照2015年之前国内有关宣誓制度立法的地区较为分散、不同地区相关立法差异较大以及部分地区宣誓制度立法进程缓慢的现实状况,上述决定的出台明显推动了宪法宣誓制度在我国的实践进程,更高的立法效率和统一的立法标准成为这一阶段我国宪法宣誓制度建设的最显著特征。据统计,除香港、澳门特别行政区继续实施基本法所规定的宣誓制度外,全国绝大部分省级行政区都在2015年通过了本省的宪法宣誓制度实施办法,截至2016年1月1日宪法宣誓制度真正实现在国内绝大部分地区的覆盖。

比较各省、自治区、直辖市制定的宪法宣誓实施办法,不同地方的具体办法在宣誓主体、誓言内容、宣誓的场合及流程等宪法宣誓制度实施的核心部分上保持了高度一致,同时考虑到我国疆域广阔、地区间发展水平并不均衡、风

---

① 《宣誓及声明条例》第21条:“拒绝或忽略作出誓言的后果　如任何人获妥为邀请作出本部规定其须作出的某项誓言后,拒绝或忽略作出该项誓言——(a)该人若已就任,则必须离任,及(b)该人若未就任,则须被取消其就任资格。”律政司电子版香港法例,https://www.elegislation.gov.hk/hk/cap11! en-zh-Hant-HK,2022年10月7日访问。

② 《就职宣誓法》第5条:拒绝宣誓应依本法宣誓而拒绝宣誓者,丧失就任资格。澳门特别行政区印务局“搜法易”查询系统,https://bo.io.gov.mo/bo/i/1999/01/lei04_cn.asp,2022年10月7日访问。

俗习惯也存在差异的现实情况，2015 年《决定》也为各地制定宪法宣誓实施办法等相关法律留下了一定的本地化调适空间。例如，不同地区的宣誓实施办法对于组织相关人员进行宪法宣誓的时限规定就存在明显差异，一些地区在宣誓实施办法中未对举行宣誓设定严格限制性期限，而是将相关宣誓主体合法获得任职资格作为开启宣誓实施程序的标志，将具体的宣誓举行时间交给宣誓的直接组织机关自行决定。例如，《浙江省组织实施宪法宣誓制度办法》规定，宣誓主体"在依照法定程序产生后，进行宪法宣誓"，而具体的仪式则授权相应的责任机构负责组织。[①] 也有地区针对宣誓举行时间进行了严格限制。例如，重庆市 2015 年 11 月 26 日通过的《重庆市宪法宣誓实施办法》就为本市范围内的宪法宣誓实施加上了从宣誓主体的任命通知被公开起的 15 日内完成宣誓仪式的截止期限。[②] 即便是为举行宣誓设置了"截止日期"的宪法宣誓实施办法，对宣誓终止日的规定也不一致，如北京市就为宣誓仪式举办留有 30 日的期限。[③]

如果说 2015 年《决定》的出台重塑了国内宣誓制度的立法生态，那么移动互联网技术的提升则改变了我国宣誓制度的实施生态。随着 2016 年各地在宪法宣誓办法中规定的法定实施日期到来，宪法宣誓制度的具体实践在全国范围内迅速铺开，越来越多的宪法宣誓实践将全社会对宪法实施、公职人员的权力行使的关注推向全新的高度。此前国内就职宣誓的实施情况对外公开的方式多利用传统报刊电视进行报道以及部分门户网站刊载新闻完成，公职人员的就职宣誓活动在向更广大社会群众传递宣誓价值以实现宣誓制度影响的目的时，仍存在明显的资讯触达到意见反馈难以无缝衔接的局限。2014 年前后国内个人移动通信设备拥有率大幅提高，尤其是 4G 网络的规模化部署推动了互联网技术由电脑端向移动设备端的兼容。有数据显示，2016 年我国国内移动互联网用户规模和使用率已经极大超越了固定宽带，通过移动通信设备连

---

① 2015 年 7 月 30 日通过的《浙江省组织实施宪法宣誓制度办法》，载浙江人大网，http://www.zjrd.gov.cn/rdgl/gzzd/201509/t20150901_68038.html，2021 年 1 月 10 日访问。

② 2015 年 11 月 26 日通过的《重庆市宪法宣誓实施办法》，载重庆人大网，http://www.ccpc.cq.cn/home/index/more/id/196300.html，2021 年 1 月 10 日访问。

③ 2015 年 11 月 27 日通过的《北京市国家工作人员宪法宣誓组织办法》，载北京市人民政府网，http://www.beijing.gov.cn/zhengce/dfxfg/201905/t20190522_58726.html，2021 年 1 月 10 日访问。

接互联网逐步成为我国公民开展互联网生活的新主流。① 在此背景下，2016 年全国范围内密集涌现的公职人员实施宪法宣誓的活动情况通过移动互联网高速高频的信息传输渠道被直接推送到终端使用者面前，同时移动互联网无空间、时间限制的公共讨论平台使更多的民众获得了即时参与社会热点新闻讨论的机会。新的智能通信设备的普及一方面方便普通民众主动关注并参与宣誓制度实施的讨论中去，另一方面普通民众因对宪法宣誓制度实施的即时、持续关注而形成的意见反馈对于实践宪法宣誓的宣誓者们又形成了新的督促与压力。在互联网技术的影响下，国民社会生活方式发生了巨大变化，虽然从法律规范的角度评价组织实施宪法宣誓实践的方式本质上没有大的革新，但借助科学技术的发展成果仍然能够在新时代不断增加宣誓主体宣誓实践与普通民众监督参与的广度与深度。

在 2015 年《决定》明确的宪法宣誓制度建设指引与移动互联网发展新潮流的双重加持之下，我国宪法宣誓制度从立法到实践都被推向了一个前所未有的新高度。然而，围绕宪法宣誓制度的实践有一点遗憾始终无法被忽视，各级法律文件都没有对违背宣誓的办法作出针对性规定。甚至随着 2014 年我国实行的宣誓制度从宪法制度的层面获得了重新定位，宣誓法律层级的提升反而造成宣誓实践失去就职宣誓时期基于行政法体系而获得的直接强制保障的情况。于是，现有的宪法宣誓实施方案中缺少一种能够直接触及宣誓主体的强制约束的状况，导致宪法宣誓制度实践的数量日益增长得到社会普遍接受与认可的同时，各界对于该制度能否真实发挥效用的担忧也在不断积攒。同一时期学界有关宪法宣誓制度实施过程中“违誓”的防治俨然已成为最受关注的话题。大多数研究者认为，可以借鉴国外或我国香港、澳门特别行政区宣誓制度立法和实施的经验，制定一套全国通行的宪法宣誓实施细则，从直接剥夺任职权与追究后续责任两个方面明确违背誓言的惩罚条款。尽管学界对此问题的讨论热度持久不衰，但现实的宪法宣誓制度中有关“违誓”处理的立法比较冷淡。造成学术研究与立法实践鲜明差异的原因与现实社会中违背誓言的行为与足够实施法律惩戒的行为间存在较大隔膜有极大关联。加上我国宪法在实际的实施过程中保持谦抑原则，也在一定程度上为如何在宪法宣誓制度

① 中国互联网协会、中国互联网络信息中心编：《中国互联网发展报告 2017》，电子工业出版社 2017 年版，第 3 页。

框架内加入“惩罚”性内容增加了难度。

三、2018 年《宪法修正案》通过前后宪法宣誓制度的实践

2018 年 3 月 11 日第十三届全国人民代表大会第一次会议通过了《宪法修正案》,国家工作人员就职时进行宪法宣誓的内容作为《宪法》第 27 条第 3 款被写入了宪法。这一事件是我国宪法宣誓制度构建中的又一重要里程碑。由于《宪法》进行了修改,全国各地参照 2015 年《决定》制定的宪法宣誓制度具体实施办法也纷纷随《宪法》作出修改。比较 2018 年全国各地对本区域内实施办法进行的修改可以看到,本轮宪法宣誓制度实践办法修改的工作重心大致分为以下三类:在宣誓主体内加入监察系统工作人员,规范宪法宣誓现场对国歌的使用,依据《宪法》规定修改宪法宣誓的誓词内容。

建立我国监察制度体系是本轮宪法修改的重要内容。宪法的修改对我国宪法宣誓制度立法规范最明显的影响是在原有的各类宣誓主体基础上增加一类监察系统宣誓主体。以《重庆市宪法宣誓实施办法》为例,2015 年 11 月通过的旧办法第 2 条将实施宪法宣誓的主体限定为四类:重庆市各级人大与县以上人大常务委员会“选举、通过、决定任命、任命的”国家工作人员、重庆市各级人民政府任命的国家工作人员、重庆市各级人民法院任命的国家工作人员、重庆市各级人民检察院任命的国家工作人员。[①] 2018 年 9 月修订的新办法加入了“监察委员会”任命的国家工作人员这一新的宣誓人员类别,自此实施宪法宣誓的主体从四类增加至五类。

在我国《国歌法》正式实施以前绝大多数地方的宪法宣誓制度实施办法中仅存在针对国旗、国徽的使用规范,至于国歌应当如何使用几乎没有专门规定。例如,2015 年通过的《四川省宪法宣誓制度实施办法》第 16 条规定:宣誓场所应当庄重、严肃,悬挂中华人民共和国国旗或者国徽。[②] 2017 年 10 月《国歌法》在我国正式实施,国歌的适用场合包括宪法宣誓仪式,至此国歌成为宪法宣誓仪式现场不可或缺的组成部分。很多地方选择在本地宪法宣誓制度实

---

① 2015 年 11 月 26 日通过的《重庆市宪法宣誓实施办法》第 2 条,载重庆人大网,http://www.ccpc.cq.cn/home/index/more/id/196300.html,2021 年 1 月 10 日访问。

② 2015 年 12 月 3 日通过的《四川省宪法宣誓制度实施办法》第 16 条,载达州市政府网,http://zjj.dazhou.gov.cn/Article/ShowArticle.asp?ArticleID=2631,2021 年 1 月 10 日访问。

施办法的"国徽、国旗"相关条款下增加"国歌"的规范内容。例如,2018 年修正的《四川省宪法宣誓制度实施办法》在原第 16 条的基础上补充了"宣誓仪式应当奏唱中华人民共和国国歌"。[①] 与之类似的规范修改方式也出现在上海市、山东省的修订实践中。严格意义上 2018 年《宪法修正案》未对国歌、国徽相关规定进行调整,但 2017 年 9 月通过的《国歌法》第 4 条中将宪法宣誓仪式现场列为国歌的使用场合,为宪法宣誓制度在立法和实践各方面不断完善提供了新的要素。

宪法宣誓的誓言内容也是 2018 年《宪法修正案》通过后,各地就本区域内的宪法宣誓实施办法修改较为集中的部分。2018 年第十二届全国人大常委会第三十三次会议将宣誓誓词从"为建设富强、民主、文明、和谐的社会主义国家努力奋斗!"修改为"为建设富强民主文明和谐美丽的社会主义现代化强国努力奋斗!"。同年 3 月《宪法修正案》通过后,各地开始就本区域内的宪法宣誓制度实施办法内的誓词部分作出调整,使之与全国人大常委会的宪法宣誓誓言修改内容保持一致。

2018 年《宪法修正案》通过后,我国的宪法宣誓制度除了在立法方面保持着高度活跃,在实践层面也实现了新的跨越。我国宪法宣誓制度的宣示价值在互联网 + 时代数据交互技术与区块链技术的深度运用的共同助力下发挥到前所未有的高度,随着流媒体软件、视频直播平台的技术日趋成熟,对宪法宣誓仪式活动进行视频直播成了本制度实践的又一全新传播渠道。[②] 相较于过去广泛使用的"跟帖""回复"等带有明显延时性的网络交流形式,当下的流媒体软件中普遍内置弹幕评论系统,弹幕评论在保障广大民众就宪法宣誓实施的现场进行讨论的同时,将人民的声音即时反馈给实施宣誓的公职人员。显然凭借流媒体软件及相关平台,宪法宣誓仪式现场的边界几乎得到了无限广阔的外向延伸,在这一拟制空间中,观看宣誓仪式的普通群众和实施宪法宣誓的公职人员之间几乎不再存在沟通隔膜。作为一项新技术发展的成果,视频直播加入宪法宣誓仪式活动之中,对于承担宣誓责任的宣誓者而言,在直播下

① 2018 年 3 月 29 日通过的《四川省宪法宣誓制度实施办法》第 16 条,载四川省商务厅网,http://swt.sc.gov.cn//sccom/flfg/2018/12/12/f54e1dbb5e7f4b8399376f61d3a4209c.shtml,2021 年 1 月 10 日访问。

② 《南京市人代会首次通过媒体平台直播宪法宣誓》,载《南京日报》2020 年 1 月 13 日。

实施宣誓活动的每一秒都在接受来自民众的真实监督。同样地，对于民众而言，参与宪法宣誓仪式现场的直播，并与直播的其他观众共同经历一场神圣的仪式，无疑让他们对宪法拥有至高权威、人民拥有国家权力等有更为深刻的理解与感受，而这种感受最终也有利于推动我国包括宪法宣誓制度在内的宪法实施。

第二节　宪法宣誓制度在当代中国实践的困境与对策

从2014年《决定》确定我国建立宪法宣誓制度，到2015年《决定》明确宪法宣誓制度在我国正式实行，再到2018年各地以2017年实施的《国歌法》、2018年对2015年《决定》的修改及《宪法修正案》为参照，基本完成对本区域内的宪法宣誓制度具体实施办法的修订，宪法宣誓制度在中国的实施已经具有了立体且充分的立法保障。从党的文件、宪法法律到地方性法规，宪法宣誓制度的实践不仅获得了全方位的法律制度支撑，还得到了新的科学技术的不断助力。尽管我国的宪法宣誓制度实践已进入新的阶段，但该制度的实施仍然面临着实质约束不足、不同区域间水平参差不齐等现实困境。如何针对我国宪法宣誓制度遭遇的现实问题提出相应的改进对策也是相关研究的构成部分。

一、宪法宣誓制度在当代中国的实践困境

宪法宣誓制度在我国的实践所面临的困境大致可分为两类：第一，在立法层面上，宪法宣誓制度内实质约束规范不足；第二，在法律实施层面上，我国不同区域、不同群体间发展不均衡引发宪法宣誓制度实践不均衡。

（一）宪法宣誓制度内“违誓”规范欠缺

在宪法宣誓制度的法律构建与实践过程中，“违誓”行为及其制约始终是各界对本制度实施讨论的焦点。对备受各界关注的宪法宣誓制度实施中“违誓”问题的讨论进行归纳整理，可以看到，绝大部分人的关切是，对于实施宪法宣誓的主体，宪法宣誓行为的实施究竟能够触发哪些责任，而围绕这些责任，

宪法宣誓制度在相关法律中又安排了哪些规范进行约束。在我国现行的相关法律规定中，宪法宣誓制度应当如何实施的规范内容占绝对多数，而有关背誓情形、违法责任的规定则相对缺乏。例如，我国《宪法》第27条仅规定了国家工作人员应实施宪法宣誓，《关于实行宪法宣誓制度的决定》的规定更为具体，内容集中在宣誓主体、宣誓誓词、宣誓环境等宪法宣誓制度实施的各项具体细节规范上。与前列适用于全国的法律规范情况类似，各地方的宪法宣誓制度实施办法也未就“违誓”进行专门规定。

尽管目前的宣誓实践中宣誓者“违誓”的问题尚不突出，但宪法宣誓制度在短时期的顺利实践并不足以保证该制度被长期且如一地遵守、实施。以2016年发生在香港特别行政区立法会上的宣誓事件为例，“港独”议员在新任议员的就职宣誓过程中通过作出出格举动、恶意篡改法定誓言等方式破坏宣誓仪式。① 尽管时任香港立法会秘书长的陈维安当场拒绝为二人监誓，此后香港高等法院也于2017年取消二人的议员资格，一系列针对“违誓”议员的措施在一定程度上维护了宣誓制度的严肃性，但“港独”议员在宣誓仪式上的荒诞行径对于香港特别行政区宣誓制度实践的冲击和损害是显而易见的。虽然我国内地的宪法宣誓制度实践与香港、澳门特别行政区的公职人员宣誓之间存在明显差异，但上述事件无疑为我们敲响了警钟：无论眼下是否有“违誓”行为出现，“违誓”行为出现的风险是始终存在的。如果全然将宪法宣誓制度顺利实践的期望寄托在宣誓主体自身的政治觉悟与道德约束之上，那么这一期望不仅无益于宪法宣誓制度的实施，反而会不断增加该制度在实践中遭遇风险的可能。

针对我国宪法宣誓法律规范在“违誓”规定方面的缺憾，绝大多数研究者提出了对相关法律的修改建议，其中有两种出现频率较高。第一种建议是，继续维持现行宪法宣誓制度立法形式，再次启动对2015年《决定》的修改，在该决定内添加“违誓”的惩罚性规范。第二种建议为，改变现有的宪法宣誓制度的立法与实施方式，以《宪法》第27条规定为基础，专门制定全国统一的宪法宣誓制度实施规定，在专门法内设置相应的“违誓”章节。第一种建议的优势在于法律内容修订的周期较短，并且在适用于全国的决定中加入“违誓”内容，

① 《“港独”议员辱华宣誓事件全纪录》，载搜狐网，https://www.sohu.com/a/118332904_349026，2021年1月17日访问。

再由各省、自治区、直辖市据上述决定修改本地区的宪法宣誓制度具体实施办法，有利于我国宪法宣誓制度立法、实施的前后衔接，有利于整个宪法宣誓制度的稳定运行。但这一方式的缺陷也较为明显，“违誓”行为的界定、分类、惩治等核心内容都需要较高精确度的规范，如果由于2015年《决定》本身篇幅的局限而仅作出原则性规定，无疑会加大各省级单位以该决定为蓝本进行本区域内宣誓制度的具体实施细则修改时的难度，后续也有可能会出现各地区宪法宣誓制度实施办法因“违誓”内容部分规定差异较大而不利于该制度在全国范围内的统一实践的情况。

第二种建议的优势在于能够充分保证“违誓”相关内容拥有更为充足的规范空间。作为一部专门的宪法宣誓实施法，法律内部章节之间的协调性会进一步提升，且宣誓实施与违誓后果之间的关联能够在整部法律中得到更符合法律逻辑的安排。但这一建议同样面临困境，一部成文法的制定时间较长，那么在等待法律正式推出的期间就意味着我国宪法宣誓制度的实践在一定时期内无法“武装到牙齿”。

（二）宪法宣誓制度实践不均衡

宪法宣誓制度实践不均衡是近年来我国宣誓制度实施面临的新困境。所谓宪法宣誓制度实践不均衡最主要的表现为，对本应平等接受宣誓制度宣示价值传递的人民群体，因区域间经济发展水平、信息技术使用程度的不均衡等现实问题的影响，而受到了无意识的差别化对待。这一不均衡的现实集中反映在两个方面：首先，国内区域间发展不均衡，经济发达地区拥有更多促进宪法宣誓制度实践水平提升的方式与手段，而经济欠发达地区仅能长期维持该制度实践的基础水平。有新闻报道，2020年南京市成功将宪法宣誓仪式现场与视频直播进行结合。这一制度实践的新尝试不仅使民众对宪法宣誓制度实践的关注大幅提升，也在无形中增强了民众对宣誓主体的监督，因而得到社会的广泛好评。[①] 以点窥面，国内经济发达地区能够调动极为充足的社会资源对本区域内宪法宣誓实践从手机直播、网络视频、电视节目、报刊报道等现代社会存在的全部信息渠道进行传播，生活在这些地区的居民仅需要付出极低的

---

① 《南京市人代会首次通过媒体平台直播宪法宣誓》，载《南京日报》2020年1月13日。

时间、经济成本,即可通过观看宣誓仪式、加入宣誓活动讨论等方式切身参与宪法宣誓制度实践的公民监督环节。从制度实践的结果看,当今社会类似南京市在宪法宣誓实践过程中不断辅以新的信息传播方式对于宪法宣誓制度在现实中的实践无疑是利好的,但同样的实践经验对于经济欠发达地区却难以借鉴。

为了解我国不同区域的民众参与宪法宣誓制度实施的便利程度,笔者利用搜集我国各省级行政单位针对宪法宣誓制度的地方立法的契机,进行相关法律检索后发现,即使在宪法宣誓制度法律规范信息公开这一极为基础的实践部分,各地也存在较大的差异。更为巧合的是,这种差异与我国经济发展的南北、东西差异存在较高的重合。部分地区的人大、政府的官方网站按照法律公布的时间顺序,对本区域内宪法宣誓制度立法进行了细致的公开,再结合媒体对这些地区宪法宣誓实施情况的报道等侧面渠道可以感受到,这些地区的民众明显拥有参与宪法宣誓制度实施的更多机会,对该制度实践的真实参与程度也更深。部分地区人大或者政府官方网站则存在链接困难或者宪法宣誓立法公开不全的问题,这些地区(尤其是偏远农村地区)的民众在宪法宣誓制度实施参与渠道一项已处在不利地位。

其次,宪法宣誓制度实践的代际不均衡是近年来继区域不均衡后逐步凸显的问题。随着移动互联网技术发展与平台建设迈向新的阶段,日新月异的互联网科技正加速重塑着现代社会人的生活方式,受到新一轮技术变革的冲击与推动,宪法宣誓制度实施整体上也朝着越来越科技化的方向发展。通过"扫码"等网络虚拟入口青年一代能够迅速实现与宪法宣誓仪式直播现场的网络互联,充分享受新媒体技术发展带来的宪法宣誓制度实施参与、监督各方面的便利。然而,新媒体技术的不断升级迭代在促成宪法宣誓制度适应新时代的同时,主要参考年轻人的互联网使用习惯,极少兼顾老年人的移动端操作习惯。由于现实技术门槛的存在,我国宪法宣誓制度实践的形式要素越丰富、越多元,子孙辈与其父母、祖父母辈在参与制度实施、监督的机会方面的不均衡就越明显。

从严格意义上看,现阶段我国宪法宣誓制度实践过程中出现的区域、代际不均衡问题本质并非我国宪法宣誓制度立法、实践自身存在的器质性缺陷,但一项法律制度的施行绝不能脱离社会现实,社会大环境内各要素发生变化对宪法宣誓制度的影响是对相关研究始终无法回避的内容。

二、完善当代中国宪法宣誓制度实践的探讨

结合前文列举的我国宪法宣誓制度实践过程中的现实困境，关于完善宪法宣誓制度的对策至少有两个部分值得探讨：首先是关注宪法宣誓制度在立法层面的完善对策，针对社会各界最为关注的宪法宣誓制度规范内的约束机制较弱，探讨“违誓”相关规范在法律中的加入及如何加入。其次是聚焦宪法宣誓制度在实践层面的完善对策，探索现有条件下如何最大限度保障宪法宣誓制度以较为公平、均衡的方式实现。

（一）界定“违誓”范围并制定相关规范

对“违誓”范围的明确界定是确保宪法宣誓制度能够通过立法强化法律约束的前置条件；换言之，如果不能清晰判定宣誓者的何种行为属于“违誓”范畴，任何针对宪法宣誓制度的强制力的讨论都如无根之萍。学界有关“违誓”内容的争论主要存在两种针锋相对的意见：一部分研究者认为，在我国现行宪法宣誓制度立法与实践的框架下对“违誓”范围的划定应当保持绝对克制，被认定为“违誓”的行为只应限定于宪法宣誓仪式实施环节内，而不能延伸到宣誓仪式结束之后对宣誓者的履职行为进行扩大解释或管辖。另一部分研究者则坚持认为，只有将“违誓”的责任追究范围适当延伸到宪法宣誓实施主体后续的履职过程中，才能真正体现我国宪法与宣誓制度相结合建立宪法宣誓制度的意义，才足以完整发挥该制度实施对宣誓者长期监督和约束的价值。

结合现阶段我国宪法宣誓制度实践以及我国宪法实施过程中一贯秉持的谦抑传统，对宪法宣誓制度中“违誓”行为的界定更适宜从范围限缩、行为确定的方向进行考虑。“违誓”行为的判定标准应限定为是否按宪法宣誓制度的规定实施了宣誓，以及宣誓的行为是否符合宪法宣誓制度法律的规范。基于法律的现实约束必须依托现实行为的逻辑，将前列两项列入宪法宣誓制度“违誓”相关立法中的优势在于较贴合宪法宣誓制度的实践。尽管将宣誓者在宣誓时与宣誓后的行为糅进一个“违誓”的评价系统进行约束在理论研究上极具诱惑力，但这种糅合无疑会极大加重宪法宣誓制度针对“违誓”立法的工作难度。如按这一路径进行，在制定相关法律时必须花费更多精力去重新考虑并

辨别宣誓者在实施宣誓后的违法行为中的行为责任与附加责任,因为宣誓者违法必然会受到既有的行政、刑法的追究,按照我国行政与刑事领域都存在的一事(罪)不再罚原则,宪法宣誓制度的约束很难就宣誓者违法的行为责任进行重复追究,能以宪法宣誓制度之名进行强制约束的必然是行为责任之外的带有加重约束意味的附加责任。①

确定宪法宣誓制度内“违誓”的范围后,相关内容以何种方式进行立法规范就成为亟待解决的问题。在围绕该问题的相关研究中,在宪法内加入“违誓”内容,制定一部专门的宪法宣誓实施法等建议属于讨论热度较高的。然而,考虑到包括宪法宣誓制度在内的宪法整体性实施需要稳定性,2018 年 3 月完成修宪后短期之内再对宪法文本进行修改并不利于宪法的实施。至于制定一部全新的宪法宣誓实施法则存在明显的周期较长、不利于宪法宣誓制度实践的问题。基于前述缘由,在权衡诸多针对“违誓”问题而提出的宪法宣誓制度修改建议的利弊后,使“违誓”内容成为我国宪法宣誓制度的组成部分可通过启动对《关于实行宪法宣誓制度的决定》修改实现。这次修改可以参考全国人民代表大会常务委员会在 2016 年 11 月 7 日通过的《关于〈中华人民共和国香港特别行政区基本法〉第一百零四条的解释》②。从适用范围上看,该解释是针对香港公职人员就职宣誓的“违誓”内容进行的特定解释,但该解释对于我国内地宪法宣誓制度规范在未来的修改、完善显具价值。上述解释推出后各界反响热烈,著名宪法学者陈端洪评价为“至今为止最好的‘宪法解释’”。③

---

① 汪亚枫:《宪法宣誓的困境与对策探讨》,载《焦作大学学报》2020 年第 2 期。

② 全国人民代表大会常务委员会《关于〈中华人民共和国香港特别行政区基本法〉第一百零四条的解释》:“二、《中华人民共和国香港特别行政区基本法》第一百零四条规定相关公职人员‘就职时必须依法宣誓’,具有以下含义:(一)宣誓是该条所列公职人员就职的法定条件和必经程序。未进行合法有效宣誓或者拒绝宣誓,不得就任相应公职,不得行使相应职权和享受相应待遇。(二)宣誓必须符合法定的形式和内容要求。宣誓人必须真诚、庄重地进行宣誓,必须准确、完整、庄重地宣读包括‘拥护中华人民共和国香港特别行政区基本法,效忠中华人民共和国香港特别行政区’内容的法定誓言。(三)宣誓人拒绝宣誓,即丧失就任该条所列相应公职的资格。宣誓人故意宣读与法定誓言不一致的誓言或者以任何不真诚、不庄重的方式宣誓,也属于拒绝宣誓,所作宣誓无效,宣誓人即丧失就任该条所列相应公职的资格。(四)宣誓必须在法律规定的监誓人面前进行。监誓人负有确保宣誓合法进行的责任,对符合本解释和香港特别行政区法律规定的宣誓,应确定为有效宣誓;对不符合本解释和香港特别行政区法律规定的宣誓,应确定为无效宣誓,并不得重新安排宣誓。”载中国人大网,http://www.npc.gov.cn/npc/c12488/201611/d5d920f01631444085d632bff4920575.shtml,2021 年 1 月 17 日访问。

③ 陈端洪:《权力的圣礼:宪法宣誓的意义》,载《中外法学》2018 年第 6 期。

未来的宪法宣誓制度之修订可以参考上述解释，首先在《关于实行宪法宣誓制度的决定》中增添“违誓”的相关内容，再分别由各地对本区域内的宪法宣誓制度实施办法比照2015年《决定》的变动作出相应调整。

我国的宪法宣誓制度作为一种新的宪法实施形式，从理论研究的角度看，已有诸多证据显示，宪法宣誓制度的运行与宪法及相关法律中是否存在“违誓惩罚”的明文规定呈“弱相关”。然而，处在我国宪法宣誓制度实践的初期，从法律是植根于当前社会环境中的法律这一角度出发，法律修改仍要考虑社会对“誓约”及“背誓”存在一定实质因果勾连的思考惯性，并适当回应社会对法律应当确保“实现誓言”的普遍期待。如要在该制度体系内加入“违誓”追究的部分，那么在法律中如何规定将更有利于我国宪法宣誓制度实践？内地针对“违誓”内容的法律规范可以适当参考我国香港特别行政区以及澳门特别行政区的公职人员宣誓法规中的相关规定，以“法定规范”+“违法责任”的形式对出现遗漏宣誓、拒绝宣誓或以非法定形式宣誓等情况的宣誓者，有区别地施以限期重新宣誓或剥夺任职资格等形式的不利后果，完成我国宪法宣誓制度“违誓”内容的构建。①

（二）保障宪法宣誓制度实践的均衡

正如前文已提到的，我国宪法宣誓制度在实践过程中出现平衡度较难维

---

① 《香港特别行政区基本法》第104条：“香港特别行政区行政长官、主要官员、行政会议成员、立法会议员、各级法院法官和其他司法人员在就职时必须依法宣誓拥护中华人民共和国香港特别行政区基本法，效忠中华人民共和国香港特别行政区。”全国人大常委会香港基本法委员会办公室编：《中华人民共和国香港特别行政区基本法》，中国民主法制出版社2018年版，第23页。

香港特别行政区《宣誓及声明条例》第21条：“拒绝或忽略作出誓言的后果 如任何人获妥为邀请作出本部规定其须作出的某项誓言后，拒绝或忽略作出该项誓言——(a)该人若已就任，则必须离任，及(b)该人若未就任，则须被取消其就任资格。”律政司电子版香港法例，https://www.elegislation.gov.hk/hk/cap11! en-zh-Hant-HK，2022年10月7日访问。

《澳门特别行政区基本法》第101条：“澳门特别行政区行政长官、主要官员、行政会委员、立法会议员、法官和检察官，必须拥护中华人民共和国澳门特别行政区基本法，尽忠职守，廉洁奉公，效忠中华人民共和国澳门特别行政区，并依法宣誓。”第102条：“澳门特别行政区行政长官、主要官员、立法会主席、终审法院院长、检察长在就职时，除按本法第一百零一条的规定宣誓外，还必须宣誓效忠中华人民共和国。”全国人大常委会澳门基本法委员会办公室编：《中华人民共和国澳门特别行政区基本法》，中国民主法制出版社2018年版，第23页。澳门特别行政区《就职宣誓法》第5条：拒绝宣誓 应依本法宣誓而拒绝宣誓者，丧失就任资格。澳门特别行政区印务局“搜法易”查询系统，https://bo.io.gov.mo/bo/i/1999/01/lei04_cn.asp，2022年10月7日访问。

持的根源在于，区域间经济发展水平不均衡以及代际新兴科技接受程度不平衡，因此，要保障宪法宣誓制度实践的公平很难单纯从该制度的法律构建和宣誓主体行为规范等方面实现。但针对宪法宣誓制度仪式公开这一部分，可尝试建立全国范围的宪法宣誓制度实践影音资讯共享平台，通过该统一的平台将宪法宣誓制度实践与新一代媒体传播技术结合。借助统一的平台，全国的宪法宣誓实践信息数据实现分享的同时，还能够直接为更多地区提供新的渠道支持与技术帮扶，尽可能缩小现阶段因区域间经济发展水平差异而形成的不同地区民众参与宪法宣誓制度实践的机会不均衡方面的差距。

如果说“共享”是缩小宪法宣誓制度实践过程中区域间不均衡问题的关键，那么改善宪法宣誓制度实践中出现的代际不均衡问题的核心就应当为“兼容”。所谓“兼容”，是指负责组织实施宪法宣誓仪式的国家机构在选择宪法宣誓制度实践公开、公示的技术、平台时，不仅需要考虑年轻公民参与制度实施的体验，同样也需要重视年长公民参与本制度实践的便利。这就要求组织实施宪法宣誓的国家机关在公开渠道的选择上，要挑选在技术与平台等方面能够满足各年龄层公民便捷参与宪法宣誓制度实践的媒体技术服务商；同时还要保证宪法宣誓制度实践公开新、老渠道的共存，避免因过分追捧“扫码”“直播”等新技术应用而将其余传统的传播渠道“一刀切”，导致部分“无码”群众在无形中被排斥在宪法宣誓制度实施之外。

参考文献

一、中文类参考文献

(一)著作类

1.《马克思恩格斯全集》(第12卷),人民出版社2016年版。

2.《马克思恩格斯选集》(第4卷),人民出版社2012年版。

3.《孙中山全集》(第2卷),中华书局2017年版。

4.《孙中山全集》(第3卷),中华书局2017年版。

5.《孙中山全集》(第6卷),中华书局2017年版。

6.[英]迈克尔·斯坦福:《历史研究导论》,刘世安译,世界图书出版公司2012年版。

7.[意]吉奥乔·阿甘本:《语言的圣礼:誓言考古学》,蓝江译,重庆大学出版社2016年版。

8.[德]康德:《法的形而上学原理——权利的科学》,沈叔平译,商务印书馆1991年版。

9.[古希腊]柏拉图:《法律篇》,张智仁、何勤华译,商务印书馆2016年版。

10.[英]克里斯托弗·罗、[英]马尔科姆·斯科菲尔德主编:《剑桥希腊罗马政治思想史》,晏绍祥译,商务印书馆2016年版。

11.[古希腊]亚里士多德:《雅典政制》,日知、力野译,商务印书馆2017年版。

12.[古希腊]亚里士多德:《政治学》,吴寿彭译,商务印书馆1965年版。

13.[古希腊]希罗多德:《历史》(第8卷),王以铸译,商务印书馆2017年版。

14.[法]让-皮埃尔·韦尔南:《古希腊的神话与宗教》,杜小真译,商务印书馆2015年版。

15.[法]古朗士:《希腊罗马古代社会研究》,李玄伯译,上海文艺出版社1990年版。

16.[美]乔治·萨拜因:《政治学说史:城邦与世界社会》,[美]托马斯·索尔森修订,邓正来译,上海人民出版社2015年版。

17.[英]厄奈斯特·巴克:《希腊政治理论:柏拉图及其前人》,卢华萍译,吉林人民出版社2003年版。

18.[古希腊]修昔底德:《伯罗奔尼撒战争史》,谢德风译,商务印书馆2018年版。

19.[美]汉密尔顿:《希腊方式:通向西方文明的源流》,徐齐平译,浙江人民出版社1988

年版。
20. [意]马基雅维里:《君主论》,潘汉典译,商务印书馆1985年版。
21. [英]霍布斯:《利维坦》,黎思复、黎廷弼译,商务印书馆2017年版。
22. [英]梅特兰:《英格兰宪政史:梅特兰专题讲义》,李红海译,中国政法大学出版社2010年版。
23. [法]弗朗索瓦·基佐:《欧洲文明史》,钱磊译,台海出版社2016年版。
24. [法]托克维尔:《旧制度与大革命》,冯棠译,商务印书馆2017年版。
25. [荷]格劳秀斯:《战争与和平法》(第2卷),马呈元、谭睿译,中国政法大学出版社2016年版。
26. [英]保罗·约翰逊:《美国人的历史》(上册),秦传安译,中央编译出版社2010年版。
27. [美]杰瑞·纽科姆:《圣经造就美国》,林牧茵译,复旦大学出版社有限公司2017年版。
28. [美]约瑟夫·斯托里:《美国宪法评注》,毛国权译,上海三联书店2006年版。
29. [美]爱德华·钱宁:《美国历史》,徐枫、欧阳瑾译,天津社会科学院出版社2016年版。
30. [美]塞缪尔·埃利奥特·莫里森等:《美利坚共和国的成长》,南开大学历史系美国史研究室译,天津人民出版社1980年版。
31. [美]凯瑟琳·德林克·鲍恩:《民主的奇迹:美国宪法制定的127天》,郑明萱译,新星出版社2016年版。
32. [美]凯斯·R.桑斯坦:《偏颇的宪法》,宋华琳、毕竟悦译,北京大学出版社2005年版。
33. [美]弗娜·霍尔:《美利坚合众国宪法的基督教历史:基督徒的自治政府》,美国教育基金出版社1993年版。
34. [德]格奥尔格·耶里内克:《〈人权与公民权利宣言〉:现代宪法史论》,李锦辉译,商务印书馆2012年版。
35. [德]塞缪尔·普芬道夫:《人和公民的自然法义务》,鞠成伟译,商务印书馆2018年版。
36. [英]诺曼·J.迈因纳斯:《香港的政府与政治》,吴秀珊、罗绍熙等译,上海翻译出版公司1986年版。
37. [美]爱德华·S.考文:《美国宪法的“高级法”背景》,强世功译,北京大学出版社2015年版。
38. [比]R.C.范·卡内冈:《英国普通法的诞生》,李红海译,商务印书馆2018年版。
39. [英]戴雪:《英宪精义》,雷宾南译,中国法制出版社2017年版。

40. [英]弗里德里希・奥古斯特・冯・哈耶克:《自由宪章》,杨玉生、冯兴元、陈茅等译,中国社会科学出版社2015年版。
41. [美]胡斯托・L. 冈萨雷斯:《基督教史》(上卷),赵城艺译,生活・读书・新知三联书店2016年版。
42. [英]洛克:《论宗教宽容》,吴云贵译,商务印书馆2002年版。
43. [美]詹姆斯・麦迪逊:《辩论:美国制宪会议记录》,尹宣译,译林出版社2014年版。
44. [美]汉密尔顿、[美]杰伊、[美]麦迪逊:《联邦党人文集》,程逢如、在汉、舒逊译,商务印书馆2019年版。
45. [美]罗斯科・庞德:《通过法律的社会控制》,沈宗灵译,商务印书馆2017年版。
46. [美]罗纳德・德沃金:《没有上帝的宗教》,於兴中译,中国民主法制出版社2015年版。
47. [美]罗纳德・德沃金:《自由的法——对美国宪法的道德解读》,刘丽君译,上海人民出版社2013年版。
48. [美]布鲁斯・阿克曼:《我们人民:奠基》,汪庆华译,中国政法大学出版社2013年版。
49. [美]布鲁斯・阿克曼:《我们人民:宪法的变革》,孙文恺译,法律出版社2009年版。
50. [法]托克维尔:《论美国的民主》,董果良译,商务印书馆2014年版。
51. [法]狄骥:《公法的变迁》,郑戈译,商务印书馆2016年版。
52. [美]科恩:《论民主》,聂崇信译,商务印书馆2000年版。
53. [德]卡尔・施米特:《宪法学说》,刘小枫编,刘峰译,上海人民出版社2016年版。
54. [德]卡尔・施米特:《宪法的守护者》,李君韬、苏慧婕译,商务印书馆2008年版。
55. [美]伯尔曼:《法律与宗教》,梁治平译,商务印书馆2017年版。
56. [美]约翰・梅里曼:《巴拉聚克——历史时光中的法国小镇》,梁镝译,上海人民出版社2014年版。
57. [美]亨利・查尔斯・李:《迷信与暴力:历史中的宣誓、决斗、神判与酷刑》,X. Li译,广西师范大学出版社2016年版。
58. [德]洛蕾利斯・辛格霍夫:《我们为什么需要仪式》,刘永强译,中国人民大学出版社2009年版。
59. [德]恩斯特・卡西尔:《人论》,甘阳译,西苑出版社2003年版。
60. [英]洛克:《人类理解论》,关文运译,商务印书馆2017年版。
61. [英]大卫・休谟:《人性论》,关文运译,商务印书馆2017年版。
62. [美]托马斯・潘恩:《人的权利》,戴炳然译,复旦大学出版社2016年版。
63. [英]维克多・特纳:《象征之林》,赵玉燕、欧阳敏、徐洪峰译,商务印书馆2016年版。

64. [英]维克多·特纳:《仪式过程:结构与反结构》,黄剑波、柳博赟译,中国人民大学出版社 2006 年版。
65. [意]维柯:《新科学》(下册),朱光潜译,商务印书馆 2017 年版。
66. [美]E. 阿伦森:《社会性动物》,刑占军译,华东师范大学出版社 2007 年版。
67. [美]利昂·费斯汀格:《认知失调理论》,郑全全译,浙江教育出版社 1999 年版。
68. [美]克利福德·格尔茨:《文化的解释》,韩莉译,译林出版社 2014 年版。
69. [英]维特根斯坦:《维特根斯坦说逻辑与语言》,孔欣伟编译,华中科技大学出版社 2017 年版。
70. [英]J. L. 奥斯汀:《如何以言行事》,杨玉成、赵京超译,商务印书馆 2016 年版。
71. [英]J. L. 奥斯汀:《感觉与可感物》,陈嘉映译,商务印书馆 2016 年版。
72. [荷]亨克·范·马尔塞文、[荷]格尔·范·德·唐:《成文宪法——通过计算机进行的比较研究》,陈云生译,北京大学出版社 2007 年版。
73. [德]鲁道夫·斯门德:《宪法与实在宪法》,曾韬译,商务印书馆 2019 年版。
74. [法]卢梭:《社会契约论》,李平沤译,商务印书馆 2017 年版。
75. [美]乔治·萨拜因:《政治学说史:民族国家》(上册),邓正来译,上海人民出版社 2015 年版。
76. [美]杰里米·里夫金、[美]特德·霍华德:《熵:一种新的世界观》,吕明、袁舟译,上海译文出版社 1987 年版。
77. [美]弗朗西斯·福山:《政治秩序的起源:从前人类时代到法国大革命》,毛俊杰译,广西师范大学出版社 2012 年版。
78. [美]弗朗西斯·福山:《政治秩序与政治衰败:从工业革命到民主全球化》,毛俊杰译,广西师范大学出版社 2015 年版。
79. 程汉大:《英国政治制度史》,中国社会科学出版社 1995 年版。
80. 李世安主编:《美国州宪法改革与州和地方政治体制发展》,人民出版社 2009 年版。
81. 杨玉成:《奥斯汀:语言现象学与哲学》,商务印书馆 2002 年版。
82. 王世杰、钱瑞升:《比较宪法》,商务印书馆 2010 年版。
83. 邓静秋:《宪法宣誓制度》,江苏人民出版社 2017 年版。
84. 潘祥辉:《华夏传播新探:一种跨文化比较视角》,复旦大学出版社 2018 年版。
85. 王建忠、柳士明主编:《会计发展史》,东北财经大学出版社 2016 年版。
86. 罗念生编:《希腊罗马散文选》,罗念生、严群、王焕生译,湖南人民出版社 1985 年版。
87. 陈恒等:《西方城市史学》,商务印书馆 2017 年版。
88. 董建萍:《西方政治制度史简编》,东方出版社 1995 年版。

89. 何勤华、张海斌主编:《西方宪法史》,北京大学出版社 2006 年版。
90. 韩大元主编:《外国宪法》(第 4 版),中国人民大学出版社 2013 年版。
91. 刘智鹏主编:《展拓界址:英治新界早期历史探索》,中华书局(香港)有限公司 2010 年版。
92.《港英政府机构》,新华社香港分社研究室 1986 年版。
93. 何勤华主编:《法律文明史——近代亚非拉地区法》(第 12 卷亚洲法分册),商务印书馆 2019 年版。
94. 赖骏楠著:《宪制道路与中国命运:中国近代宪法文献选编(1840—1949)》(上卷),中央编译出版社 2017 年版。
95. 程向东主编:《新编世界近代史辞典》,陕西人民教育出版社 1990 年版。
96. 马永辉、王白菊、王化雪:《中西方文化比较与研究》,黑龙江朝鲜民族出版社 2009 年版。
97. 赵一凡编:《美国的历史文献》,蒲隆等译,生活·读书·新知三联书店 1989 年版。
98. 章伯锋、李宗一主编:《北洋军阀(1912—1928)》,武汉出版社 1990 年版。
99. 黄忠伟等主编:《毛泽东思想、邓小平理论和"三个代表"重要思想精要》,安徽人民出版社 2007 年版。
100. 许倬云:《我者与他者:中国历史上的内外分际》,生活·读书·新知三联书店 2010 年版。
101. 马生祥:《法国现代化》(上册),河北人民出版社 2004 年版。
102. 翁启宇:《全球史下看中国:上古时代》(第 1 卷),译林出版社 2016 年版。
103. 史宗主编:《20 世纪西方宗教人类学文选》,金泽等译,三联书店上海分店 1995 年版。
104. 张灏:《幽暗意识与民主传统》,新星出版社 2006 年版。
105. 杜奎昌辑注:《唐继尧护国讨袁文稿》,云南人民出版社 2005 年版。
106.《大宪章》,陈国华译,商务印书馆 2016 年版。
107.《法兰西宪法典全译》,周威译,法律出版社 2016 年版。
108.《世界各国宪法》编辑委员会编译:《世界各国宪法》,中国检察出版社 2012 年版。
109.《世界现行宪法》,商务印书馆编译所译,商务印书馆 1916 年版。
110.《世界现行宪法续编》,商务印书馆编译所译,商务印书馆 1913 年版。
111.《世界新宪法》,上海商务印书馆编译所,商务印书馆 1922 年版。
112.《欧战后各国新宪法》,邓毓怡译编,中华印刷局 1925 年版。
113.《世界联邦共和国宪法》,泰东图书局编辑,泰东图书局 1922 年版。

114.《宪法要览》,沈钧儒、何基鸿编纂,商务印书馆 1922 年版。
115.《宪政要览 · 行政述要》,杨纪、戴君旷编纂,台北,文海出版社 1940 年版。
116.《中华民国法规大全》(第 1 册),商务印书馆 1936 年版。
117.《地方自治法规》,姚焕瑛编,商务印书馆 1931 年版。
118. 宋育仁编:《采风记》(卷三 礼俗),清光绪刊本。

(二)论文类

119. 严存生:《略论法制观念的现代化》,载《法制现代化研究》1996 年第 1 期。
120. 蒋伟:《论建立忠于宪法的宣誓制度》,载《法商研究(中南政法学院学报)》2000 年第 5 期。
121. 闾小波、许敏:《孙中山与民国宣誓制度之建立》,载《江苏社会科学》2003 年第 3 期。
122. 周红:《论公民的宪法信仰——由证人宣誓制度引发的思考》,载《中共长春市委党校学报》2004 年第 1 期。
123. 韩永周、朱战芳:《浅析宪法宣誓制度》,载《培训与研究(湖北教育学院学报)》2004 年第 6 期。
124. 董前程、邹桂英、姜贵:《历史与现实之间:政治宣誓制度建立的可能》,载《兰州学刊》2005 年第 6 期。
125. 陶波:《论中国宪法宣誓制度的建立》,载《南方论刊》2008 年第 2 期。
126. 李吉奎:《传统观念的现代诠释——孙中山宣誓观研究》,载《广东社会科学》2008 年第 3 期。
127. 余宁:《对宪法宣誓　对民众承诺》,载《人民法院报》2012 年 12 月 24 日,第 7 版。
128. 张晓明:《宪法宣誓利于维护宪法权威》,载《法制日报》2014 年 11 月 4 日,第 10 版。
129. 叶青:《宪法宣誓激发法的共同体意识》,载《解放日报》2014 年 11 月 5 日,第 5 版。
130. 杨学科:《论宪法宣誓制度的中国构建》,载《胜利油田党校学报》2014 年第 6 期。
131. 王月明:《就职宣誓制度的程序性价值》,载《法学》2014 年第 12 期。
132. 蒋家棣:《宪法宣誓:从域外到国内》,载《人民法院报》2014 年 12 月 5 日,第 8 版。
133. 何斌:《宪法宣誓制度的前世今生》,载《政工导刊》2015 年第 1 期。
134. 王亚平、谢天:《实施宪法宣誓制度的几个问题》,载《人大研究》2015 年第 2 期。
135. 刘连泰、周雨:《宪法宣誓制度的"实"与"名"》,载《浙江社会科学》2015 年第 2 期。
136. 杨妍玮、陈文权:《关于建立和完善我国宪法宣誓制度的探讨》,载《重庆社会主义学院学报》2015 年第 3 期。
137. 聂帅钧:《建立宪法宣誓制度的理由与实施路径思考》,载《天水行政学院学报》2015

年第 3 期。

138. 周艳红、周义:《论宣誓制度的现代构建》,载《长沙理工大学学报(社会科学版)》2015 年第 2 期。

139. 高谭媚、贾燕飞:《论我国宪法宣誓制度之构建》,载《东南法学》2015 年第 2 期。

140. 谭旭孙:《彰显宪法权威与尊严的有效实施形式——关于我国宪法宣誓制度的若干思考》,载《中国井冈山干部学院学报》2015 年第 2 期。

141. 周温涛、陈思如:《我国公职人员宪法宣誓制度构建初探》,载《法制与经济》2015 年第 8 期。

142. 杨树:《宪法宣誓制度之分析》,载《法制博览》2015 年第 12 期。

143. 戴丽铢:《论我国宪法宣誓制度的建立及其意义》,载《广西政法管理干部学院学报》2015 年第 3 期。

144. 尹长海、龙莉华:《我国宪法统一宣誓制度研究》,载《邵阳学院学报(社会科学版)》2015 年第 4 期。

145. 洪云:《论我国宪法宣誓制度面临的困境及消解》,载《鸡西大学学报》2015 年第 6 期。

146. 於胜安:《浅论宣誓在任命干部程序中所发挥的重要作用》,载《人大研究》2015 年第 7 期。

147. 陈宇博:《我国宪法宣誓制度之构建析论》,载《理论导刊》2015 年第 8 期。

148. 丁爱萍:《宪法宣誓的法治力量》,载《人大研究》2015 年第 9 期。

149. 冯焕玲:《各国宪法宣誓制度比较研究——以〈世界各国宪法〉为素材》,载韩大元执行主编:《中国宪法年刊》2014 第 10 卷,法律出版社 2015 年版。

150. 田东江:《以宪法宣誓制度凸显宪法权威》,载《人民之声》2015 年第 10 期。

151. 冯象:《宪法宣誓,人民监督》,载《文化纵横》2016 年第 1 期。

152. 傅达林:《向宪法宣誓:激活宪法的逻辑开端》,载《检察日报》2016 年 1 月 27 日,第 7 版。

153. 田必耀:《宪法宣誓,从探路到规制》,载《人大研究》2016 年第 3 期。

154. 段莎:《莫让宪法宣誓流于形式》,载《人民代表报》2016 年 4 月 28 日,第 3 版。

155. 骆孟炎、陈晨:《论法律仪式对宪法信仰的作用》,载《长白学刊》2016 年第 5 期。

156. 马华、王晓宾:《就职宣誓:国家治理现代化的构建》,载《政治学研究》2016 年第 6 期。

157. 姬会然:《论宪法宣誓制度的政治内涵、价值及其完善——以现代政治仪式建构为分析视角》,载《社会主义研究》2016 年第 6 期。

158. 陈碧青:《我国宪法宣誓制度内容的构建》,载《法制博览》2016 年第 18 期。
159. 张国旺:《宪法宣誓、人民主权与执政党的政治伦理》,载《环球法律评论》2016 年第 6 期。
160. 黄清:《宪法宣誓制度在我国的建立及完善》,载《法制博览》2016 年第 24 期。
161. 乔婷:《简论我国宪法宣誓制度及其重大意义》,载《法制与社会》2016 年第 25 期。
162. 杨彬彬、马玉婕:《宪法宣誓制度的科学构建机制研究》,载《中国领导科学》2016 年第 10 期。
163. 任进:《我国宪法宣誓制度的建立和规范》,载《行政管理改革》2016 年第 11 期。
164. 胡建淼:《宪法宣誓与宪法权威——从叩头到宣誓》,载《法制日报》2016 年 12 月 7 日,第 7 版。
165. 武春、武香君:《要求人大代表进行宪法宣誓有跟风之嫌》,载《时代主人》2017 年第 2 期。
166. 刘艺灵:《"宣示"——宪法宣誓制度的核心功能探讨》,载《东南学术》2017 年第 3 期。
167. 靳澜涛:《誓言为谁而宣:宪法宣誓制度的价值指向》,载《辽宁教育行政学院学报》2017 年第 4 期。
168. 姚国建、谈文栋:《作为宪法性义务的政治效忠——以香港立法会议员宣誓事件为视角》,载《国家行政学院学报》2017 年第 4 期。
169. 王欣:《我国宪法宣誓制度的效力基础及其实现》,载《南京师大学报(社会科学版)》2017 年第 4 期。
170. 秦前红、李雷:《民法典热背景下的宪法学冷思考——以民法典未来实施为线索》,载《暨南学报》2017 年第 8 期。
171. 舒喜平:《我国宪法宣誓的责任机制研究》,载《华中师范大学研究生学报》2017 年第 3 期。
172. 赫然、王鑫磊:《西方宪法宣誓制度给我国的启示》,载《社会科学战线》2017 年第 10 期。
173. 胡双:《论宪法宣誓制度的现实意义》,载《法制博览》2018 年第 5 期。
174. 吴欢:《宪法宣誓的机制原理及其完善——法人类学与宪法史学的视角》,载《东南大学学报》2018 年第 2 期。
175. 冯玥:《以宪法宣誓有效铸就法治信仰》,载《长江论坛》2018 年第 2 期。
176. 张震:《宪法宣誓的重大政治与法律意义——通过宪法宣誓推动依宪治国》,载《人民论坛》2018 年第 17 期。

177. 张文芳:《中国宪法宣誓制度的完善》,载《山东大学法律评论》2017 年第 1 期。
178. 李月青:《宪法宣誓之制度功能》,载《忻州师范学院学报》2018 年第 4 期。
179. 顾霁虹、陈遐:《宪法宣誓制度在基层政府的实践研究》,载《江南论坛》2018 年第 11 期。
180. 陈端洪:《权力的圣礼:宪法宣誓的意义》,载《中外法学》2018 年第 6 期。
181. 章玲玲:《宪法宣誓制度与宪法信仰关系探究》,载《法制博览》2019 年第 8 期。
182. 胡锦光:《领导干部宪法宣誓的宪法意涵》,载《人民论坛》2019 年第 18 期。
183. 郭忠:《宪法宣誓提升宪法心理效力的作用及限度》,载《辽宁师范大学学报(社会科学版)》2019 年第 6 期。
184. 王桥波:《宪法日和宪法宣誓制度的法治文化意义》,载《人民法治》2019 年第 23 期。
185. 丁轶:《国家认同的宪法构建:实现机制与实施路径》,载《交大法学》2020 年第 3 期。
186. 杜吾青:《国家象征和标志的宪法学阐释:以国家认同为中心》,载《交大法学》2020 年第 3 期。
187. 沈瞿和、龚丽萍:《就职宪法宣誓责任构成与完善——以 2018 年〈公务员法〉第九条展开探讨》,载《中共福建省委党校(福建行政学院)学报》2020 年第 4 期。
188. 陈明胜:《民国公民宣誓登记制度研究》,载《史学集刊》2011 年第 6 期。
189. 陈明胜:《民国基层社会政治秩序的建构与认同危机——以公民宣誓登记制度为中心》,载《江苏师范大学学报(哲学社会科学版)》2017 年第 2 期。
190. 马克锋、石威:《宣誓制度与民国政治文化》,载《历史教学问题》2018 年第 4 期。
191. 刘振岚:《关于孙中山的几次讨袁檄文和宣言辨析——订正〈第二次讨袁宣言〉的传讹》,载《近代史研究》1993 年第 3 期。
192. 肖北生:《1791—1875 年法国宪法频繁变更的历史分析》,载《贵阳师范高等专科学校学报(社会科学版)》2002 年第 3 期。
193. 杨建民:《拉美国家的司法制度研究》,载《拉丁美洲研究》2010 年第 6 期。
194. 里卡多·佩林热罗:《拉美行政纠纷管辖的历史视角:欧陆传统与美国影响》,谭道明译,载《行政法论丛》第 21 卷。
195. 薛艺兵:《对仪式现象的人类学解释》(上),载《广西民族研究》2003 年第 2 期。
196. 薛艺兵:《对仪式现象的人类学解释》(下),载《广西民族研究》2003 年第 3 期。
197. 瞿明安:《论象征的基本特征》,载《民族研究》2007 年第 5 期。
198. 彭文斌、郭建勋:《人类学仪式研究的理论学派述论》,载《民族学刊》2010 年第 2 期。
199. 彭兆荣:《人类学仪式研究评述》,载《民族研究》2002 年第 2 期。
200. 张帆:《特纳与仪式理论》,载《西北民族研究》2007 年第 3 期。

201. 王建民:《维克多·特纳与象征符号和仪式过程研究——写在〈象征之林〉中文版出版之际》,载《中南民族大学学报(人文社会科学版)》2007 年第 2 期。
202. 王霄冰:《文字、仪式与文化记忆》,载《江西社会科学》2007 年第 2 期。
203. 侯瑞锋:《追溯言语行为理论》,载《重庆工学院学报(社会科学版)》2007 年第 1 期。
204. 张虹:《关于奥斯汀的言语行为学说解读》,载《长春理工大学学报》2012 年第 6 期。
205. 王铭铭:《中国民间宗教:国外人类学研究综述》,载《世界宗教研究》1996 年第 2 期。
206. 李美:《不确定情境下个体决策偏差之锚定效应的述评》,载《社会心理科学》2012 年第 6 期。
207. 肖海英:《从非洲宪法看宗教与法律的关系》,载《渤海大学学报(哲学社会科学版)》2018 年第 3 期。
208. 苏力:《从契约理论到社会契约理论——一种国家学说的知识考古学》,载《中国社会科学》1996 年第 3 期。
209. 程华:《法国宪政之路的社会结构分析》,载《武汉大学学报(哲学社会科学版)》2006 年第 6 期。
210. 许爱军:《〈五月花号公约〉和美国精神》,载《国际关系学院学报》2012 年第 1 期。
211. 李晓波:《邦联条例和联邦宪法结构差异性原因探析》,载《河南财经政法大学学报》2018 年第 4 期。
212. 李晓波:《论从邦联条例到联邦宪法价值取向的转变》,载《西部法学评论》2015 年第 4 期。
213. 张恒山:《论十九世纪西欧大陆国家立宪特点》,载《安徽大学学报(哲学社会科学版)》1990 年第 2 期。
214. 程汉大:《〈大宪章〉与英国宪法的起源》,载《南京大学法律评论》2002 年第 2 期。
215. 汪太贤、卢野:《论我国宪法实施效果的评价》,载《西南民族大学学报(人文社会科学版)》2016 年第 3 期。
216. 汪太贤、卢野:《我国宪法宣誓制度的效力与实现》,载《河北法学》2016 年第 3 期。
217. 刘鸿举:《略论美国独立革命中宗教自由和政教分离的实现》,载《世界历史》1993 年第 1 期。
218. 李剑鸣:《美国革命时期马萨诸塞立宪运动的意义和影响》,载《历史研究》2004 年第 1 期。
219. 陈端洪:《人民必得出场——卢梭官民矛盾论的哲学图式与人民制宪权理论》,载《北大法律评论》2010 年第 1 期。
220. 牟成文:《人民意志:马克思法哲学的思想特质》,载《中国社会科学》2020 年第 3 期。

221. 翟小波:《人民主权原则的规范逻辑与实践技艺——以卢梭的〈社会契约论〉为根据》,载《人大法律评论》2010 年第 1 期。
222. 刘将、周宁、葛鲁嘉:《社群情怀的内涵、形成与意义》,载《赣南师范大学学报》2019 年第 4 期。
223. 范若兰:《试论印度尼西亚民族独立运动时期伊斯兰教与民族主义的关系》,载《东南亚研究》2006 年第 4 期。
224. 邓静秋:《宪法宣誓制度的意义与功能》,载《法制日报》2014 年 1 月 26 日,第 12 版。
225. 周光辉、戴廷明:《宪法宣誓制度的政治学阐释——以宪法宣誓的构成要素为分析框架》,载《吉林大学社会科学学报》2020 年第 6 期。
226. 汪明琨:《论宪法宣誓制度的要素——以典型国家的宣誓规定为借》,载《湖北警官学院学报》2015 年第 2 期。
227. 顾瞳瞳:《我国宪法宣誓制度的效用基础及实现路径》,载《行政与法》2016 年第 2 期。
228. 孙长永、纪虎:《宗教化的法律仪式——证人宣誓本源意义初探》,载《学术研究》2004 年第 6 期。
229. 张翔:《宪法与部门法的三重关系》,载《中国法律评论》2019 年第 1 期。
230. 潘丽华:《论宣誓制度》,载《法律科学》1999 年第 4 期。

(三)其他类

231. 郭辉:《民国国家仪式研究》,华中师范大学 2012 年博士学位论文。
232. 蒋传光:《中国古代社会控制模式的历史考察——一个法社会学的研究》,中国政法大学 2003 年博士学位论文。
233. 陈明辉:《转型期国家治理与宪法学的应对》,中南财经政法大学 2017 年博士学位论文。
234. 刘波:《拉丁美洲政治发展进程研究》,中国社会科学院研究生院 2014 年博士学位论文。
235. 白利寅:《近代法国宪法及宪政制度变迁分析》,山东大学 2012 年硕士学位论文。
236. 张洪瑜:《宪法宣誓仪式研究》,浙江大学 2019 年硕士学位论文。
237. 胡洋:《宪法宣誓制度入宪研究》,西南政法大学 2017 年硕士学位论文。
238. 艾春花:《政治仪式对公民国家认同的作用研究》,华东师范大学 2019 年硕士学位论文。
239. 王丹:《法国大革命对近代法国宪法影响研究》,上海师范大学 2020 年硕士学位论文。
240. 张露:《〈教士公民组织法〉的立法及其影响》,湖南师范大学2017年硕士学位论文。
241. 何元龙:《1776年〈宾夕法尼亚州宪法〉研究》,华东政法大学2013年硕士学位论文。
242. 张珊珊:《公务员宪法宣誓制度研究》,中南大学2012年硕士学位论文。
243. 晋帅:《论我国宪法宣誓制度的构建》,山东大学2015年硕士学位论文。
244. 李宁:《我国宪法宣誓制度研究》,河南大学2015年硕士学位论文。
245. 郑潇:《论我国宪法宣誓制度之完善》,华东政法大学2016年硕士学位论文。
246. 白璐萍:《我国公民政治认同中的宪法认同研究》,西南大学2016年硕士学位论文。
247. 李佳璇:《我国宪法宣誓主体范围研究》,郑州大学2016年硕士学位论文。
248. 侯双文:《我国宪法宣誓制度完善研究》,安徽大学2018年硕士学位论文。
249. 顾启侠:《我国宪法宣誓制度法治化研究》,天津师范大学2018年硕士学位论文。
250. 李潞涵:《我国宪法宣誓程序研究》,山东师范大学2018年硕士学位论文。
251. 刘美彤:《论我国宪法宣誓制度——一种比较法视角的研究》,吉林大学2019年硕士学位论文。
252. 刘军:《斯巴达双王制探赜》,东北师范大学2007年硕士学位论文。
253. 王朔:《宣誓与古希腊城邦政治》,上海师范大学2016年硕士学位论文。
254. 林慕元:《公民登记宣誓之意义》,载《南声旬刊》1936年第50期。
255. 上海特别市(国民)党部:《公民登记及公民宣誓应有之认识》,载《上海党声》1936年第15期。
256. 大总统批令:"陆军部呈恭报部员宣誓礼毕附呈押册请钧鉴由呈悉册存此批",《政府公报》,政事堂印铸局,九月七日第一千一百九十八号。
257.《圣教杂志》1915年第6期。
258."《青岛市公民宣誓登记暂行规则》第十四条",《青岛市政府公报》1946年第2卷第3期。
259.《贯彻》1928年第4期。

二、外文类参考文献

260. B. Porten etal. ,*The Elephantine Papyri in English: Three Millennia of Cross - Cultural Continuity and Change*, Journal of the American Oriental Society, Vol. 59:2, 1999.
261. P. J. Rhodes and Robin Osborne, eds. ,*Greek Historical Inscriptions*:404 - 323*BC edited with introduction, translations, and commentaries*, Oxford University Press, 2003.
262. E. J. Owens, *The City in the Greek and Roman World*, Routledge, London and New

York,1992.

263. Statutes of the Realm,Vol. 3. Buffalo,N. Y. :William. S. Hein&co. ,Inc. ,1993.

264. The Statutes at large. Conteyning all such Acts,London,1618.

265. Douglas. G. Smith,*An Analysis of Two Federal Structures: The Articles of Confederation and the Constitution*,San Diego Law Review,Vol. 34 ,1997.

266. Robert. I and Vexler,eds. ,*Constitution of Pennsylvania,in Chronology and Documentary Handbook of The Stake of Pennsylvania*, Oceana Publications,1978.

267. Alan Gardiner,*Egypt of the Pharaohs*, Clarendon Press,1961.

268. Alan H. Sommerstein and Andrew J. Bayliss, *Oath and State in Ancient Greece*, Walter de Gruyter GmbH,2013.

269. Alan H. Sommerstein and Judith Fletcher,eds,*Horkos: The Oath in Greek Society*, Bristol Phoenix Press,2007.

270. Robert Warrant Carlyle and Alexander James Carlyle, *A History of Mediaeval Political Theory in the West*, *Political Theory from the Tenth Century to the Thirteenth*, History of Economic Thought Books,Vol. Ⅳ:1,1950.

271. Charles E. Rice:*The Supreme Court and Public Prayer*,Fordham University Press,1964.